Ute Mayrhofer
Wörter unter ihren Füßen

Ute Mayrhofer

Wörter unter ihren Füßen

Roman

ATHENA-Verlag

Bibliografische Information der Deutschen Nationalbibliothek

Die Deutsche Nationalbibliothek verzeichnet diese Publikation in der Deutschen Nationalbibliografie; detaillierte bibliografische Daten sind im Internet über <http://dnb.d-nb.de> abrufbar.

1. Auflage 2023
Copyright © 2023 by ATHENA-Verlag,
Mellinghofer Straße 126, 46047 Oberhausen
www.athena-verlag.de
Alle Rechte vorbehalten
Umschlagabbildung: Adobe Stock, Robert Kneschke
Druck und Bindung: Majuskel Medienproduktion GmbH, Wetzlar
Gedruckt auf alterungsbeständigem Papier (säurefrei)
Printed in Germany
ISBN 978-3-7455-1159-8

Zögernd drehte Paula den Schlüssel im Schloss. Wie vermessen, anderen etwas beizubringen, worum sie selbst rang. Diese Sprache verschloss sich häufig vor ihr. Mal erlebte sie Worte als ihre Gefährtinnen, um die Füße auf den Boden des Alltags zu bekommen. Ein andermal brachten sie sie zur Verzweiflung. Sie versuchte diese Welt zu fassen, die Auswölbungen ihres Tagesgeschehens mit den richtigen Benennungen in den Griff zu bekommen, aber sie griff ins Leere. Passende Wendungen flutschten ihr fort. Paula pustete sich energisch die widerspenstige Haarsträhne aus dem Gesicht. Die beiden Tschetschenen nahmen es kritisch auf, dass sie selbst nicht mit Deutsch als Muttersprache aufgewachsen war. Ein Lernen aus zweiter Hand hatten sie sich ursprünglich nicht vorgestellt. Innerlich stimmte Paula dem nur zu. Wie oft fehlte ihr das richtige Wort, wie häufig erlebte sie sich unverstanden. Selbst wenn sie sich bewusst den Appell ihrer Lehrerinnen in Erinnerung rief: »Dein Deutsch ist sehr gut. Du kannst viel besser nachvollziehen, wo die Tücken des Lernens liegen und wie man diese überwinden kann, als wir, die wir mit der Muttermilch diese Sprache als selbstverständlich mitbekommen haben. Wie Fische, die im Wasser schwimmen und nicht wissen, was Wasser ist. Du hast einen anderen Blick darauf. Sei mutig und trau dich. Du wirst eine wundervolle Deutschlehrerin sein.« Solange sie dieses Zutrauen von den Kursteilnehmenden zurückbekam, funktionierte es einwandfrei. Sobald jemand begann, sie kritisch zu hinterfragen, wäre sie am liebsten die Erste, die zustimmt und antwortet: Ja, es stimmt, ich beherrsche das alles hier nicht. Lassen wir es besser.

Kreideschlieren auf grünem Grund, weil niemand sich die Mühe machte, den morastig stinkenden Schwamm gründlich zu reinigen und zumindest die Tafel einmal aufzupolieren. Der Charme der Siebzigerjahre. Grauer Resopalboden. Schultische, die Spuren von Generationen zeichneten, ablesbar an den vielen Kritzeleien. Notdürftig mit Chemikalien entfernt, was die Hässlichkeit eher steigerte. Schäbig, uninspirierend und dennoch ihrer aller Reich, um dort einzutauchen, wo tatsächliches Ankommen, mitunter am besten gelang: Im sich Einarbeiten in diese Sprache. Sie hasste die Ratschläge darüber, was im Unterricht gänzlich auszulassen wäre, weil die Lernenden dieses Deutschniveau ohnehin nie zur Gänze erreichen würden. Der Genetiv zum Beispiel. Oder man behauptete, nur das Perfekt sei genug. Es ginge darum, ein grundsätzliches Verständnis zu schaffen, in die Tiefe müsse es nicht entwickelt werden. Damit wollte sie sich nicht zufriedengeben. Zu oft hatte sie selbst erlebt, wie das gezielte Einsetzen eines Fremdworts Achtung schaffte. Gläserne Decken wurden mit Sprache errichtet. Wer Ungleichheit säht, wird Zwietracht ernten. Dagegen galt es, sich zu stemmen. Gleich würden die ersten eintrudeln. Paula atmete tief durch und legte ihren Stapel Unterlagen am Pult ab. Bis alle anwesend waren und der Unterricht einen Rhythmus entwickelte, flatterte ihr noch der eine oder andere Schmetterling durch die Magengegend. Es ging los.

Die Waffenrazzien verpassten ihnen einen harten Schlag. Sie hatten eine breitere Zustimmung, als sie sich vor Jahren vorgestellt hätten. »Wenn die Regierung Jagd auf unsere Waffen macht, dann werden wir sie verteidigen bis aufs Letzte«, hatte es zuerst großmündig getönt. Nichts davon. Wie die Ratten verließen viele das sinkende Schiff und flüchteten vor der Verfolgung. Halbautomatische Gewehre, kistenweise Munition und Strategiepläne waren konfisziert worden. Die Auffälligen sahen keinen anderen Weg, als in den Untergrund abzutauchen. Strategische Treffen wurden hintangestellt. Stimmen meldeten sich, dass es gerade jetzt an der Zeit sei, zuzuschlagen. Richter, Politiker, Journalisten ins Fadenkreuz zu nehmen. Eine Antwort zu liefern. Er sah das anders. Er teilte die Meinung, dass systemzersetzende Schlüsselfiguren eliminiert gehörten. Langfristig. Er war hier nicht zimperlich. Sei's durch Diffamierung, Negativkampagnen oder, wenn nötig, auch durch Gewalt. Unfälle passierten schnell. Aber zuerst mussten sie sich sammeln. Die Regierung, die nur in die Tasche der eigenen Beliebtheitsskala wirtschaftete, spielte ihnen den Ball zu. Viele lebten frustriert, erlebten persönliche, materielle Niederlagen und waren offen für einen geeinten Kampf. Nicht mehr lang und die grundlegende Umwälzung würde beginnen.

Paula begann den Kurs mit einer allseits bekannten Frage: »Was habt ihr gestern, letztes Wochenende erlebt?« Egal welche Sprachstufe, es funktionierte jedes Mal. Bei den Anfängerinnen mit ersten zaghaften Verben: »Kochen, Freunde treffen, schlafen«. Neue Schlüsselwörter wurden auf Kärtchen geschrieben. Den beachtlichen Packen Wortkärtchen setzte sie immer wieder ein, damit sie sich gegenseitig abprüften. Welche der beiden Gruppen, die sie alternierend unterrichtete, ihr lieber war, konnte sie ehrlich nicht sagen. Tschetschenen neben einem Südsudanesen, eine ältere Inderin, eine Frau aus Pakistan, zehn Nationalitäten hatten sich in dem einen Kurs versammelt. Im anderen unterrichtete sie eine Frauengruppe mit weniger Schulbildung. Während die erste Gruppe kantiger, widersprüchlicher und kritischer wirkte, dafür aber ein rasanteres Tempo vorlegte, avancierte die Frauengruppe rasch zu einem vertrauten Treffpunkt. Baklava und unterschiedliches Gebäck wurde mitgebracht, in den Herkunftssprachen getratscht und gelacht und dabei notdürftig zusammenfassend für Paula übersetzt, damit sie nicht außen vor blieb. Das Lernen entwickelte sich langsamer, aber sie war überzeugt davon, dass Spracherwerb mit Begeisterung zusammenhängt. Einen Ort zu schaffen, zu dem man gerne kam, konnte nur helfen.

Sie wussten um den beladenen Alltag der Lernenden. Es erschien ihr unverschämt, dem noch eine weitere Last hinzuzufügen. Die Hausaufgaben, die sie mitgab, verstand sie daher als freiwillige Anregungen. So wie jetzt: »Wenn du willst, schreibe in deiner Muttersprache eine gute Erinnerung auf. Du kannst es dann zuerst auch genauso vorlesen, damit wir hören, wie das klingt. Überlege dir ein paar Worte, wie du uns den Kern anschließend auf Deutsch am besten erzählst.«

Paula musterte die Teilnehmenden. Hasib saß aufrecht am vorderen Drittel des Sessels. Gleich würde er wohl aufzeigen und seinen Text vorlesen. Für solche wie ihn hatte sie die Textlänge vorgegeben. Paula konnte sich gut vorstellen, dass er sonst ausufernd werden würde. Sie erteilte ihm das Wort. Mit tiefer Stimme las er auf Arabisch vor: »Es passierte an dem Tag, an dem ich sterben sollte. Ich war vierzehn. Ich kann mich erinnern, wie sich mein Vater über die Prüfungen gebeugt hatte, um sie zu korrigieren. Mein Bruder saß auf seinem Bett und las. Ich lag am Boden, tat so, als würde ich Mathematikaufgaben lösen. Ehrlich gesagt, beobachtete ich aus dem Augenwinkel den Fernseher, jeden Moment würde meine Lieblingsserie kommen ›Mork vom Ork‹. Ich liebte Robin Williams. Seine ungelenke, direkte Art als Außerirdischer hatte es mir angetan, wie er versuchte, sich an die Umgangsformen in den USA anzupassen und dabei dennoch von einem Fettnäpfchen ins Nächste trat. Naiv, geradeheraus, überschwänglich. Wenn ich so überlege, geht es mir hier jetzt ähnlich. Als die Bombe kam, dachte ich daher an Robin Williams. Wir sahen die Explosion zuerst, bevor wir sie hörten. Licht ist schneller als Ton. Mein Bruder schaute hoch, ein Splitter erwischte ihn. Er verlor ein Auge.

Mein Vater wurde immer zurückgezogener und stiller, als rundherum mehr und mehr zusammenbrach. Er hielt Lärm immer weniger aus. Das einzige Spiel, das daheim zu spielen erlaubt wurde, war Schach, weil es leise ablaufen konnte. Kein Backgammon, keine Kartenspiele, nur Schach. Vermutlich ebenso, weil es sich nicht um Glück drehte. Mein Vater hat in dieser Zeit sein Vertrauen in Glück verloren. Dafür spielte er Schach mit uns, wann wir wollten und er es schaffte, sich frei zu nehmen. Es bedeutete für mich das bedächtige Weiterdenken, dranbleiben und miteinander anders im Gespräch sein als mit Worten. Es gab mir Halt in dieser Zeit und lehrte mich, zu denken. Auch hier beruhigt es mich, Schach zu spielen. Ich sitze gern im Park und schaue anderen zu. Ich weiß noch, dass unser Nachbar, ein alter verknitterter Freund meines Vaters, ständig reinkam und zeterte: ›Immer dieses Spiel, das hält Euch doch nur vom Leben ab.‹ Aber ich wusste, dass das Gegenteil der Fall war, es hielt uns als Familie zusammen.

Manchmal denke ich, ich hätte Robin Williams schreiben sollen, dass er es war, der mich trotz des Schreckens als wiederkehrende Serienfigur zum Lachen gebracht hatte, damals in Palästina. Dass er bei vielen anderen so etwas bewirkt hatte. Weltweit Menschen Freude ins Leben zu zaubern, ist eine wunderbare Gabe. Ich stelle mir dann vor, wie er meinen Brief bekommt, ihn öffnet und langsam liest. Ich hätte mir gewünscht, dass mein Brief dann genau zum richtigen Moment gekommen wäre. Damals, als er aus seiner Depression nicht mehr rausfand. Vielleicht hätte er ein Mosaiksteinchen sein können, dass er sich doch nicht umbringt.« Gemeinsam mit den beiden arabischen Kursteilnehmern übersetzte Hasib so gut es ging die Essenz des Textes auf Deutsch.

Diese kleine Welt von 64 Feldern. Dass es half, sich darauf zurückzuziehen, solange rundum die Mauern bebten, fand Paula nachvollziehbar. Sie freute sich, Hasib in den nächsten Einheiten besser kennen zu lernen. Sie erlebte ihn impulsiv, so als wäre er noch voller Zorn wegen den erlebten

Ungerechtigkeiten. Dass gerade Schach ihm eine Brücke in diese Welt hier legte, gefiel Paula. Vielleicht wegen der Parallele des Spiels zum Leben, wo die Folge von eigenen Entscheidungen und Handlungen sich häufig erst später zeigt. Entschied man sich für einen Zug, war vorerst nicht absehbar, welche Konsequenzen sich daraus eröffneten. Paula bedankte sich bei Hasib und übergab an Dayita, die sich schon zuvor gemeldet hatte.

Dayita konnte Paula noch nicht gut fassen. Die kleine Inderin schien begierig darauf zu sein, so rasch wie möglich zu lernen. Jede Hausübung und Extraaufgabe gab Dayita gewissenhaft vorbereitet ab. Man merkte ihr an, dass sie häufig übte und repetierte. Ganz leicht schien sie sich dabei aber nicht zu tun. Dass sie in einer größeren Familie lebte, schloss Paula aus dem Geruch, der sie umgab: Räucherstäbchen und intensiv gewürzte indische Küche. Betrat Dayita den Raum, brauchte Paula nicht von ihren Papieren aufzusehen, um zu wissen, dass es sich um sie handelte. Paula konnte sich vorstellen, dass Dayita es nicht gewohnt war, von sich selbst zu erzählen. Bei persönlichen Fragen blieb ihre Hand meist unten. Wahrscheinlich schloss sie auch daher eher zögerlich mit leiser Stimme in Hindi an: »Er wollte immer, dass ich mich wie eine Königin anziehe. Wann auch immer wir eingeladen wurden, meinte er. ›Komm, leg deinen schönsten Sari an. Oder ein wenig mehr Schmuck.‹ Ich entgegnete ›Ach, Goyal, sei doch still.‹ Jedes Stück Stoff spiegelte seine Leidenschaft wider. Er strich langsam darüber, wenn er eine neue Lieferung bekam, als könnte er lesen, was daraus alles erschaffen werden würde. Er hatte stets Weisheiten auf Lager wie: ›Glück kannst du dir nicht kaufen. Aber Stoffe schon und die helfen manchmal, auf dem Weg zum Glück.‹ Ich erlebte mich als schön, weil er mich schön fand. Jedes einzige Stück im Laden suchte er selbst aus. Alle liebten ihn. Wann immer Menschen ihn sahen, leuchteten ihre Gesichter auf. Im Spital scherzte er bis zuletzt. Er freute sich, wenn ich mich zu Besuchen edel anzog. Ich plante, ihm meine Niere zu geben, aber wir passten nicht zusammen. Uns ging das Geld aus für all die langjährigen Behandlungen. Er wehrte sich zu sterben und lebte bis zum Schluss voller Schmunzeln, wenn ihn der Schmerz nicht zu sehr niederrang. Erst zum Ende hin, sagte er: ›Krishna kommt und nimmt mich mit.‹ Er versuchte alles, um mich zum Lachen zu bringen. Er hatte immer Witze auf Lager, deshalb kamen unsere Kunden und Kundinnen gern in den Laden. Als ich am Krankenbett verzweifelt weinte, meinte er: ›Du gibst mir verschwenderisch deine Liebe, wenn ich nicht mehr bin, verteil sie in der Welt.‹

Er redete ständig, aber auf die Leitung des Geschäfts hatte er mich nicht vorbereitet. Ich hatte keine Ahnung über die Bedrohungen, Schutzgelder und Schulden. Als mich die Kinder überredeten mitzuziehen, war das ein schwerer Entschluss. Mir kam es vor, als würde ich ihn mit dem Laden nochmal verlieren. Auch hier lege ich jetzt viel Aufmerksamkeit darauf, wie ich mich anziehe. So als würde er am Spiegel hinter meinen Schultern stehen und mir bewundernd zunicken. Meine Kinder führen sein Erbe hier weiter. Sie machen das ausgezeichnet. Ich helfe, so gut ich kann.« Eine grobe Übersetzung hatte Dayita bereits vorbereitet, die sie holpernd vorlas. Gemeinsam wählten sie aus den beiden Erzählungen neue Schlüsselwörter für ihre Kärtchensammlung aus.

Paula liebte diese Geschichten. Als würden Türen geöffnet, die ihr einen Blick in die anderen Welten der Lernenden gewährten. Es schaffte eine eigene Atmosphäre, dieses gegenseitige Verständnis, dass man erahnen konnte – bei aller Unterschiedlichkeit und dementsprechenden Vorurteilen –, wovon gesprochen wurde: Wie enorm Bedeutsames zurückgelassen worden war. Paula empfand sich an all diese Bücher erinnert: Ein Spiegel in einem verfallen Haus, wenn man es wagte hineinzutreten, wartete hinter dem Rahmen eine andere Welt. Ein Tunnel, auf dessen gegenüberliegender Seite sich eine neue Realität auftat. Ein hoher Baum in den Gipfeln, den man bekletterte und hinter dem sich Länder auftaten. Wolken, die immer weiterziehen. Sie fragte sich, inwieweit Flucht oder Migration ein Betreten einer magisch fremdartigen Welt sein könnte. Oder waren diese neuen Welten zu sehr mit Hindernissen und Verboten verschlossen, um tatsächlich ihre Magie wirken zu lassen? Wenn man die eine Tür schloss, öffnete sich eine andere? Sie war sich sicher, dass in dem Kurs – nach ihrer wiederholten Ermunterung – in den nächsten Tagen weitere solche Erinnerungsversatzstücke nachgereicht werden würden.

Er fuhr seinen Laptop hoch. Zu gern hätte er dem hier noch viel mehr Zeit gewidmet. Aber auch das brauchte noch ein wenig. Er fand es vernünftig, einem normalen Beruf nachzugehen, unauffällig gekleidet zu sein und den

Boden im Verborgenen aufzubereiten. Er scrollte die neuesten Nachrichten durch. Merkte, wie ihn der Sog erfasste, diese Energie, an etwas dran zu sein, etwas wirklich Wichtigem.

Strategischer planen war nun notwendig. Identifizieren, wer abseits der üblichen Verdächtigen ihre Verbündeten sein könnten.

Parlamentarier und Regierungsmitglieder, die durch eindeutige Wortmeldungen aufgefallen waren. Bürgermeister, die medienwirksame Abschiebungen unterstützten. Schuldirektoren, die dafür sorgten, dass in der Pause Deutsch gesprochen wird. Religiöse Engagierte, die sich gegen die Säkularisierung und Islamisierung einsetzten. Es galt jetzt, die Sprache jeweils dahingehend anzupassen, dass sie verstanden wurde und eine Öffentlichkeit zu schaffen, die endlich begriff. Sie mussten eine überzeugende Erzählung verwenden. Selbst in ihren eigenen Kreisen galt es zu unterscheiden, wer, worüber informiert wurde, damit der Plan nicht aufgrund von Lappalien oder Meinungsverschiedenheiten gefährdet wurde.

Es brauchte militärische Kernzellen – »the base«, die bis zum Letzten bereit waren. Gezielte Angriffe, die das System ins Wanken brachten. Aber ebenso mussten sie gemäßigtere Gruppen weiter ausbauen, die beharrlich Grenzen verschoben und den gesellschaftlichen Diskurs prägten. Fesselnde Musik war hier hilfreich, die alle auf das große gemeinsame Ziel vorbereitete. In verschiedenartigen Melodien. Rechtsrock gibt den Takt derjenigen an, die von Gewalt überzeugt waren. Musik entpuppte sich als das ideale Mittel, um Jugendliche zu begeistern und erste nationalistische Samen zu säen. Die nächsten Schritte galt es gezielt vorzubereiten, um ihre Begeisterung zu ernten.

Schon lange ging es nicht mehr nur um die Konzerte. Merchandise, Tattoo-Conventions, politische Beiträge und Kampfsportevents bereiteten den Boden ebenfalls auf. Es drehte sich nicht nur, aber auch ums Geld. Die Einnahmequellen für sie waren mittlerweile breit gestreut. Nur so konnten sie gezielt investieren, damit tatsächlich was weiterging. Zufrieden lehnte er sich zurück, nachdem er das eben eingegangene Mail geöffnet hatte. Gute Nachrichten. Darauf ließ sich was Größeres aufbauen.

Die Stadt flimmerte. Wenn Paula kurz die Augen zumachte, durchatmete und den unterschiedlichen Sprachen ringsherum nachlauschte, dann war es nicht schwer, sich vorzustellen, in gewisser Weise im Urlaub gelandet zu sein. Die Hitze, die die Welt etwas langsamer drehen ließ. Das Flirren des Asphalts. Im Schatten tummelten sich die Farben. Bei den Stadtbrunnen spielten jauchzende Kinder. Lange Zungen aus hechelnden Hundemäulern. Dort unter dem Baum saß eine alte Frau auf der Bank. Papierene, zerknitterte Haut, Paula entdeckte genau dort eine eintätowierte Zahl in den Falten, diffus, wie aus einer anderen Zeit, der lebensgefährliche Schrecken in verschwimmenden Zeichen in die Arme geschrieben. Hitze hat viele Gesichter, dort wo sie Paulas Leben mit Leichtigkeit beflügelte, konnten hohe Temperaturen gleichzeitig für alte Menschen tödliche Gefahr bedeuten. Langsam, nach einem kurzen Blickkontakt, nahm Paula neben der Frau auf der Bank Platz.

»So heiß heute. Darf ich Ihnen Wasser vom Trinkbrunnen bringen?«, warf sie den ersten Anker eines Gesprächs. »Oh, das ist aufmerksam von Ihnen. Ja, gerne. Warten Sie, ich habe eine Flasche mit«, kam eine kaum vernehmbare Antwort. Nachdem Paula das Wasser geholt hatte, nahm die betagte Frau den Faden wieder auf, in der alten Menschen oft typisch leisen Redensart, so als trauten sie ihrer eigenen Lautstärke nicht mehr, weil ihr Gehör zu leicht in die Irre führte: »Entschuldigen Sie meine Frage, aber Sie sind wohl nicht gebürtig aus Wien, oder?« Paula nickte bestätigend, während die Dame weitersprach: »Es war die unverhohlene Art, wie sie auf meinen Arm schauten. Unbefangene Neugier auf diese Zeit wird Menschen hier von Kindesbeinen an abtrainiert.« Paula errötete leicht und setzte an: »Oh, ich wollte nicht …« »Es ist gut. Ich mag neugierige Menschen. Ich habe mich noch gar nicht vorgestellt, Ruth Rosenblum.« »Paula Muelas Rodríguez.« »Ein schöner Name. Darf ich fragen, woher sie kommen?« »Ich bin eine typisch kolumbianische Mischung. Meine Mutter hat indigene, mein Vater spanische Wurzeln.« »Hat der Name eine Bedeutung?« »Rodríguez heißen in Kolumbien Unzählige. Es bedeutet, so was wie Sohn des Rodrigo. Und sie? Sind sie Jüdin?« »Ja, lässt sich mit diesem Namen nicht verbergen. Die Zeit des Verbergens ist hoffentlich auch endgültig vorbei.«

Das leise Quietschen einer Schaukel klang in das anrollende Gespräch. Ein Mädchen mit weit schwingendem blaugeblümtem Rock ließ sich von seinem Vater anschaukeln »Nochmal, nochmal, nochmal«, juchzte es in die Höhe, mit dem grenzenlosen Vertrauen, dass die anstoßenden Hände ihres Papas und damit diese Welt es tragen.

Während Ruth mit ungelenken Fingern den Stöpsel der Flasche langsam aufdrehte und aus dieser trank, ließ Paula ihre Gedanken laufen. Schaukeln in der Sonne gehören genauso gefördert wie Menschen, die dahinterstehen und wieder und wieder anschaukeln, bis das Vor und Zurück der kleinen Beine von selbst funktionierte. Paula erinnerte sich an die Schule oberhalb von Bogota, in der sie aufwuchs. Dort gab es eine Schaukel mit langen Seilen an einem riesigen alten Baum. Irgendwie hatte sie immer das Gefühl gehabt, als würde sie über den Millionen Menschen der Stadt hinweg segeln. Alles wurde leichter, in diesem Vor und Zurück. Ruth unterbrach das Schweigen, Paulas Blick folgend, »Kindern in der Sonne könnte ich ewig zuschauen. So als würden sie durch eine Welt voller Träume und Leben laufen.« Paula stimmte zu: »Ja, stimmt. Kinder lachen viel mehr. Sie haben quere Ideen. Haben Sie selbst Kinder?« Ein breites Lächeln blitzte in Ruths Augen. »Vier und sechs Enkel, acht Urenkel. Ich bin ihnen allen hoffnungslos verfallen. Sie halten mich jung, oder sagen wir eher, sie erziehen mich täglich.« Sie fragte zurück: »Sie sind noch nicht Mutter?« »Nein.« »Wollen sie einmal Kinder haben?« Nachdem Paula nicht gleich reagierte, setzte sie nach: »Oder ist das zu persönlich, danach zu fragen?« Paula steckte eine widerspenstige Haarsträhne hinters Ohr und antwortete nicht gleich. Ruth winkte ab. »Schon gut, ich ziehe die Frage zurück. Es geht mich neugierige, alte Schachtel, ja wirklich nichts an.« Paula machte eine beschwichtigende Handbewegung. »Nein, ist schon gut. Ich bin mir einfach selbst nicht sicher. Mein Freund Elias will, wenn er könnte, die ganze Welt retten, vor allem Geflüchtete. Wie da Kinder in sein Lebenskonzept reinpassen, weiß ich noch nicht.« »Na, es gibt wohl Schlechteres«, lächelte Ruth, »wir benötigen solche Menschen gerade wieder dringender denn je zuvor. Kinder brauchen nicht viel, um sich für Schwächere zu begeistern. Aber leider auch umgekehrt. Kinder können gnadenlos böse sein.« Paula teilte das nicht unbedingt. Sie wusste nicht, ob sie nachfragen durfte, welche Erinnerungen so eine harte Aussage wohl bekräftigten.

Elias atmete tief ein. Die Morgensonne hüllte die Welt in behutsame Wärme. Mit ihren breiten Strahlen zauberte sie ein eigenes Licht, als wollte sie der Welt nur Gutes. Elias fühlte sich noch etwas verträumt, als er langsam den Computer hochfuhr und sich einen Überblick über die eingegangenen Mails verschaffte. Neben ihm dampfte der frisch heruntergelassene Kaffee. Er mochte es, der Erste im Büro zu sein. Gerade jetzt im Sommer, wo der Tag jung roch und er ihm noch etwas Effizienz abringen konnte, bevor die Hitze Gedanken bremste und es Elias eigentlich nur noch ins Wasser zog.

»Zeit für einen Kaffee?«, leuchtete eine Nachricht auf Elias Mobiltelefon auf. Eigentlich nicht, fand er. Aber was soll's. Der verspätete Start im Büro würde ihn schon nicht zu viel Schwung kosten. »Ja, passt. Im Tiempo? Kurz.« Ein Smiley. »Unter drei Bedingungen …« kam umgehend von Schmitti, der als »best friend« firmierte, zurück. »Hey, Schmitti, du wolltest mich treffen, warum gibst dann Du die Bedingungen vor? Smiley. Die wären?« »Keine Appellreden darüber, mein Potential besser zu nutzen, keine amourösen Fragen, keine Seenotrettungsreden.« »Aha. Na gut. Ich werde diese Themen tunlichst vermeiden. Freu mich. See you.«

Schmitti gähnte ihm schon mit einem Kaffee entgegen. Elias umarmte ihn kräftig. Schmitti roch nach Schlaf als Elias ihn fragte: »Wie läuft's?« »Naja, die erste Klippe des Tages hab ich genommen und meine kuschlige Decke besiegt, die mich erst im letzten Moment losgelassen hat.« Gehorsam, wie von ihm verlangt, gratulierte Elias, bevor Schmitti weiter lamentierte: »Mein Bett ist normalerweise stärker als ich. Jetzt sitz ich hier. Es könnte also nicht besser sein. Weißt du, was zunehmend ein Problem ist?« Elias antwortete folgsam: »Du wirst es mir gleich sagen.« »Ich bewundere gern erfolgreiche Menschen, die was draufhaben und von denen man was lernen kann. Nur nerven mich die, die jünger sind als ich.« »Eine tickende Zeitbombe, bald wird dich der Großteil der Menschheit nerven«, grinste Elias. »Hey, es war deine Bedingung, deine professionelle Laufbahn nicht anzusprechen.«

Elias mochte Schmittis Schrulligkeiten. Dieser liebte es, sich intellektuelle Nüsse vorzunehmen und zu grübeln, um auf neue Spuren zu kommen. Elias kannte wenig so penibel denkende Menschen. Schmitti hatte Mathematik studiert. Trotzdem bekam er beruflich nicht recht die Füße auf den Boden. Was er anscheinend mühelos aushielt, oder es zumindest vorgab. Eine Seele von Mensch. Wenn Not herrschte, war Schmitti der Erste, der einsprang, Bierbänke schleppte, vergammelte Keller putzte und dort zupackte, wo es gebraucht wurde.

»Und sonst?« fragte Elias weiter. »Ich wäre gerne eine Frau.« Elias schickte einen fragenden Blick. »Ich stoße ständig auf faszinierende Frauen, die lesbisch sind.« Elias gähnte unverhohlen, während Schmitti den Faden weiterspann. »Die sind einfach unaufgeregter, gerader heraus und interessanter.« »Aha, also die Bedingungen fürs Treffen, die du mir vorgeschrieben hast, durchkreuzt du gerade konsequent alle selbst«, konterte Elias. Schmitti ließ sich jedoch nicht beirren: »Rein hypothetisch: Wenn ich mein Geschlecht wechsle, glaubst du, dass das funktionieren könnte, als hetero sozialisierter Mann? Kann ich für Frauen als neue Frau attraktiv sein?« »SCHMITTI«, Elias verdrehte die Augen. »Jetzt reden wir wohl über Seenotrettung, damit wir den Reigen der Nichtthemen voll haben?«

Elias lehnte sich zurück, nahm einen tiefen Schluck seines Kaffees. Er fragte Schmitti über das Buch aus, das er derzeit las. Dieses Thema funktionierte immer mit ihm. Manchmal hatte Elias den Verdacht, Schmitti las nur jede zweite Seite und reimte sich den Rest selbst zusammen. Wenn sie zur gleichen Zeit mit dem gleichen Buch am gleichen Ort saßen, konnte er sicher sein, dass er erst zum Ende kam, nachdem Schmitti sich schon zwei weitere Schmöker vorgenommen hatte. Außerdem hatte dieser die schlechte Gewohnheit, mittendrin aufzustöhnen, loszulachen oder sonstige übertriebene Reaktion von sich zu geben. Elias blieb gar nichts anderes übrig, als nachzufragen. Das beinhaltete wiederum die große Gefahr, zu früh von überraschenden Wendungen zu erfahren, die das eigene Entdecken verdarben.

Gespräche über gute Bücher, mit einem uralten Freund zusammensitzen, die Gedanken laufen lassen, ein Kaffee während man der Müdigkeit im Hirn noch Raum gibt: Elias musste einiges überwinden, um sich hier wieder herauszuschälen. Half nichts. »Ach ja, Schmitti, irgendwie schaust du angeschlagen aus, jetzt schon länger, magst du nicht doch mal zum Arzt schauen?« Elias umarmte Schmitti nochmal fest. Gegenseitige Versicherung, das demnächst zu wiederholen. »Bis bald, best friend«.

Dieses Best-Friend-Getue war Teil ihrer Rituale. Beide hatten einen großen Freundeskreis aus unterschiedlichen Lebenswinkeln. Menschen, die sich nicht in eine Hierarchie von gut und besser gießen ließen. Trotzdem, dieser »best friend«-Stempel hielt, untereinander ebenso wie vor anderen, auch wenn Elias wusste, dass es Lebenskategorie-abhängig ist, wen er als den Nächsten und Vertrautesten empfand. Schmitti fiel in die Kategorie von Mensch, bei dem mitten im Gespräch, egal wie miserabel man sich im Augenblick fühlt, ein Lachen hereinrollt, wie eine Murmel, die irgendwann unter der Couch gelandet war und überraschend wieder gefunden wurde. In all dem Lurch und Dreck.

Hätte Elias von den Verwerfungen gewusst, die ihnen in den nächsten Wochen bevorstanden, vielleicht hätte er sich länger Zeit genommen, um Arbeit, Arbeit sein zu lassen und diesen freundschaftlichen Gleichklang einfach zu genießen.

Irritiert wischte Paula sich über die Augen. Er marschierte wieder. Schwarze Stiefel, weiße Schnüre, bulliger Gang. Als würde ein kalter Hauch mitten in diese Hitze hineinschneiden. Tauchte er hier zufällig immer auf? Ruth hatte ihn ebenso gesehen, sie nestelte an ihrer Bluse herum. Murmelte mit einem anderen, seltsamen, höheren Tonfall: »Komm, lass uns gehen, ich habe ihn nicht, ich habe ihn heute nicht angemacht. Ich weiß, Mama hat immer gesagt, ich darf nicht raus, ohne den Stern. Das ist viel zu gefährlich, hat sie gesagt. Aber ich wollte so gern auf eine Bank. Einfach nur dasitzen und schauen. Ganz leise, nicht schaukeln. Vorgestern war ich mit dem Stern draußen. Da sind sie mir wieder nachgelaufen, die Kinder. Judensau haben sie gerufen. Steine haben sie geschmissen. Einer hat mich hier getroffen. Schau, hier ...« Irritiert rieb sie sich den Handrücken, so als müsste da eine Verletzung sein, aber es war nichts zu sehen. Wie aus einer fernen Welt nahm sie Paulas Hand. Paula griff nach der anderen und hielt sie. Sie hatte gebraucht, um zu bemerken, was in Ruth in diesem Moment vorging. Beschwichtigend sagte sie: »Ist schon gut. Er ist weitergegangen. Komm, lass uns sitzen, niemand merkt etwas.« Ihr Blick fiel auf die beige Handtasche der Dame, auf der mit schwarzem Marker eine Telefonnummer dick aufgeschrieben stand, mit dem Hinweis: »Im Fall eines Verwirrungsanfalls.« »Warte kurz, Ruth, ich ruf nur schnell an ...« Wie sich in die Welt, in die Ruth abgetaucht war, die Existenz eines Mobiltelefons einordnen ließ? Paula wählte die auf der Tasche geschriebene Nummer. Nach dreimaligem Läuten meldete sich eine tiefe, junge, männliche Stimme. »Hier Rosenblum?« »Paula Rodríguez, ich denke, ich habe ihre Mutter oder Großmutter hier neben mir.« »Geht es ihr gut? Wo sind sie?« Paula erklärte den Ort und die Szene. Sie erzählte, wie die alte Dame von einem Moment auf den anderen in ihre Kindheit abgetaucht war. Sie vereinbarte mit dem Enkel, kurz auf ihn zu warten. Er halte sich ohnehin in der Nähe auf. »Diese Anfälle passieren ihr gerade wieder häufiger. Wenn es ihnen gelingt, führen Sie sie zu positiven Erinnerungen, dann ist sie meist recht rasch wieder in der Gegenwart. Danke, dass Sie so lang warten. Ich bin gleich hier.« Ruth saß in der Zwischenzeit wie in sich versunken. Noch immer lag ihre erstaunlich kühle faltige Hand in den Händen von Paula. »Hast du dein Buch dabei, Ruth? Was liest du gerade?« Dankbar nahm die Dame den Faden auf. Sie erzählte von

»Heimatlos«, einem traurigen, dicken Buch über ein Findelkind, einen Jungen, der zuerst im Glauben bei seiner leiblichen Mutter aufzuwachsen, von einem Bildhauer und seiner Frau aufgezogen wurde. Als dieser einen Arbeitsunfall hatte, konnten sie sich den Unterhalt des Kindes nicht mehr leisten. Es wurde an einen Straßenkünstler *vermietet,* der mit drei Hunden und einem Affen durch Frankreich wanderte. Sie erzählte und erzählte. Paula konnte sich das kleine Mädchen mühelos vorstellen, das zwischen den Worten der Seiten versank und mit diesem Buben mitlitt, der zahlreiche Schicksalsschläge überwinden musste. Das sich in Bücher vergrub, die als Quelle von Gefühlen – von Lachen bis Weinen – ihr neue Welten eröffnen konnten, während die sorglose Kindheitswelt sich verschlossen hatte. Schon kam ein junger Mann ums Eck, ein ähnlich schelmisches Lachen in den Augenwinkeln wie seine Großmutter. »Bubbe, wen hast du denn von Neuem aufgegabelt? Danke, dass Sie sich um meine Großmutter gekümmert haben. Wie geht es dir?« sprach er abwechselnd Paula wie auch Ruth an. Diese schien langsam wieder aufzutauchen, blickte verwirrt und besorgt von einem zum anderen. Mit einem Seufzer begrüßte sie ihren Enkelsohn, der ihr einen sanften Kuss auf die Stirn drückte. »Ist es wieder passiert? Ich werde noch meschugge. Ach Jüngele, ich bin euch allen immer mehr Belastung, setz dich kurz her, ich bin noch ganz blümerant …« *Meschugge, blümerant* notierte Paula innerlich. Der Enkel winkte beruhigend ab: »Es ist gut. Nichts passiert. Diese wunderbare Frau hat alles richtig gemacht. Ehrlich, wenn ich mit 97 so drauf wäre wie du, wäre ich mehr als froh. Ich bring dich jetzt heim. Wollen Sie auf einen Kaffee und Kuchen kurz mitkommen?«, lud er Paula ein. »Liebend gern«, antwortete sie, »Ich denke, sie sind eine wundervolle Familie, aber mein Freund wartet zu Hause.« »Dann melden Sie sich doch mal, wenn Sie Zeit haben. Ich habe so den Verdacht, meine Oma würde sich auch sehr freuen, stimmt's? Meine Nummer haben sie ja jetzt.«

Nachdem Paula sich verabschiedet hatte, nahm sie sich einen kurzen Moment und schlug die beiden Begriffe nach.

Paula notierte diese in ihrem Heft außergewöhnlicher Wörter und deren Bedeutungen:

»Meschugge – verrückt, kommt aus dem Jiddischen. Erinnert mich an die Szene mit der Grinsekatze, in der Alice fragt, ob sie verrückt sei. Die Grinsekatze kommentiert: Absolut, aber ich habe ein Geheimnis: Die besten Menschen sind das. Ich glaube, meschugge meint positiv verrückt.

Blümerant – ein flaues Gefühl habend. Kommt aus dem Französischen: »bleumourant« – mattblau. Wegen der blauen Gesichtsfarbe von Personen, denen schwindlig wird. Schade, dass es nichts mit Blumen zu tun hat. Schwindlig wegen Blumenduft wäre ebenso eine treffende Wortherkunft.«

Paula schlüpfte aus den staubigen Sandalen. Sie genoss es, den kühlen Fliesenboden des Vorraums unter den nackten Füßen zu spüren. »Wie war dein Tag?«, begrüßte sie Elias mit einem langen Kuss. Ein Miniritual, das ihr immer wichtiger wurde, von Tag zu Tag. Es ist diese Unterbrechung, wie wenn sie kurz die Zeit anhalten konnten, um zu zeigen: Jetzt bist du zentral. Wir beide. Egal, was uns heute umgetrieben hat, was wir an Sorgen, Müdigkeit und Gereiztheit aus der Stadt mit hereinschleppen. Jetzt mal wir. Dann können die Mühlen gerne wieder ihre Arbeit aufnehmen.

Paula sprudelte wie auf Kommando los: »Heiß. Anstrengend. Und gut. Gerade habe ich eine alte Frau kennengelernt. Ruth Rosenblum. Sie hatte eine KZ-Nummer auf dem Arm tätowiert. Sowas habe ich noch nie in echt gesehen. Außerdem war er wieder da, der Springerstiefeltyp. Wie ein Dämon. Die alte Dame ist plötzlich in die Vergangenheit versunken, dachte, sie wäre wieder ein Mädchen und hat sich Sorgen gemacht, weil sie ihren Judenstern nicht mit dabeihatte. Und dein Tag?«

»Hey, hey, hey, langsam. Magst du dich nicht schnell umziehen, ich mache uns einen Kaffee. Dann erzählst du mir alles in Ruhe, ja? Du bist unglaublich, wie du ständig Menschen pflückst ...«

Paula winkte ab: »Oder warte, ich gehe kurz duschen. Ich klebe förmlich.«

Das Blatt hatte sich schon längst gewendet. Sie standen auf den Schultern von Riesen. Was damals im Ausländervolksbegehren 1992 als angebliche Eingriffe in Menschenrechte Tausende auf die Straßen getrieben hatte, war nicht erst seit gestern in demokratischer Eintracht realisiert worden. Pressekonferenzen hinterließen bei ihm mitunter ein Gefühl der Befriedigung. Ihre Worte, ihre Parolen und ihre Forderungen, vieles davon wurde nach und nach umgesetzt. Zwei Schritte vor, einer zurück. Genug mit dieser elenden Dämonisierung von volksnahen Gedanken. Es ging doch nur darum, sich nicht unterwerfen zu lassen. Er hatte nichts gegen fremde Kulturen. Doch empfand er es als angenehmer, wenn sie sich dort entfalten, wo sie entstanden waren und ihr Eigenes weiterentwickeln konnten. Aber es war doch keine nachhaltige Lösung zu fliehen und woanders alles negativ zu beeinflussen, nur weil sie es selbst nicht auf die Reihe bekamen.

Dort wo sie politisch endlich angekommen waren, entwickelte es sich zu langsam. Dann wirkte die Gegenmacht, die schwächlich nach Menschenrechten rief, während sie nur die Schleuse einer Umvolkung öffnete, die, sobald sich die Fluten aufgebaut hatten, nicht mehr rückgängig gemacht werden konnte. Er packte die Tasche, bevor er sich zur Fabrikhalle aufmachte. Ob er tatsächlich die Flugblätter einstecken sollte? Wie realistisch war die Probe nun geplant? Sicherheitshalber packte er sie ein. So konnte er sich gleich Lob über deren Gestaltung abholen. Islamismus tötet – ein Layout, das einen förmlich zwang weiterzulesen. In kleineren Buchstaben: »Es ist das bekannteste Geheimnis aller Zeiten. Alle wissen es. Niemand traut sich, offen darüber zu reden. Nicht mehr lange und wir werden zur Minderheit in unserem Land. Remigration statt Integration. Für die Rechte unserer Frauen, den Schutz unserer Kinder, das Leben unserer Älteren. Die Zahlen lügen nicht. Lassen wir uns nicht weiter betrügen.« Darunter eindrückliche Bilder von Anschlägen des islamischen Staats. Daten und Fakten. Es war schon spät, er musste los.

Nach einem leisen Klopfen und ihrem auffordernden »Herein« öffnete Elias die Badezimmertür und küsste Paula in den Nacken. Er drehte sie langsam zu sich.

Führte sie ins Nachbarzimmer. Löste das Handtuch, behutsames Entblättern. Finger, die Körperlinien nachzeichneten, sachte und bedächtig. Wie Rillen einer Langspielplatte, kam es ihr in den Sinn, unterschiedliche Schwingungen auslösend, leise und lauter. Was für ein Quatschbild, fand sie, ich bin doch keine Schallplatte. Sie erntete ein neues Wort für ihre Liste: *»Hauch.«* Elias schien verwundert, dass sie das nicht kannte, als er es gebrauchte. Dann dachte sie nicht mehr viel. Wie eine Melodie, eine und eine zweite, die langsam zu einer gemeinsamen wurden. Dieses ineinander verlieren. Intensiv blau, nicht ultramarin. Blauer. So blau wie nur der Himmel sein konnte, doch stärker. Dunkler.

Dieses Aufgehen in einer Farbe, die wie ein Sonnenaufgang in ihr vibrierte und sobald sie sie festhalten wollte, rutschte sie weg. Ließ sie sich aber forttragen, war einfach alles Farbe. Die langsamen Minuten, wo kein Nachdenken um sich griff. Kein Handeln. Lange dachte sie, das wäre einfach bei allen so. Nachdem es ihr vor allem in intimsten Momenten passierte, fehlten ihr die Anlässe, mit anderen darüber zu reden.

Elias nannte es ihre Superkraft, intensive Momente zu Farben werden zu lassen. Gerne fragte er danach, welche Farbe ihr soeben passiert war.

Danach dann der Kaffee im Bett und sie erzählten sich Arm in Arm von ihrem Tag, von der Frau und dem Schrecken der langvergangenen Zeiten, die noch immer viel zu wenig vergangen waren. Elias berichtete vom neuesten Projekt und dem Ringen des Teams, es gut zu planen. Dazwischen Stille. Die beste aller Arten, um miteinander im Gespräch zu sein, in dieser Zeit, diesem Leben. Die Schwere einmal kurz beiseitelegen. Miteinander.

Noch im Bett kramte sie ihr Heft heraus, schlug nach und notierte:

Hauch: kommt von kauchen im Mittelalter, blasen, wehen. Bedeutet sowas wie sanfter Luftzug. Ist für alles Mögliche verwendbar. Hauchdünn, hauchzart, ein Hauch von Knoblauch. Ich finde, es klingt genauso, wie es eingesetzt wird. Unübersetzbar. Lautmalerisch atmend. Ein Hauch von Wort.

Schade, dass sie nochmal hoch mussten, um zu kochen, essen und ordnen. Dann gingen sie wieder ins Bett, wo ihre Nähe im Bettzeug steckte. Haut an Haut einschlafend. Den seltsamen Nachbarn ließen sie in ihrem gemeinsamen Gespräch über den Tag heute absichtlich aus. Es gab genug Klippen in dieser Welt, man musste nicht jede einzelne täglich erklimmen. Manchmal war das so, wenn Paula träumte. Sie spürte, dass sie in einem Traum feststeckte, so als würde sie sich schlafend selbst beobachten. Paula wusste nicht woher sie ihn kannte, aber in diesem Traum jetzt, da war ihr klar: An der langen Tafel vor ihr ließ sich Doktor Faustus, der Magier, nieder. Zuerst fielen ihr seine Augenbrauen auf. Tiefschwarz, wie Balken, die über seinen Augen prangten. Rotkarierte Tischdecken, schwere Stühle, ein schmutziger Boden, schummriges Licht. Paula saß mittendrin, an einem klebrigen Tisch, beobachtete ihn gebannt. Doktor Faustus bestellte mit großem Gestus seinen Wein. Der Kellner eilte herbei, geschmeichelt, diese Berühmtheit bedienen zu dürfen. Er schenkte großzügig ein. Statt Dank erntete er Schelte. Doktor Faustus maßregelte ihn: »Wo hast du gelernt? Hat dir niemand beigebracht, effizient hauszuhalten?« Der Ober verzog verärgert das Gesicht und goss das zweite Glas umso voller. Paula konnte ihren Blick nicht lösen. Sie betrachtete völlig ungeniert, wie Doktor Faustus' Augen grimmig blitzten. Lautschallend setzte er nach: »Was fällt dir ein, Kerl? Wie soll ich das mühelos trinken, ohne mich anzuschütten? Wenn du mich nochmal ärgerst, fresse ich dich auf.« »Das will ich erst sehen, wie planst du, mich großen Menschen zu verschlucken?«, hielt der Kellner dagegen, nahm die Flasche und schenkte nach, bis der Wein über den Glasrand lief, den Tisch flutete und auf Doktor Faustus' Hose rann. Dieser schrie auf, packte nach der Weste des Obers, zog ihn zu sich, riss den Mund auf und verschluckte diesen. Stille im Raum. Auch hier saß Paula wieder mittendrin. Logisch war das ohnehin alles schon längst nicht mehr. Sie fand sich dann im Bauch des Doktors wieder. Ein dunkler Raum, voller Bücher, eins okkulter als das andere, die Buchrücken zeigten seltsame Zeichen Paula erkannte teuflische Werke von schwarzer Magie. Der Kellner zog ein Buch nach dem anderen hervor. Er fand eins, dass ihm scheinbar einen Rat gab. Er zündete einen Bücherhaufen mit seinem Feuerzeug an, der gleich lichterloh brannte. Schon fand sich Paula abermals an ihrem alten Tisch wider. Es rauchte Doktor Faustus aus Augen, Nasen und Mund. Er nahm einen riesigen Krug Wasser. Er trank und trank und trank, bevor er hinausging und etwas später zurückkam. Der Rauch war wieder weg. Alle Gäste schienen im Bann zu sein. Die Tür ging auf, herein kam der Kellner. Nass bis auf die Haut, mit einem wütenden Gesichtsausdruck. Er sprach Dr Faustus nochmal an: »Du bist demnach ein Magier.« Dieser schnaufte »Ja, das habt ihr wohl gerade erlebt.« »Du behauptest, den Teufel gesehen zu haben.« »Woher hätte ich sonst mein Wissen?« »Beweise es uns, zeige uns, wie er ausschaut. Hier hast du Kreide, um ihn zu malen.« Doktor Faustus malte einen roten Luzifer an die Wand. Der Satan wurde lebendig und zog Faustus in das Gemälde hinein. Das Bild wurde heller und heller. Sowohl der Teufel wie auch Doktor Faustus verschwanden. Paula saß noch immer an ihrem Tisch mit dem rotkarierten Tischtuch.

Morgen ist es endlich so weit. Nach all der Zeit und diesem Reden, nichts als reden. Er ging noch einmal die Risikoanalyse durch, sie hatten vorhin die Strategien ein letztes Mal diskutiert, klare Aktionspläne hatten sie jedem eingedrillt und in einer Halle alles durchgespielt. Wenn die Bullen panisch werden und zu ballern anfangen, dann konnte es bis zum Äußersten kommen. Kein Durchschlag ohne Restrisiko. Ob er richtig entschieden hatte, dass er selbst bei dem Verteilen der Flugblätter geblieben war? Er zog die Fäden im Hintergrund. War es vernünftig, dass gerade die Hitzköpfe von ihnen die gefährlichen Parts übernommen hatten? Wenn sich Mike beispielsweise hinreißen ließ und den Spannungsbogen zu lange strapazierte, konnte er sich eine Kugel einfangen. Einen Märtyrer zu produzieren, ein Narrativ, das zeigte, wie sehr sich die Polizei auf die Falschen fokussierte, konnte ihnen helfen. Weiterzudenken verbot er sich. Sicherheit ging trotz allem vor. Sie wollten keine Opfer erzeugen, nur Tatsachen schaffen. Den Menschen ihre Scheuklappen von den Gesichtern reißen. Es wird schon gut gehen. Mitternacht verstrich bereits. Er konnte nicht einschlafen. Morgen um diese Zeit war alles vorbei, so oder so.

Paula sammelte nur mehr vereinzelte Traumfetzen auf, als sie aufwachte. Ein roter Teufel an der Wand. Irgendetwas mit Doktor Faustus und mit einem Gasthaus. Mit einem Kellner, der kurioserweise verschluckt wurde. Es war ihr vollkommen rätselhaft, was sie in der Szenerie suchte. Sie lag da, schaute auf die Decke, versuchte, ihre Gedanken und Erinnerungen einzufangen. Sie ging langsam dem nach, was in ihrem Kopf aufzuklauben war, ohne sich zu sehr zu bewegen oder schon zu reden. Anschließend erzählte sie Elias von diesen Splittern und Erinnerungsversatzstücken. Elias kannte die Geschichte: »Das ist eine der berühmten Sagen Wiens. Man soll den Teufel nicht an die Wand malen, das gibt es tatsächlich als deutsche Redensart. Ich glaube das Gasthaus zum roten Mandl gibt's noch. Oder gab's zumindest sicher. Irgendwo an der Freyung. Kann es sein, dass du irgendwann mal die Sage erzählt bekommen hast? Oder hat das mit den Geschichten der Frau gestern zu tun? Der Teufel als das Unsagbare, dass sie durchlitten hat und noch immer spukt? Du als Zaunzeugin? Oder interpretiere ich zu viel hinein?«

Elias' morgendliche Munterkeit forderte Paula seit Beginn ihrer Beziehung. Sie legte ihm den Finger auf die Lippen und schmiegte sich an ihn, nicht viel sagend. Dabei nahm sie seine Worte auf und dachte diese weiter. Zuerst musste sie mit ihm kurz klären, was man unter einer *Sage* verstand. Ihre Vermutung, dass es so was wie eine leyenda bedeutete, stimmte. In

Wirklichkeit war sie sich sicher, diese Sage noch nie gehört zu haben. Überhaupt kann sie sich an Sagen rund um Wien kaum erinnern. Diese Erinnerungslücken machten ihr Angst. Als gäbe es Zeiten und Erlebnisse, die hinter Falltüren ihres Kopfes verschwanden. Sie beschloss, heute nach dem Unterricht bei der Freyung vorbeizugehen, um ihrem Traum ein wenig nachzuforschen. Sie wollte jetzt nicht tiefenpsychologisch werden, aber vermutlich hatte er recht. Auf die eine oder andere Weise hing das alles zusammen. Sie gähnte, stöhnte und setzte sich langsam auf. Es half nichts. Beide mussten zur Arbeit. Sie hätte gestern mehr vorbereiten können. Daher warf sie ihre Gedanken nochmal aus, um ein paar Ideen zu sammeln, was sie heute mit ihrer Gruppe anfangen wollte. Sie war froh um die vielen schon im Vorhinein kopierten Übungsblätter und um die Routine, die gesammelten neuen Wörter abzufragen. So konnte sie langsam in ihren Unterricht hineinfinden, während die Teilnehmenden sich abarbeiteten, und mehr Klarheit bekommen, wie Paula eine effektive Progression weiterentwickelte.

Bevor sie los huschte, zückte sie ihr Heft und schrieb:

Sage: kommt von althochdeutsch »sag(a)«: Aussagen, Erzählung und meint eine alte Geschichte unwahrer Ereignisse, die aber gewöhnlich historische Sachverhältnisse erklären. Weil sie oft zu bestimmten Zeiten und in spezifischen Gegenden erzählt wird, verbergen sich darin häufig lokale Weisheiten. Wäre reizvoll für den Deutschkurs, regionale Sagen zu sammeln.

Nach dem Kurs wählte Paula einen Heimweg, der sie an der Freyung vorbei führte. Sie kämpfte sich durch Beton und Hitze, sodass sie beschloss abzubiegen und – wie so oft – kurz in den Stephansdom zu schauen. Sie liebte diese uralten Gotteshäuser, die angenehme Kühle, die flackernden Kerzen im gedämpften Licht. Ein Echo all der gemurmelten Gebete. In Stein geschlagenes jahrhundertelanges Hoffen, Glauben und Beten. Wohl auch Unterdrückung und Leid. Predigten von Lehren, die die eigenen blinden Flecken in den Spiegeln, die sie vorhielten, oftmals selbst nicht sahen. Zeugnisse von tiefer Spiritualität und gleichzeitig Manifestation von Macht. Ein Widerspruch. Sie war überzeugt, dass dort ehrlich gelebte Spiritualität aufhört, wo Machtausübung anfängt.

Der Stephansdom hatte es ihr angetan, mit den zahlreichen Geschichten, die sich darin entdecken ließen. Generation über Generation hat daran gearbeitet. Nach dem zweiten Weltkrieg verbrannte er desaströs, durch die Hilfe Unzähliger wurde er wieder aufgebaut. Als Symbol dafür, dass es weiterging. Die gewöhnlichen Menschen ermöglichten es, dass er nicht für immer verloren ging. Das konnte man hinterfragen. Warum war ein Dom wichtiger als die hungernde Bevölkerung? Die benötigte Hilfe für all die Familien, Alten und Kinder war wohl dringender in dem Elend, das damals herrschte, als ein altes Gemäuer.

Wie so oft wenn sie hier herum wandelte, ließ sie sich folgendes nicht nehmen: Sie legte ihre Hand auf den Abdruck, von dem man wissen musste, um ihn zu finden. Eine tiefe Mulde von unzähligen Händen, die seit dem 14. Jahrhundert den Stein berührten, um Glück oder Heilung mitzunehmen. Sie stellte sich vor, sich irgendwie mit all den anderen zu verbinden, die hier durch die Jahrhunderte bereits ihre Hand hineingelegt hatten. Zuerst hatte ihr jemand von dieser Glücksgeschichte erzählt, bevor sie irgendwann einmal selbst dem Ursprung nachging und herausfand, dass beim Nordportal dieses Riesengebäudes, der Kolomanistein eingemauert wurde. Ein Gesteinsstück, auf dem das Blut des Heiligen Koloman angeblich geflossen war. Koloman hieß im elften Jahrhundert ein Pilger aus Irland, der aufgrund seines fremdländischen Aussehens in Niederösterreich als Spion verdächtigt und getötet worden war. Heiliggesprochen wurden häufig Menschen, die gegen den Strich ihrer Zeit lebten, wegen ihres Andersseins umkamen und dann doch verehrt wurden. Schutzheiliger der Reisenden, der zum Tode Verurteilten und der Tiere.

Paula würde nicht in einer Welt ohne Dome leben wollen. Das bunte Licht durch die Fenster, die Erhabenheit und Schönheit. Das Tönen der Orgel gegen all das Geplapper. Die Stimmung von betenden Menschen.

Sie nahm sich vor, eine ihrer Deutschlerngruppen wieder mal hierher zu holen.

Sie auf die Suche nach all dem zu schicken, was es hier zu finden gab. Asche aus Auschwitz, Erde aus Mauthausen, eine exaltierte Zahlenmystik, die sich in den Maßen des Bauwerks wiederfand. Ein Einschussloch der

Oktoberrevolution 1848, viele außergewöhnliche Gebetsstellen, je nach Leiden und Anliegen. Oder das sogenannte Riesentor, das angeblich nach einem Riesenknochen benannt wurde, der dort gefunden worden war. Vermutlich handelte es sich jedoch um einen Mammutknochen. Den Knochen gibt es noch, er war lange in der Nähe des Tors aufgehängt gewesen. Sie hatte einmal gehört, dass sich im achten Jahrhundert die Mode entwickelte, Riesenknochen nahe von Kirchen- und Schlosstüren aufzuhängen. Es war ein Leichtes, an dieser Schatzkiste von Symbolen gemeinsam angewandte Geschichte zu erarbeiten. Ob sie Phallus und Vulva auch suchen ließ (neben dem Haupteingang – möglicherweise als Hinweis darauf, dass sich an diesem Ort ein vorchristliches Heiligtum befand und zur Sicherheit Fruchtbarkeitssymbole angebracht wurden, um ihre Macht an diesem Ort zu brechen), hing eher davon ab, mit welcher Gruppe sie herging. Mit der Frauentruppe konnte leicht und mit Lachen von derlei Dingen geredet werden. Auch wenn die fehlenden Worte immer wieder Wehmut hinterließen, da man nicht tiefgehender miteinander ins Gespräch kommen konnte. Noch nicht.

Sie kamen von allen Ecken, aus unterschiedlichen Gassen. Die mittelalterlichen, verwinkelten Durchgänge machten es ihnen leicht, sich aus dem Schutz der Mauervorsprünge zu lösen, um gleichzeitig und scheinbar allgegenwärtig zusammenzuströmen. Schwarz vermummt trugen sie schwere Maschinengewehre. Laute Schusssalven wurden hallend von den Mauern zurückgeworfen. Menschen schrien, liefen davon und versteckten sich hinter Bänken, Tischen, oder was zu finden war. Ein Mädchen mit einer roten Schleife in den Haaren hatte ihre Puppe in der Hektik verloren. Sie wollte sich von der Hand ihres Vaters losreißen, um die Babypuppe hochzuheben und weinte verzweifelt, als sie zurückgehalten wurde. Ein leer gefegter Platz. Eine einsame Puppe. In der Mitte die schwarz Vermummten, die mit ihren Waffen in alle Himmelsrichtungen zielten. Panik. Zwei Passanten brachen zusammen. Rot, überall rot. Polizei raste mit Sirenen herbei, die Verhüllten warfen ihre Maschinengewehre von sich, hoben sichtbar die Hände und ergaben sich. Mit lautem Alarm fuhren die Rettungswagen und weitere Einsatzfahrzeuge vor. Antiterrorbeamte in massiger Montur sprangen aus den gepanzerten Wagen.

Flugzettel kamen aus vielen Fenstern geflogen. Ein Schwall Papiere wirbelte vom Turm des Stephansdoms.

Paula hörte den Tumult. Es war ohnehin an der Zeit heimzugehen. Sie drückte das schwere Tor aus Metall auf und blinzelte wegen der Helligkeit und der Hitze, die ihr entgegenschlug. Erst langsam erreichte die Szenerie ihre Netzhaut. Sie sah das Rot überall. In einem zweiten Moment die Ambulanz, Feuerwehr, die vielen Zettel. Als würde sie aufwachen aus der getragenen Stille des Stephansdoms schrie ihr instinktiver Impuls: Weg, nur weg von hier. Zu intensiv berührte diese Szene einen Abgrund, den sie in sich verschlossen trug. Sie hob eines der Blätter auf, stopfte es in ihre Tasche. Furcht lähmte sie nicht, sondern weckte Paula auf. Sie rannte los. In die nächste Gasse hetzte sie immer weiter, ohne sich umzudrehen. Ihr Schweiß floss den Rücken hinab. Ihre Lunge schmerzte. Sie eilte, schob sich an Menschen, die sie verwundert anblickten, vorbei. Stürzte die Treppen hinunter, sprang in den kommenden U-Bahn-Waggon.

Zuhause duschte sie ausgiebig. So als könnte sie sich die nackte Angst von der Seele waschen. Was nicht wirklich gelang. So versuchte sie es anders. Sie holte die Wassermelone, schnitt diese auf. Wollte den Duft nach Sommer und leichter Süße tief einatmen. Sie roch es, aber irgendwie erreichte der Geruch sie nicht richtig. Sie nahm eine Zitrone, eine Handvoll Minze und hackte diese in kleine Stücke, bevor sie sie in den Wasserkrug streute. Endlich hörte sie das vertraute Geräusch von Elias' Schritten. Küsste ihn. Fragte Elias nach seinem Tag, während sie die Wassermelone aßen. Obwohl sie nicht mit der Tür ins Haus fallen wollte, hatte er sofort gemerkt, dass was bei ihr nicht stimmte. Als sie erzählte und das mitgebrachte Flugblatt herauszog, fragte Elias immer wieder nach. Er konnte es nicht fassen, was sie da berichtete. Noch weniger, dass er davon noch nichts gehört hatte. Ein Terrorakt am Stephansdom musste doch in aller Munde sein. Er wollte jede Einzelheit wissen, auch wenn Paula am liebsten das Erlebte von sich wegstoßen wollte. Dann stand Elias auf und holte sein Mobiltelefon. Er suchte im Internet nach Informationen. Er wurde fieberhafter und entrüsteter, je mehr er fand. Er fragte immer wieder, wie es genau abgelaufen war. Was sie erlebt hatte. Paula hätte am liebsten Ruhe davor gehabt, nur schwer schaffte sie es, ihn von dem

Thema wegzuziehen. Nach einigem Bemühen gelang es ihr, ihn zu einer Partie Schach bei einem Glas Rotwein beim offenen Fenster zu bewegen. So ganz waren sie jedoch beide nicht bei der Sache.

Er rannte auf und ab, auf und ab.
Zugegeben, sie feierten einen Erfolg. Alles hatte geklappt wie geplant. Sie hatten eindrucksvolle Bilder erzeugt, die sich eingruben, Geräusche, die nachhallten; hatten massenhaft Theaterblut verbraucht. Die Gewehrsalven aus Lautsprechern waren laut, schallend und weitflächig zu hören gewesen. Es war zu keiner Eskalation mit der Polizei gekommen. Anzeigen und einstweilige Verhaftungen waren die Folge, aber es gab keine Verletzten. Genauso wie sie es geplant hatten. Sein Einsatz mit den Flugblättern hatte ebenso geklappt. Sie hatten Eindrücke geschaffen, wie man sie aus der Geschichte der Weißen Rose kannte, Widerstand, nun richtig und notwendig. Zettel von überall her. Sie hatten die richtigen Anwälte, einen ausreichend gefüllten Spendentopf, die würden sie schon rausreißen. Die identitäre Bewegung berichtete von der Aktion in ihren sozialen Medien: »Heute erregte die IBW Aufsehen mit einer spektakulären Aktion. Direkt am Stephansplatz wurde ein islamistischer Anschlag nachgestellt. Die interessierten Zuschauer wurden im Anschluss über Masseneinwanderung, Islamisierung und die damit verbundene Terrorgefahr aufgeklärt.« Der Sturm der Entrüstung begann umgehend. Beste Öffentlichkeit. Viele Medien zitierten ihre Flugblätter beinahe wortwörtlich. Kritisch kommentiert, wie zu erwarten, aber die Schlagwörter blieben hängen.
Dennoch. All das empfand er als zu wenig, zu zahm. Es würde das Unaufhaltsame nicht stoppen können. Sie brauchten entschlosseneres, direktes Handeln. Diese gesamtgesellschaftliche Gehirnwäsche musste endlich überwunden werden.
Nicht mehr lange, dann waren sie bereit für die nächsten Schritte. Nicht mehr Theater, sondern tatsächliches gesellschaftsveränderndes Handeln. Die Sterne standen günstig.

Paula wollte eigentlich nur schlafen. Elias atmete ihr laut ins Ohr, drückte sich im Schlaf an sie und legte ein Bein um sie. Vorsichtig versuchte Paula, sich zu lösen, sich wegzudrehen, um einschlafen zu können. Elias rückte nach, als wolle er sie im Schlaf beschützen. Wieder wegdrehen. Ein halb mühsames, halb vertraut gutes Spiel.

Immer wenn sie sich ihrem Abgrund näherte, wurde ihre gesamte Tektonik erschüttert. Als würde sich der Boden verschieben, auf dem sie stand. Sie vermisste ihre Heimat, ohne zu wissen, wo diese in Wirklichkeit zu verorten war. Zweifelte an allem: ihrem Ort, ihrem Job, ihrem Leben. Selbst an Elias, ob dieser in ihr nicht ein weiteres Flüchtlingsprojekt sah und sie retten wollte. Wo sie doch gar nicht wusste, ob sie einer Rettung bedurfte.

Endlich schlief sie ein.

In ihrem Traum wusste Paula, dass sie fiel und fiel und wenn sie aufschlagen würde, war sie mitten drinnen. In dieser neuen Realität, in der sie gelandet war, lief es dieses Mal anders ab. Sie träumte in der Haut ihrer Schwester Maria. Ihre schwieligen Hände trieben immer und immer wieder einen Spaten in das Erdreich. Die blutigen Blasen an den Händen brannten, ein Schmerz, um den sie fast froh war, da sie dadurch noch anderes fühlte als die tiefe Verzweiflung. Schwere, rote, feuchte Erde, Wurzelwerk, das sie kaum zu durchtrennen schaffte. Paula wusste, sie befand sich daheim. Erdiger Geruch eines echten Waldes. Dickicht, intensives Grün. Anders als in Österreich bedeutete dieses Grün Gefahr. Je tiefer man ins Gestrüpp kam, desto eher stieg die Wahrscheinlichkeit auf bewaffnete Gruppen zu treffen. Es hatte sich anfangs irritierend für sie angefühlt, dass in Österreich mit Wald Ruhe und Erholung verbunden wird. Sie kannte den Wald als wildes Tier.

Erst gestern hatte auch Luisa ein Grab ausheben müssen. Paula – als Maria – hatte es mit einer dumpfen, schrecklichen Ahnung beobachtet, die sich auf grausame Weise bewahrheitete. Als das Grab genügend tief war, befahl der Commandante mit harten, schrecklichen Befehlen, ihrer besten Freundin Elena, Luisa zu erschießen. Was für eine seltsame Gnade, dass Elena in Ohnmacht fiel. Dadurch entkam sie dem ihr Unmöglichen. Es ging so unglaublich schnell. Der Commandante zog selbst die Pistole. Paula als Maria presste sich die Hand vor die Augen. Hörte den Knall, roch und fühlte die Erschütterung in der Luft. Sie wollte nicht hinsehen, wie Luisa am Boden lag. Im Blut. Zusammengebrochen. Als Exempel und Strafe dafür, was passierte, wenn man weglief. Vielleicht auch Geheimnisse verrät, das wusste sie nicht. Klar war nur, dass Luisas Flucht und der panikartige Aufbruch der gesamten Truppe irgendwie zusammenhing. Als dann, Stunden später, die Späher wieder auftauchten, Luisa mit gebundenen Händen hinter sich herziehend, befürchtete Maria das Schlimmste für sie.

Aus der Ohnmacht erwacht, konnte Elena das Kommende nicht erspart werden. Der Commandante beharrte darauf, dass Elena Luisa eingrub. Es war nur zu erahnen, dass er Elena im Verdacht hatte, den Fluchtversuch unterstützt zu haben. Elena schichtete geschüttelt von ihrem Schluchzen Erdschicht um Erdschicht über Luisas Körper, schmückte das Grab mit Steinen, Blüten, Blättern und Ästen. In einer widerständigen Langsamkeit, als könnte sie ihrer Freundin zumindest so Gutes tun.

Jetzt, einen Tag danach, musste sie, Maria, ebenfalls schaufeln. Sie zwang sich in eine Art Trance, als würde sich ihr Geist von dem Körper lösen und aus dämmriger Entfernung das Geschehen beobachten. Der Körper erfüllte mechanisch, was sie nicht verhindern konnte. Spatenstich um Spatenstich.

Dazwischen lichte Momente der schrillen Angst, gemischt mit einer wirren Erleichterung. Zumindest Paula hatte es geschafft. Eine klaffende Wunde der Sehnsucht nach ihrer kleinen quirligen Schwester dröhnte in ihr. Dennoch bedeutete es Maria eine unermessliche Befreiung, nicht mehr die ständige Sorge um Paula mit sich zu tragen. Als diese vor zwei Wochen als Späherin ausgesandt wurde, war das ihre einzige Möglichkeit, sich alleine abzusetzen. Auch wenn sie ihr so sehr fehlte. Jeden Abend hatte sie ihr einen sanften Kuss auf die Stirn gedrückt. Sie versuchten, so gut es ging, die vielen flüchtigen Umarmungen versteckt zu halten und nicht zu zeigen, wie sehr sie sich brauchten. Sie – Maria – hätte es nicht ausgehalten, wenn ihrer kleinen Paula etwas passiert wäre. Sie fürchtete für Paula auch die Gefahren von den Übergriffen in den eigenen Reihen, sobald sie älter wird. Flieg, Paula flieg, werde so glücklich, wie du es nur schaffst. Ich komme dir nach, sobald ich von hier fliehen kann.

Voller Zorn schlug Maria mit dem Spaten in die Erde, ohne zu wissen, wem dieses Grab galt …

Mit tränennassem Gesicht wachte Paula auf und vermisste ihre Schwester Maria unendlich. Was für ein schrecklicher und diffuser Traum, so real und doch durcheinander. Schluchzen schüttelte sie durch. Elias, der gleich aufgewacht war, brachte ihr ein Glas Wasser, er suchte ihr ein Schlafmittel raus und hielt sie sanft und beruhigend in seinen Armen. Er streichelte ihren Kopf und ahnte, dass sie jetzt nicht sofort reden wollte. »Denkst du, du kannst noch einmal schlafen?«, fragte er sie. Da spürte sie schon, wie die Erschöpfung nach ihr griff und sie nun in einen traumlosen Schlaf tauchte.

Morgensonnenstrahlen durchfluteten den Raum. Paula betrachtete den friedlich atmenden Elias, der den Schlaf festzuhalten versuchte. Ruhige Züge hoben und senkten seinen Brustkorb. Die Dämonen der Nacht schienen jetzt einmal vertrieben. Sie genoss es, ihn zu beobachten, dieses Gefühl auszukosten, bei ihm angekommen zu sein. Leises Sommerglück, neben sich erst langsam auflösenden Nachtschatten und dämmerte nochmal weg.

Elias brachte ihr einen Kaffee ans Bett. Paula schnupperte schlaftrunken, sie wartete, bis er vorsichtig die Tassen abgesetzt hatte, dann zog sie ihn zu sich. Paula grub die Nase in sein Grübchen am Hals, berührte ihn behutsam dort, wo nur sie ihn anfasste. Sie verführte ihn, dem beginnenden Tag eine Pause zu stehlen, noch einmal ineinander zu versinken. So nah, wie es nur irgend möglich war. Uneingeschränkt sich selbst zu spüren und dann doch nicht, sondern dieses Miteinander. Sonnenblumengelb. Mit liebestrunkenem Blick zeichnete Elias ihre Silhouette mit dem Finger nach, berührte ihre Schultern, malte eine Linie bis abwärts rund um ihren Nabel. Leise fragte er sie: »Denkst du nicht auch, dass ein kleines Paula-Elias-Wunder eine gute Genmischung wäre?« »Wenn Du dann wieder einen Einsatz hast, wo wäre das Wunder dann?«, brummelte Paula mit geschlossenen Augen. »Ach, dann nehme ich es mit. Kommen sonst auch Säuglinge aufs Schiff.« »Ja, sicher ...« Paula öffnete ihre Lider, küsste ihn, bis er schwieg. In ihrem Inneren schrillten schon längst die Alarmglocken. Was war sie froh, dass sie wie ein Uhrwerk regelmäßig die Pille schluckte. Sie wollte das nicht jetzt, nicht hier diskutieren. Aber ein leiser Sand hatte sich festgesetzt in die Harmonie, die ihre Körper gerade noch verbunden hatte.

Einen Stock über ihm diese Kolumbianerin, die sich einbildete, Deutsch unterrichten zu können und der verkappte Seenotretter, der den Ethnomasochismus vorantrieb und Bilder von ertrinkenden Kleinkindern herbei predigte. Ekelhaft. Würden die Eltern mit ihren Knirpsen in der Wüste bleiben, dort verhungern, dann wäre das eben so. Menschen werden geboren, Menschen sterben. Niemand befiehlt ihnen, sich auf ein löchriges Schlauchboot zu setzen, um zu ersaufen. Würden diese Boote sofort wieder zurückgeschickt werden, wo sie herkamen, dann hätte sich das Schlepperwesen rasch von selbst erledigt. Niemand zahlt für eine halbtägige Hafenrundfahrt, die zurück an den Ausgangspunkt führt. Doch mit diesem Schuld-Kult lässt sich die eigene Beliebtheit leicht steigern. Was würde er darum geben, hinaufzugehen und die beiden fühlen lassen, wohin ihr naives Gutmenschentum führt. Wie das Chaos sich ausbreitet, näher und immer näher kommt, wegen solchen wie denen. Wenn man sich umblickte, sah man erschreckende Ausmaße, wie viele Länder scheiterten, wie viele Kriege neu dazukamen. Wie wenig Zeit bleibt, um dem großen Austausch entgegenzusteuern.

Fertig angezogen kramte Paula ihr Mobiltelefon hervor und wählte. Am anderen Ende wurde sogleich abgehoben: »Hola, Mama, wie geht's dir und euch?« »Paula, wie schön dich zu hören. Bist Du schon bei deiner Schule? Schaust du heute vorbei? Ich habe noch Bohnen fertig, ich kann dir Arepas machen.« Paula grinste. Typisch ihre Mum, ständig einladend, mit mittelleisem Nachdruck. Was hatte sie für ein Glück, dass die beiden und ihr Bruder hier lebten. »Ja, gern. Nach dem Kurs, ja?« »Bueno. Dein Vater meckert schon, weil wir die Leute warten lassen. Du weißt ja, wir sind da. Komm einfach vorbei. Schönen Arbeitstag dir.« Das war so typisch kolumbianisch: Ein Land von schrecklichen Frühaufstehern. Ob die Trafik etwas früher oder später aufsperrte, würde nicht den Unterschied machen. Doch wie ein Wirbelwind verabschiedete sich ihre Mum. Paula legte mit dem zufriedenen Gefühl der Vorfreude auf.

Sie fand, dass Zayn schon passabel Deutsch sprach. Bevor diese ihren Erinnerungstext vorlas, erklärte Zayn, dass sie die letzten beiden Texte von Dayita und Hasib berührend fand und sich davon anstecken ließ. Sie las in Urdu ihren Text vor. In einem nicht eindeutigen Tonfall, kraftvoll, gleichwohl klang es wie voller Wehmut. Niemand sonst im Raum sprach

Urdu. Trotzdem war es mucksmäuschenstill. Zuvor hatte sie sich noch entschuldigt, dass der Beitrag keine an und für sich sonnige Erinnerung erzählte. Oder doch, eine der schönsten, gleichzeitig die schwerste. Paula ahnte, dass es gleich persönlich werden würde: »Ich wusste von Anfang an, dass er sich schon als kleines Kind anders entwickelte, ganz besonders, aber auch besonders schwierig. Als würde der Schmerz der Welt direkt in ihn hineingehen. Einmal kamen wir bei einem Waisenhaus vorbei. Wir brachten ihnen alte Kleidung und wurden auf einen Tee eingeladen. Das Leid der vielen Kinder dort beschäftigte ihn wohl zeitlebens. Nach dem Besuch fragte er mich wochenlang: ›Was können wir tun? Was können wir tun, damit es denen besser geht?‹ Er war damals vier. Aber auch später erzählte er immer wieder von diesem Waisenhaus. Ich hatte das große Glück eine Psychologin aus einem Sozialprojekt zu kennen, eine lange Reise entfernt, dennoch nahm ich das auf mich. Als er sich dann immer stärker von der Entwicklung der Gleichaltrigen unterschied, ging ich mit ihm zu ihr. Dann bekamen wir sie, diese Diagnose: Er sei manisch-depressiv. Bald zeigte sich, wie recht sie hatte. Sofort begann ich zu kämpfen. Wir erlebten hier in Wien, wie schwierig es sein kann, professionelle Behandlung zu bekommen, aber das alles war kein Vergleich zu Pakistan. Was es dort gab, war unbezahlbar und schwer zugänglich. Eine psychische Krankheit bedeutete eines der größten Tabus dort. Ich wusste damals: In Pakistan könnte mein Sohn niemals heil werden.

In Wien erlebte er diese und jene Phasen. Er wurde von seinem Job, in einem Laden, gefeuert, weil er Dinge verschenkte. Ich sagte ihm, ›Awais, wir leben in einem System, wenn alle dagegenhandeln, funktioniert das nicht.‹ Er meinte nur: ›Mama, das System ist kaputt.‹ Er las über Nahrungsungerechtigkeit und sprach wie besessen davon. Er redete unentwegt von Lebensmittelverschwendung und nannte das Nahrungsapartheid. Ich kochte und er fing damit an, die Ungleichheit der Welt zu predigen. Es raubte einem oft den letzten Nerv. Täglich schenkte er irgendwem irgendetwas. Awais hatte die glorreichsten Ideen, und eine auffallende Ausstrahlung, der man sich kaum entziehen konnte, wenn er manisch war. In seinen depressiven Phasen wurde es umso schwieriger. Es gelang mir kaum zuzuschauen, wie viel Energie es ihn kostete, aus dem Bett zu kommen und sich dem Tag zu stellen. Einmal bereitete ich das Opferfest vor, was immer meinen eigenen Jahreshöhepunkt darstellte. Ich kochte, dekorierte und freute mich über jeden, der mithalf. Alles duftete, strahlte und war bereit. Dann kam Awais. Aber er trat nicht allein ein, er hatte Wildfremde von der Straße mitgebracht. Zuerst fühlte ich mich wie vor den Kopf gestoßen, er torpedierte doch mein Fest. Dann wurde es die ausgelassenste Feier mit gemeinsamem Musizieren und Tanz. Er konnte das, Menschen zusammenbringen. Es ist jetzt zwei Jahre her, dass er es nicht mehr schaffte. Er hatte von allem zu viel. Zu viel Liebe, zu viel Leid in dieser Welt. Vielleicht ist das die größte Trauer, das Gefühl, bleiben zu müssen, während der gegangen ist, der mir genau genommen nachkommen hätte sollen. Anlässlich seines Todes hatten seine Freunde und Brüder einen Foodsharing-Kühlschrank aufgestellt. Ich bin immer wieder erstaunt, wie mühelos das funktioniert, aber auch wie viele Menschen darin Essen suchen.« Die Übersetzung hatte sie schon schriftlich vorbereitet. Sie las langsamer, gebrochener vor. Paula fühlte sich wie auf dünnem Eis, jederzeit bereit, zu helfen, Zayn vor dem Versinken zu retten. Stille trat nach dem Ende des Textes ein. Dann stand Dayita auf, ging zu Zayn und umarmte sie.

Wie sollte Paula nun weitermachen? Streng genommen, fand sie, gab es nichts Passendes. Paula schickte die Teilnehmenden in die Pause. Sie fragte erst danach, ob jemand einen weiteren Beitrag mithatte.

Alle, die bisher nicht gelesen hatten, zeigten auf. Paulas Verdacht bestätigte sich: Es funktionierte, sie waren infiziert, dieses leise, feine Netz wurde weitergeknüpft. Paula suchte bewusst Paolo aus. Er kam aus Mexiko und hatte immer einen Witz auf Lager. Paula musste sich zusammenreißen, dass sie nicht während des Kurses auf Spanisch tratschten. Dennoch freute sie sich, seine Erinnerung im Original verstehen zu können und hoffte, dass er wieder etwas mehr Leichtigkeit in den Raum brachte.

Paolo begann zu lesen: »Ich arbeitete bei der Rettung in Mexiko City. Wenn ich nicht arbeitete, reiste ich. El Salvador, Honduras, Argentinien, was immer mir in den Sinn kam. Sobald ich frei hatte, brach ich auf. Ich sah Wasserfälle, Schluchten, Siedlungen, Wüsten und Meere. Alle möglichen Tiere. Alle möglichen Menschen. Ich traf überall auf Leute, die mir ihr Haus öffneten, ihr Essen und ihre Geschichten mit mir teilten. Oft lachte ich Tränen, oft hatte ich aber ebenso Tränen in den Augen, weil sie mir in den tiefsten Dreck ihres Lebens Einsicht gaben. Ich selbst hatte eine schwierige Kindheit durchlitten. Als ich bei den Chinesen in Buenos Aires zu Gast war, sprachen wir unerwartet vom Gleichen, obwohl sie auf der anderen Seite der Welt aufgewachsen waren. Auch sie erlebten Misshandlungen und Schmähungen in ihrer Familie und das gegenseitige Betrauern unserer brüchigen Kindheit über Weltenteile hinweg hatte etwas Heilendes.

All diese Erfahrungen machte es für mich dahinten in der Rettung leichter. Wir versuchten alle gleichwertig zu behandeln, egal welche Hautfarbe, welches Alter, welcher Lebenszustand. Ich redete mit jedermann, um sie wach zu halten. Was immer mir einfiel, besprach ich, unabhängig ob es sich um Gangmitglieder oder Reiche handelte. Uralte oder Kinder versuchte ich so gut es ging bei Laune zu halten. Am schlimmsten waren für mich die Kinder, wenn sie misshandelt wurden. Man könnte den Glauben an die Menschheit verlieren, wenn man all das sah, was ich dort in der Rettung erlebt hatte. Darum half es mir stets zu reisen und das Gute in den Menschen zu suchen. Zu staunen, wie sich alle Türen öffnen. Hier in Wien geht es mir ebenso. Ich kann wenig Deutsch, trotz alledem kenne ich schon viele, bei denen ich denke, wenn's eng wird, dann könnte ich anklopfen.« Paolo las es, dann klappte er das Heft zu und suchte Paulas Blick. Paula nickte ihm bestätigend zu. Warum es so war wusste sie nicht, aber es ist schwieriger, in einer fremden Sprache zu sprechen, wenn man weiß, hier ist jemand, der meine Ursprungssprache mit mir teilt. Paolo schien ein Naturtalent zu sein. Wann immer er Paula auf Spanisch fragte, wie man denn diesen oder diesen Begriff übersetzte, antwortete sie auf Deutsch, spielte ihm zuerst die Frage zurück, ob er nicht selbst draufkam. Gleiches Recht für alle. Auch jetzt machte er seine Sache gut. Er erklärte den Kern der Geschichte treffend mit wenigen deutschen Worten.

Auf Paolo konnte sie sich verlassen. Die Betroffenheit war im Raum noch greifbar, aber sie konnten ohne Probleme weitermachen. Anhand der Texte erarbeiteten sie sich Wörter und danach fügte sie das Übliche an: Rollenspiele, Übung der Grammatik und Hörbeispiele, um das zu festigen, was sie miteinander bereits eingeübt hatten.

Elias schmunzelte, als er auf sein läutendes Handy schaute. Schmitti schien Ansprache zu brauchen. Vermutlich war nicht nur ihm das letzte Treffen zu kurz gewesen. Fein, wenn er sich regelmäßiger meldete. Schmittis Nachricht lautete: »Du, ich wäre ums Eck. Zeit für einen Kaffee?« Wieder mal eigentlich nicht. Aber was soll's. Elias dachte, dass eine Pause wohl noch nie geschadet hatte. Er schrieb kurz das Mail fertig und machte sich dann auf den Weg nach unten. Vor ihm stand Schmitti mit seinem wie immer unzureichend geölten Rad, ohne Helm, dafür hatte er auf seinem Gepäckträger einen Picknickkorb befestigt mit einer Thermoskanne voll Kaffee und seiner Picknickdecke. »Was hättest du gemacht, wenn ich in einer Sitzung gewesen wäre?«, fragte ihn Elias. »Ach, ich hätte mich auf die Decke im Park gesetzt, ein Buch genommen und hätte in Ruhe lesen können. Wenn ich bedenke, vielleicht ohnehin die bessere Option«, grinste Schmitti und trat in die Pedale, nachdem er sich halbelegant auf den Sattel geschwungen hatte. »Aber nicht weit weg, ums Eck, ich sollte dann noch was fertigkriegen«, rief ihm Elias noch nach. »Ja, ja, ich werde dich schon nicht vom Weltretten aufhalten, ich bin nur fürs Ablenken zuständig«, antwortete Schmitti über seine Schultern rufend.

Nachdem sie die Räder abgesperrt hatten, plumpsten sie auf die ausgebreitete Decke und schauten in den Himmel. »Weißt du was großartig ist?«, fragte Schmitti »Dass ich bezaubernder Mensch mich mitten aus dem Erwerbsleben reißen lasse, um hier mit dir in den Himmel zu starren?« »Das auch.« »Dass ich an Magie glaube und darum denke, dass sich der Antrag, den ich heute fertig kriegen wollte, in der Zwischenzeit selbst erledigt?« Schmitti hob die Augenbrauen, aber Elias hörte nicht so schnell auf vor sich hin zu fabulieren: »Oder warte. Dass es gut ist, was zu probieren? Wenn es nicht gut ist, es anders zu machen, bis es gut wird. Wenn's gleich gut war, mehr davon zu machen, sprich es immer gut ist, was zu machen.« Schmitti grinste: »Aha, machst du zurzeit ein Selbstfindungscoaching?« »Nein, Erkenntnis des Neben-Schmitti-in-den-Himmel-Schauens. Was fandest du nochmal großartig?« »Dass die Dinge, die ich zu erledigen habe, definitiv weniger sind als all die Dinge dieser Welt, die ich nicht erledigen muss. Magst du noch einen Kaffee?«

Nach dem Kurs radelte Paula den vertrauten Weg zu ihren Eltern. Sie hatten mit dem Zweiten einen Bezirk gewählt, der zu ihnen passte. Paula mochte diese Ecken. Sie querte eine Kastanienallee, die sich eher etwas zerrupft aufbaute, einige Baumreste waren nicht nachgepflanzt worden. Der Straßenzug erinnerte sie an eine löchrige Zahnreihe. Hier war es nicht sauber aufgeräumt wie im ersten Bezirk. Halb abgerissene Plakate kündigten mit bunten Farben einen Zirkus an, der schon vor zwei Jahren stattgefunden hatte. Paula las den Titel des Plakats: »Wer nicht verrückt ist, ist nicht normal.« Es stapelten sich leere Kisten, am Platz waren fast alle Bänke besetzt. Ein leichter Wind trieb Blätter vor sich hin. Leise Boten eines sich langsam nähernden Herbstes tanzten in der Luft. Dort saßen Frauen mit Kopftuch, knackten Sonnenblumenkerne mit den Zähnen und spuckten die Hülsen auf den Boden. Ein Wasserhydrant dichtete nicht vollständig und tropfte. In der Pfütze kämpften Spatzen mit Tauben um ihren Platz. Kinder fuhren mit Laufrädern ihre Runden. Hinten unter einem Baum spielten Männer Karten. Eine alte Frau hatte sich mit ihrem Rollator niedergelassen und schimpfte auf ihren kleinen Hund ein.

Paula schloss ihr Rad ab. Sie betrat die Trafik ihrer Eltern. Als sie eintrat, ertönte das einladende Klingeln der Türglocke. Es breitete sich ein Lächeln im Gesicht ihres Vaters aus, so als wäre die Sonne durch ihr Kommen aufgegangen. »Hola, cosita«, er kam von hinten hervor und umarmte sie kräftig. »Dünn bist du geworden.« Es war immer der gleiche Spruch. »Hola, Papi, wie geht es dir? Was machen die Chilis?« Seitdem ihr Vater im Gemeinschaftsgarten mitgärtnerte, konnte sich die gesamte Familie nicht mehr vor Chili-Geschenken wehren. Sie waren höllisch scharf, aber bildschön anzusehen. Violett, rot, orange, grün, sämtliche Farben und Formen hatte er aus dem Garten gezaubert. Dass er diese in der Trafik verkaufte, verbot er sich. Dazu meinte er in einem ihrer Gespräche: »Die sind doch unverkäuflich. Weißt du, wie ich die Gesichter liebe, wenn ich sie hier liegen habe? Die Leute fragen, ob man sie kaufen kann und ich ihnen antworte, dass sie unverkäuflich sind? Schenken ist haufenweise gescheiter als verkaufen, wenn etwas doch nur durch Erde, Sonne und Pflege gewachsen ist.« Jedem seine politische Ökonomie, dachte sich Paula. In dem Moment kam schon ihre Mum. »Hola, guapa!« Sie umarmte Paula ebenso kräftig. Paula schnupperte ihren typischen Geruch.

Wie Lachen und Wärme. Dichtes Haar, mit Silberfäden durchwirkt, aber noch schwarz. Ihre Mum schob sie prüfend von sich und musterte Paula. »Du schaust ein wenig abgekämpft aus, Kleines. Komm, wir gehen rauf, ich mach dir Arepas.« Sprach's und schlüpfte schon aus der Tür. Paula folgte ihr, nachdem sie ihrem Vater versicherte hatte, verlässlich später noch bei ihm vorbeizuschauen.

Die Handgriffe waren wie automatisiert. Ohne recht hinzuschauen, nahm ihre Mutter eine Schüssel, gab das Maismehl, Wasser, Salz und Öl hinein und knetete alles eine Weile durch. Während sie den Teig kurz rasten ließ, machte sie die Bohnen warm, schnitt Avocados in kleine Stücke, bereitete eine Salsa aus würfelig geschnittenen Tomaten, Chilisauce, Koriander, Jungzwiebel, einer Prise Salz und braunem Zucker, einem Schuss Essig und Öl. Dann formte sie den Teig in kleine runde Laibchen, buk sie kurz in der Pfanne, teilte sie in der Mitte durch und häufte Bohnen, Avocado und Tomatensalsa darauf. Währenddessen erzählte sie all die Neuigkeiten aus der Nachbarschaft.

Paula wusste es einfach. Das war eindeutig das beste Essen der Welt. Zufrieden schob sie den Teller von sich. Sie war pappsatt. Erst jetzt fragte ihre Mutter: »Die Falten zwischen deinen Augenbrauen sind tiefer als sonst. Dich bedrückt doch was, willst du nicht erzählen? Oder warte, magst du einen Cafesito?«

Paula druckste herum. »Weißt du Mama, Papi meint immer, ich soll dich mit den alten Geschichten in Ruhe lassen. Es wühle dich zu stark auf und bringt nichts. Er denkt, ich soll die Wunde nicht stets wieder aufreißen.« Ihre Mutter stellte die Kaffeetasse resolut auf den Tisch: »Dein Paps predigt Wasser und trinkt Wein. Glaubt er wirklich, dass ich nicht merke, wie er tagtäglich in die Kirche geht und eine Kerze für Maria anzündet? Unsere Maria? Selbst wenn er krank ist oder die Kirche verschlossen ist, dann geht er später nochmal. Er will mich schützen, doch wird er wissen, dass diese Wunde nie verheilt.« Ernst musterte sie Paulas Gesichtsausdruck, während sie weitersprach: »Von dem eigenen Kind nicht zu ahnen, ob es tot ist oder lebt. Und wenn es lebt, dann in den tiefsten aller Schluchten, sowas kann nicht verheilen. Wir mussten lernen, dass, obwohl ein Stück aus uns rausgerissen wurde, der Alltag so oder so weitergeht. Der Schmerz nimmt kein Ende, vermutlich nie, solange ich existiere. Aber er wird leiser.« Paula kannte das, manchmal führte ihre Mutter Gedanken, Satz für Satz einfach weiter. Sie wusste, dass man sie dann besser nicht unterbrach. »Vermutlich hatten wir schlichtweg Glück. In dem unsagbaren Unglück. Glück, dass du zurückgekommen bist. Dass Fernando hierherzog, sich eine Familie und Existenz aufbaute. Dass wir ihm folgen durften. Hier leben. In Sicherheit. Dass wir so viele Freundinnen und Freunde gefunden haben. Dass wir wirtschaftlich passabel über die Runden kommen. All dieses Glück kann das Unglück nicht aufwiegen. Die Wunde bleibt, aber sie ist ein Teil von vielem. Ich versuchte immer, zu vermeiden, dass das Leiden die Übermacht über uns bekommt. Dein Vater weiß das alles. Er will der große Beschützer sein, dabei bin das vermutlich sogar eher ich.« Während sie redete, schob ihre Mutter einen Krümel auf dem Tisch hin und her, hin und her. »Weißt du, ich habe vor kurzem im Radio ein Interview von einem neunzigjährigen Paar gehört, das seit fast siebzig Jahren zusammen ist. Da hat zuerst er erzählt, dass er immer in der Früh eine Semmel holt, sie in zwei Teile schneidet, bevor er sie mit Butter beschmiert. Er mag den oberen Teil eigentlich lieber, aber den gibt er ihr seit siebzig Jahren, um ihr eine Freude damit zu machen. Danach wurde sie befragt, sie hat das Gleiche erzählt. Dass sie immer Kaffee zubereitet, während er die Semmel richtet. Er gibt ihr seit siebzig Jahren den oberen Teil. Er weiß nicht, dass sie den unteren lieber hat, aber es macht sie jeden Tag zufrieden, dass sie ihm mit diesem kleinen Verzicht eine Freude machen kann.« Dadurch hatte Paulas Mutter es wieder einmal geschafft, die Kurve zu kriegen. Von dem großen Abgrund zu reden, ohne hineinzufallen und jetzt zum Schluss bei einer positiven Erzählung zu landen. Paula bewunderte sie dafür. Ihre Mum redete weiter: »Weißt du, ich habe mir dann gedacht, an sich ist es schade, dass sie durch ein Interview davon erfahren. Oder womöglich lustig für die beiden. Aber geht es nicht in einer gelungenen Beziehung darum, Augenblicke zu ergreifen, um dem anderen etwas zu gönnen, ohne einen eigenen Nutzen daraus zu ziehen? Geht es darum, dass wir uns aufmachen, das Innerste des Gegenübers zu begreifen? Ist das eine Reise, die jemals endet? Oder mit all den kleinen uneigennützigen Momenten meinem Partner zu helfen, selbst etwas mehr zu verstehen?

Was ich eigentlich sagen will, dein Paps kennt mich sehr gut, aber es gibt auch noch andere Seiten.«

Paula schlug sich das Geschirrtuch ums Haar, faltete ihre Hände, drehte die Augen nach oben. Santa-Maria-Geste mit Pathos. Ein altes Spiel zwischen ihnen. Ihre Mutter musste lachen, warf das zweite, feuchte Geschirrtuch nach ihr: »Danke, danke. Botschaft verstanden. Ich predige zu sehr und hab mich in meiner Antwort verloren. Entschuldige, meine Kleine. Was wolltest du von den vergangenen Geschehnissen erzählen?«

Paula setzte vorsichtig an: »Ich träume in letzter Zeit intensiv. Zuerst eine Wiener Sage. Komisch, eine vollständige Geschichte. Ich erzähl dir davon ein anders Mal, wenn's dich interessiert.« Ihre Mutter nickte. »Gestern träumte ich so, als wäre ich Maria. Aber von damals, frisch nachdem ich freikam. Sie musste ein Grab ausheben.« Paula erzählte den Traum nach. Ihre Mum nahm sie zuerst einfach einmal in den Arm, hielt den Blick gesenkt und murmelte: »Du weißt also, dass sie das machen.« »Was meinst du? Was machen sie?« »Sie lassen Kindersoldaten und Jugendliche Gräber ausheben. Zur Strafe. Sie graben die letzte Ruhestätte für sich selbst oder beste Freundinnen, Vertraute, je nach Schwere der Bestrafung. Ich habe ein Interview auf BBC darüber gehört.« Sie fuhr mit ihrem Zeigefinger das Muster der Tischdecke nach, als suchte sie zumindest dort etwas wie eine Ordnung. Es war doch zu viel gewesen. Ihre mutige Mum tat oft tapferer, als es ihr guttat. »Mama, ist das gescheit im Internet zu suchen? Ist es nicht so, wie Krebssymptome nachzulesen, wenn man etwas Merkwürdiges spürt? Man wird verrückt von all den Dingen, die sein können.« »Ach, Paula, ich weiß. Was soll ich denn machen, ich wünsche sie mir verzweifelt her, gesund, heil, lachend. Es tut körperlich weh, als würde ein Teil von mir fehlen. Alles sehnt sich danach, sie zu berühren. Nur einmal. Mein kleines Mädchen, das nie stillsitzen konnte. Wie erwachsen sie jetzt sein muss und wie hinreißend. Ich bin überzeugt davon, dass sie lebt. Wenn nicht, müsste ich es doch fühlen, oder?« Mit zitternden Lippen stand sie auf, holte ihnen beiden ein Glas Mineralwasser. »Mama, ich habe diese BBC-Sendung nicht gehört.« Rätselnd, langsam wieder Boden gewinnend, schaute ihre Mum Paula ins Gesicht. »Volk des Wassers, der Worte und Träume.« »Wie bitte?« »Misak, unser Volk – weißt du, dass die Misak das Volk des Wassers, der Worte und

Träume genannt wird? Träume haben bei uns eine außergewöhnliche Bedeutung.« Bei uns. Normalerweise sprach ihre Mutter von den Misak nicht als ihr Volk. Eigentlich sprach sie gar nicht viel über ihre Herkunft. Paula setzte sich auf. Wenn es nach ihr ginge, würde sie am liebsten mit unzähligen Fragen weiterforschen, aber für heute war es genug. »Mum, du versprichst Fernando und mir schon so lange, dass du uns mehr von den Misak erzählst. Was hältst du davon, wenn ich euch einmal zum Abendessen einlade, und wir nehmen uns das vor?« »Ja, gut, und Paula …« »Ja?« »Danke dir, es ist wichtig, sich hineinzuwagen. Wir dürfen Maria nicht totschweigen. Wir können von hier aus nichts unternehmen. In Kolumbien sind kompetente Leute, die weiter nach ihr suchen. Es hilft wohl einfach nichts.« »Ich weiß, und ich verstehe Paps. Vermutlich brauchen wir alle unser tägliches Kerze-Anzünden oder sonst was, um das Gefühl zu haben, irgendetwas zu tun.« Sprach's und stand wieder einmal am Abgrund. Nur ein Schritt und sie wäre versucht, mehr zu erzählen. Ihre Mum schüttelte sich und meinte: »Komm lass uns runtergehen. Dein Vater verzeiht mir nie, wenn er nicht auch noch ein wenig mit dir plaudern kann.« Sie berührte Paula am Weg nach unten verstohlen am Oberarm, als müsste sie testen, dass zumindest Paula lebensecht hier war. In Fleisch und Blut.

Seine diversen Mobiltelefone brummten, Nachrichten auf sicheren Kanälen gingen rund. In einer Geschwindigkeit rasselten sie rein, wie er es vor Monaten kaum vermutet hätte. Die verschiedenen Teams meisterten vieles mühelos. Einiges besser als vor wenigen Jahren. Internationale Trainingscamps hatten sie voran katapultiert. Dort, wo es damals nur um die eigene Nation ging, war klar, dass allein ein geeinter, weltumspannender Kampf der weißen Rasse effektiv etwas bewirken konnte. Zu wirkungsvoll organisierte sich die Gegenmacht. Es gab viel zu lernen von denjenigen, die bereits erfolgreicher operierten und tatsächlichen Einfluss auf alle Gewalten ihres Staates nahmen. Vor einiger Zeit wäre es noch undenkbar gewesen, dass sie an die Erfahrung von russischen, polnischen, US-amerikanischen oder ungarischen Zellen andocken würden. Würden sie sich gegen vernetztes Handeln sperren, hätten sie keine Chance. So taten sich jedoch ungeahnte Möglichkeiten auf. In diesen Tagen drehte sich die Welt schneller.

Außerdem existierte die Gegenseite, davon galt es ebenso vieles zu lernen. Verbündete, die ihnen berichteten, schleusten sie auf unterschiedlichen Ebenen ein. Islamistische Trainingscamps infiltrierten sie. Syrien und Irak hatten Afghanistan abgelöst. Von Europa aus waren diese leichter zu erreichen. Das Ausbildungsprogramm in diesen Terrorcamps variierte. Neuankömmlinge durchliefen Schnellkurse mit unterschiedlichsten Spezialisierungen, diese beinhalteten Ausbildung zur Handhabung mit Sprengstoff und Infanterie. Vorrangig ging es um die Indoktrinierung der Neulinge. Auch davon konnten sie auf ihre Weise lernen. Auseinandersetzung mit Visionen und Zielen erschien ihm unersetzbar, um einen gemeinsamen Geist zu schaffen. Einige Freiwillige, die dieses Abenteuer wagen wollten, hatten sich gerade erst wieder gemeldet, um mit dem neu gewonnen Wissen zurückzukommen. In die entsprechenden Kulturvereine würden sie sich einfach einschleusen lassen. Wichtig erschien es ihm jedoch, zuvor sorgfältig abzuprüfen, ob die Freiwilligen willensstark genug waren, dass sie dort nicht womöglich zur Gegenseite überlaufen könnten.

Nach Strategiesitzungen konnte er kaum einschlafen, er war elektrifiziert von der Fülle an Möglichkeiten. Hier entstand tatsächlich etwas Großes, Weltveränderndes. Wenn es klappte, wie sie den Plan zurzeit weiterentwickelten, dann könnte dies tatsächlich der Anfang von einer gesellschaftlichen Trendwende werden und er war ein tragender Teil davon. Er konnte es kaum erwarten.

Erleichtert erwachte Paula aus einer traumlosen Nacht. Endlich fühlte sie sich wieder einmal ausgeruht. Bereit für den Tag drückte sie Elias einen Kuss auf den Scheitel, bevor sie das Haus verließ. Manchmal war sie versucht, ein Kreuzchen auf seine Stirn zu zeichnen. So wie sie selbst tagtäglich von ihren Eltern in die Welt geschickt worden war. Das war deren Versuch gewesen, sie trotz der gefährlichen Gegebenheiten in Geborgenheit zu packen. Geholfen hat es nicht besonders. Dennoch war dieses Kreuzchen für sie eine beruhigende Erinnerung. Wie sollte sie Elias jedoch mit einem Segen umfassen, dem er nicht vertraute. Die Grundangst, diejenigen zu verlieren, die sie liebte, blieb. Wahrscheinlich hätte ein Kreuzeichen daran ohnehin nichts geändert.

Aufgelöst stolperte Azra in den Kurs. Sie berichtete davon, wie sie in der Nacht aus dem Schlaf gerissen worden war. Kaum hatte sie einen

Morgenmantel und das Kopftuch übergeworfen, stürmten zehn Polizisten in voller Montur in die Wohnung. Sie stießen Türen und Schränke auf, leuchteten mit Taschenlampen, grell wie Scheinwerfer und sprachen ins Funkgerät, als sie das, was sie suchten, nicht fanden. Azra war allein. Ihr Mann in der Nachtschicht. Ihr sechzehnjähriger Bruder nicht da. Wieder einmal. Respektlos kündigte ihr Bruder zurzeit sämtliche Vereinbarungen zwischen ihnen. Sie hatten ihn im Verdacht, bei den ultranationalistischen türkischen Grauen Wölfen aktiv zu sein. Er trainierte ständig, spielte brutale Computerspiele und hatte keine Arbeit. Sie empfand es schwer mit ihm. Er hatte diesen Einbruch der Bewaffneten ausgelöst. Unzureichend verstand sie das Deutsch der Polizisten. Niemand konnte Türkisch. Eine Waffe wurde bei ihrem Bruder vermutet. Die Polizisten verwiesen darauf, dass Gefahr im Verzug war. Ansonsten gaben sie keine Erklärung, geschweige denn entschuldigten sich für den nächtlichen Schrecken, den sie verbreitet hatten. Azra erwischte daraufhin ihren Mann, er konnte die Nachtschicht unterbrechen und heimkommen. Ihr Bruder schlief bei einem Cousin und telefonierte kurz mit ihnen. Sie vereinbarten, dass er heute verlässlich daheim sein würde, wenn beide von Deutschkurs und Arbeit kamen. Paula fand es erstaunlich, wie Azra trotz ihres holpernden Deutschs klar erzählen konnte, was in dem Moment geschehen war.

Die anderen Kursteilnehmenden reagierten mit mitfühlenden Blicken. Staatsgewalt war in dieser Gruppe den wenigsten fremd. Paula versprach Azra in der Pause die Sozialarbeiterin anzurufen, damit diese nach dem Kurs kurz hereinschauen konnte, um Azra zu beraten. Von den Grauen Wölfen hatte Paula über Elias bereits gehört. Wie viel Verständnis war von jemandem zu erwarten, der sich mit dem Symbol eines Grauen Wolfs identifizierte? Eine Bewegung, die das großtürkische Reich propagiert, auf Rassismus, Sexismus, Homophobie, Antisemitismus und Gewaltakzeptanz aufbaut. Ein Weltbild, das sich eigentlich ideal mit Rechtsextremismus verbinden ließe. Eine unheilige Allianz, die unter einer undurchsichtigen Oberfläche von türkischem Patriotismus genährt von Frust und Ausgrenzung wucherte.

Paolo und Hasib meldeten sich praktisch zeitgleich. Beide mit einem Angebot: Paolo hatte beim Roten Kreuz angedockt, er könne sich mühelos vorstellen, den Burschen mitzunehmen. Möglicherweise wäre es gut für ihn, gebraucht zu werden und in einer Uniform aufzutreten. Er wäre dort gezwungen, sich einzufügen. Außerdem sind Rettungsfahrten abwechslungsreich und bieten weniger Raum, um auf törichte Gedanken zu kommen. Für extremistische, menschenfeindliche Ideen war ebenso seltener Platz, wenn man Menschen in ihrer Bedürftigkeit erlebte. Azra nickte dankbar, um jeden Strohhalm war sie froh.

Hasib konnte sich als Palästinenser in einen wütenden, zu wenig verwurzelten Jugendlichen hineinversetzen. Zu oft brütete er noch immer über seine eigene Wut nach all diesen Bomben und den ständigen Schmähungen von israelischen Soldaten. Am liebsten hätte er ihnen damals ins Gesicht gespuckt. Er wusste aber, dass das tödlich enden konnte. In Wirklichkeit ging es immer um sowas wie *sein* Palästina. Ein Palästina, wo alle ungeachtet ihrer Hautfarbe, ihres Alters und ihrer Geschichte frei leben durften. In dem Schmerz, Erniedrigung, Ohnmacht, Tränen, Vertreibung und Blut überwunden wurden. Ein Palästina, in dem man in Ruhe Schach spielen konnte und allesamt gleichwertig waren. Nach den rechten Worten suchend, machte er Azra ebenfalls ein Angebot. Der Mechaniker, bei dem er jetzt arbeitete, könnte auch ihren Bruder sicher brauchen. Wenn sie wollte, redet er einmal mit dem Chef und ihr Bruder konnte sich das anschauen kommen. Auch bei diesem Angebot nickte Azra dankbar.

Eine Erinnerungsgeschichte noch, dann mussten sie schleunigst an der sprachlichen Grundstruktur arbeiten. Vergangenheitsformen waren an der Reihe. Tatsächlich hatte Paula diese Woche schon um einiges weiter sein wollen. Trotzdem sollten diese Erinnerungsgeschichten geteilt werden. Sie taten gute Dienste: Dieser diverse Haufen wurde zu einer Gruppe, die an einem Strang zog. Die Impulse der Teilnehmenden dienten aber außerdem dazu, dass einzelne Worte sich einhaken, mit Erinnerungen, Gefühlen und Menschen verbunden wurden. Wie sonst sollte man sich diese komplizierte Sprache erarbeiten?

Paula wählte Abdelali. Der ältere Ägypter artikulierte seine Worte mit Bedacht. Wenn er etwas sagte, hatte es Hand und Fuß. Man merkte, dass er eine ausgezeichnete Bildung genossen hatte. Er versuchte, systematisch zu lernen. Das machte es für ihn aber nicht unbedingt leichter, weil sein Anspruch hoch war. Er traute sich nur dann eine Anmerkung zu machen, wenn er einen gesamten Satz im Kopf hatte. Zu gern hätte sie Arabisch gekonnt, um seine Erzählung im Original zu verstehen. Sie genoss es, dem kehlig rauen Lauteindruck dieser Sprache zu lauschen.»Bücher waren schon immer meine Rettung. Sie öffnen Welten, ermöglichen uns Reisen durch die Zeit und entriegeln das Portal zur Weisheit unserer Vorfahren. Büchereien vereinen dieses Wissen mit Menschen und verbinden uns mit den Einsichten und dem Wissen, das allzu oft schmerzhaft gesucht werden musste. Bibliotheken inspirieren uns, sie spiegeln die Gesundheit der Gesellschaft wider. Öffentliche Büchersammlungen sind abhängig von freiwilligen Leistungen und damit von der demokratischen Verfasstheit des Systems. Büchereien sind wie eine Nagelprobe, die testet, wie viel Freiheit uns allen wert ist. 2002 wurde ich gefragt, ob ich für die Bibliothek in Alexandria arbeiten wollte. Ich war selig. Für mich brannte die Bibliothek von Alexandria – dieses Weltwunder – bis heute jedes Mal, wenn Bücher zensiert, verbannt und verboten werden. Dass ich mich damals entschloss Literaturwissenschaft zu studieren, hatte mit diesem wuchtigen Bild zu tun, dass vor Jahrhunderten und Jahrhunderten ein Ort gewachsen war, das das Wissen des Globus zusammentragen wollte. Was für ein Traum wurde da verwirklicht und welche Vermessenheit stellte dies gleichzeitig dar. Annähernd tausend Jahre lang rangen die Perser, Muslime und Araber um Vernunft und Erkenntnis, Mathematik und Astronomie. Sie dachten weitaus weltoffener als der Rest der Welt. Sie übernahmen das indische Ziffernsystem und gaben es später an den Westen weiter. Tausend Jahre bevor Galileo vor die Inquisition musste, wurde ein Rechtssystem eingeführt, das unvergleichlich modern für das siebte Jahrhundert war. Es beinhalte Unschuldsvermutung und Beweislast beim Ankläger. Aber das alles führt mich zu weit. Als ich hörte, dass die Idee entstand, die Bibliothek von Alexandria wieder auferstehen zu lassen, fühlte ich mich wie elektrisiert und konnte mein Glück nicht fassen, dort wahrhaftig mitarbeiten zu dürfen.

2011 ging eine demokratische Welle durchs Land. Regierungsgebäude wurden zerstört, die Demonstrierenden wagten sich sogar an Parteibauten, die die Armee bewacht hatte. Mut, Entschlossenheit, Verzweiflung und eine Energie des Aufbruchs einte all diese Menschen. Ich ging zur Arbeit. Als ich aus dem Fenster schaute, sah ich eine riesige Menge

Demonstranten auf unsere Bibliothek zukommen. Wir definierten uns trotz aller Offenheit dennoch als ein Regierungsgebäude. Sie konnten uns überrollen wie nichts. Hunderttausende waren auf den Beinen. Mir klopfte das Herz bis zum Hals. Ich verstand die Wut und Verzweiflung, gleichzeitig liebte ich unsere Institution. Was konnte ich bloß tun, um einzustehen für diesen Schatz des Wissens und zugleich Verbundenheit mit der Bewegung signalisieren, die ich doch fühlte? Plötzlich tat sich was, einige Menschen lösten sich aus dem Gemenge und schrien: ›Das ist die Bücherei, niemand fasst sie an!‹ Sie verteidigten sie, als etwas, das allen gehörte. Ich stand da und hatte Tränen in den Augen. Gerettet.

Der Geruch von Büchern bereitet mir Heimatgefühle. Als die Plage der Extremisten über das Land schwappte und dann die Geißel der Militärs folgte, verdichteten sich die Bedrohungen gegen uns Angestellte der Bibliothek. Aber dieses Heimatgefühl konnte ich einpacken. Ich liebe es hier, in der Bibliothek zu sitzen, zwischen all den Büchern und Menschen, mit denen ich die Leidenschaft zu lesen gemeinsam habe.«

Es hätte Paula gewundert, wenn Abdelali die deutsche Zusammenfassung seines Erinnerungstextes nicht genauso feinsäuberlich vorbereitet hätte. Die Hauptbibliothek kam ihr in den Sinn. Das war ein passender Ort, zu der sie eine Exkursion machen mussten. Wieder hatte sich ihr Gefühl bewahrheitet. Oft bewies sich der erste Eindruck von einzelnen Teilnehmenden im Laufe der Stunden als richtig. Auf seine sanfte, zurückgenommene Art hatte Abdelali sich bereits einen Platz geschaffen, der ihn trotz seines Bildungshintergrunds nicht abgehoben erscheinen ließ. Als Zayn von ihrem verstorbenen Sohn berichtet hatte, war er der Erste gewesen, der aufsprang, um ihr ein Glas Wasser zu bringen. Bei Paolos Rettungserzählung applaudierte er laut und klopfte ihm anerkennend auf die Schultern. Er öffnete Türen, rückte Stühle zurecht, löschte die Tafel, sorgte für Ordnung und handelte wie der nützliche, dienende Geist der Gruppe. Stiller, aber dennoch präsent.

Diese Erinnerungstexte führten Wörter ein, auf die sie nie gekommen wäre. Was als Experiment gestartet hatte, entwickelte sich als fixer Bestandteil des Unterrichts. Ehrlich gesagt: Wie relevant waren Verben aus den Schulungsbüchern wie »Eis laufen«, »Kino gehen« und anderes Vokabular, das viel mehr eine Alltagsfiktion – ausgedacht am Reißbrett von Verlagshäusern – hier trainiert werden sollte, im Gegensatz zu dem, was die Kursteilnehmenden selbst aus ihren Geschichten einbrachten?

Paula sammelte Blätter und Notizen zusammen und verabschiedete die Teilnehmenden für den heutigen Tag. Sie mochte die Antwort »Inschallah – so Gott will« als Erwiderung, wenn sie ein »bis morgen« zurief. Vielleicht lernte man das eher auf einem durchbeutelten Weg, dass nichts gewiss ist, auch nicht die Annahme, sich am nächsten Tag wieder zu sehen. Sie setzte ihren Helm auf, schwang sich aufs Rad und machte sich auf den Weg zum Wasser.

Elias kettete sein Rad an den Baum, nahm die Decke, das Handtuch, den Stoffsack mit Essen und breitete alles aus. Für ihn war das hier eines der vielen Portale der Stadt. Als könnte man aus dem geschäftigen Stadtleben heraus eine andere Welt betreten. Links befand sich ein pompöses Hotel, hinter ihm ein Gemeindebau mit dem leicht abblätternden Charme des sozialen Wohnbaus. Gelbe Mauern, Schilder, Fenster gaben Einblick in verschiedenartige private Lebensräume und ein vollgeräumter Balkon reihte sich an den nächsten, wo Pflanzen in Töpfen mit den Farben der aufgestellten Sessel wetteiferten. Weiße, aufgeblähte Lampions hingen von der Decke.

Elias befand sich auf einer weiten Wiese mit dicken, alten Platanen. Diese Bäume schienen sich ständig zu häuten. Gemütlich, gütig und behäbig nahmen sie sich mit breitem Blätterdach ihren Raum. Wenn es ihnen zu bunt wurde, warfen sie Blätter, Geäst und klebrige Blattreste von sich. Im Frühling spendeten sie der Welt ihren weißen Flaum, als könnten sie Schnee regnen lassen oder als hätten sie Baumfedern, die alles in plüschige blasse Watte verpackte. Die Wiese war voll mit unterschiedlichsten Badenden. Es gab diejenigen, die ihren gesamten Hausstand anschleppten. Sie kamen mit Klapptischchen und Liegen, unzählige Döschen, Plastikbehälter und Kühlboxen, mit Essen, wie man es sich kaum erträumen konnte. Aus den Boxen packten sie bunte Salate, eingedrehtes Gebäck, aufgeschnittene Tomaten, Brot, Falafel und vieles mehr. Andere sicherten ihr Territorium nur mit einem schmalen Handtuch. Elias lag dazwischen. Ihn zog es ins Wasser. Paula würde ihren Platz schon finden. Elias spürte die Kieselsteine an den Fußsohlen und ließ sich hineingleiten. Er schwamm zwei, drei, kräftige Züge und tauchte den Kopf unter das klare Nass. Das Portal war erfolgreich geöffnet. Schwimmen erlebte er wie Meditation, mit langen gleichmäßigen Zügen genoss er die Schwerelosigkeit und ließ die Hitze, Geschäftigkeit, Anspannung und den Tag zurück. Er tauchte unter, kostete den Moment aus, wenn rund um ihn nur Flüssiges war. Wasser hüllte sich um ihn, wie eine Decke, entschleunigend, kühl, nur er. Er ließ sich treiben. Zurück an der Wasseroberfläche öffnete er die Augen, beobachtete die Wolken, drehte den Kopf und sah dort hinter dem grünen Plätschern die Hochhäuser der Stadt, davor die Schrebergärten und Häuschen mit ihren Stegen, die sich an die andere

Seite des Ufers drängten. Inzwischen unbezahlbar erzählten sie dennoch eine Geschichte, wo es vor nicht zu langer Zeit ein Wagnis bedeutet hatte, sich etwas hinzubauen, weil man nicht recht wusste, wann das Wasser es womöglich wieder mitnahm. In kräftigen Zügen schwamm er weiter und weiter, den Wasserlauf entlang. Schwimmen empfand er als eine Lebensart. Er wusste, wenn es warm genug, ruhig und das Ufer in Reichweite war, dann konnte er nahezu ewig schwimmen. Hinten am Uferbereich hatte er Paula entdeckt, er drehte deshalb um und versuchte sie sofort hereinzulocken. Paula hatte lieber sicheren Boden unter den Füßen. Sie bevorzugte dort ihre Kreise zu ziehen, wo sie sah, was sich unter ihr befand. Eine kurze Abkühlung reichte ihr. Er lockte sie ins Tiefe, küsste sie, genoss dieses einander schwimmend Näherkommen. Freute sich, ihren Körper im Wasser zu berühren, bevor er noch einmal wegtauchte und sich von ihr wieder ins Trockene ziehen ließ.

Abends am Wasser begann für ihn die friedlichste Zeit. Das klarere Licht spendete eine milde Wärme, er genoss das beginnende Konzert der Grillen. Ins Handtuch gepackt, legte er sich auf den Rücken und schaute in die Bäume. Er erzählte von seinem Tag, der Idee von ihm und seinem Team, eine Freizeitschule aufzubauen, in der jeder das unterrichten konnte, was er besonders gut kann, unabhängig davon, ob die Engagierten migrantische Hintergründe hatten oder nicht. Ein gemeinsamer, gleichberechtigter Ort der Begegnung sollte entstehen. Ein Abbruchhaus hatten sie schon im Blick. Je mehr er ausführte, desto lebhafter wurde er in seinen Schilderungen. Paula lag neben ihm, ihre Hand auf seinem Bauch und warf ein paar Anregungen ein. Sie schien es zu genießen, ihn in seinem Element zu sehen. Sie erntete zwei weitere Worte für ihr Heft. *Pappel und Linde.* Mit Pflanzennamen hatte sie es nicht so, viele kannte sie noch nicht. Aber diese beiden gefielen ihr. Als das Gespräch zu anderen Themen weiterzog, erinnerte Elias Paula an die alte jüdische Dame. Es wäre doch gut, bald diesen Faden aufzunehmen und die Chance zu nutzen, bevor wieder zu viel Zeit vergangen war. Eine gute Idee. Gesagt, getan. Paula schnappte ihr Handy, rief an und vereinbarte, schon morgen gemeinsam mit Elias bei Ruth Rosenblum und ihrem Enkel gleich nach der Arbeit vorbeizukommen. Elias schaute ihr gerne zu, er versuchte aus dem aufgeregten Gesichtsausdruck und langsamen Strahlen, das in ihrem

Gesicht aufging, auf den Gesprächsinhalt zu schließen. Wenn er einen Privatsphärenschleier rund um sie spannen könnte, jetzt sofort, dann wüsste er, worauf er im Augenblick Hunger hätte: Paula nah zu sich zu holen. So begnügte er sich aber mit Baguette, würzigem Käse, Tomaten, die so viel Sonne in sich hatten, dass sie beinahe süß schmeckten, aufgeschnittenen gesalzenen Gurken, Pistazien und einem kräftigen Schluck Bier, das noch ein wenig kalt war. In die Bäume schauend, die wegen der einsetzenden Dämmerung langsam ihre Farbe verloren und ins Dunkelblau tauchten, hatte er das Gefühl, er könnte Freude schmecken. Woher kam dann dennoch diese leise aufsteigende Ahnung von Bedrohung, die er ebenfalls im Wasser schwimmend nicht völlig abschütteln hatte können?

Bevor Paula ins Bett schlüpfte, notierte sie in ihrem Heft:

Pappel – ein Laubbaum. Die Rinde schält sich ständig, wächst rasch und hoch. Der Begriff kann mit lateinisch pappeln, »schwatzen« in Zusammenhang gebracht werden, weil der Baum beim geringsten Luftzug raschelnd die Blätter bewegt. Es gibt ebenfalls das Wort plappern. Hört sich ähnlich an.

Linde – genauso ein Laubbaum, auf irgendeine Weise gefestigter, runder. Duftet honigsüß im Spätfrühling. Außerdem existiert der Ausdruck lind. Sanft, weich, passt zu dem Baum. Linden können riesig werden. Aus den Blüten lässt sich Tee machen, der gegen Fieber hilft.

Schlafend fiel Paula in ihren nächsten Traum. Vor ihr ein Brunnen, mitten in der Stadt. Ehrwürdig, groß, tief, bodenlos. Wie letztes Mal war Paula Beobachterin. Alle liefen zusammen hin zu einer jungen Frau, die soeben Wasser aus dem Brunnen geschöpft hatte, schrie und schrie, bevor sie in Ohnmacht fiel. Paula wollte zu ihr springen, doch sogleich stand ein junger Mann an ihrer Seite, strich ihr liebevoll über den Kopf, nahm vom Nass in dem Eimer und weckte sie durch das kalte Wasser auf. In stockenden Worten schilderte die Frau, dass etwas ganz und gar Schreckliches in dem Brunnen wäre. Ein Scheusal beschrieb sie, halb Frosch, halb Hahn mit glühend roten Augen, ein abscheulicher Atem war ihr entgegen geweht. Ein Raunen ging durch die Menge. Der Basilisk. Wer in Wien aufwuchs, kannte die Sage von diesem Ungeheuer. Tödlich für denjenigen, der in seine Augen schaute. So niederträchtig, dass man von dem Anblick zu Stein erstarrte. Was hatte die junge Frau Glück gehabt, dass ihr nicht mehr passiert war. Jeder hatte davon gelernt, die meisten wohl nicht daran geglaubt, noch nie hatte jemand der Anwesenden es wirklich gesehen. Es hieß, der Basilisk wäre nur zu besiegen, wenn man ihm einen Spiegel vorhielt, dann starb er selbst an der eigenen Ansicht. Ein schauriges Brüllen ertönte aus dem Brunnen. Das Wasserreservoir war wichtig für alle, die rundum wohnten. Der junge Mann nahm sich ein Herz, holte einen riesigen Spiegel, verband sich die Augen und wurde mit dem Seil herabgelassen.

Paula wusste zuerst nicht, wo sie sich befand und was sie geträumt hatte, bis sie nach und nach den Traum in Fetzen herholen und zusammenstoppeln konnte. Diese Sage kannte sie. Trotzdem seltsam. Das Bild des Spiegels und des Brunnens ließ sie weiterdenken. Es gibt hinter dem Vordergründigen immer etwas, das dahinter liegt. So kam sie sich manchmal vor. Als wäre sie ein Produkt von Dingen, die passiert sind und von Erzählungen, die ihr zugetragen wurden. Von geglückten und vertanen Chancen. Hält man einen Spiegel so, dass der Brunnen sich spiegelt, der wiederum selbst ein Spiegel ist, so kommt man immer weiter und weiter von Spiegel zu Spiegel. Immer kleiner und kleiner sieht man die glänzende Fläche, die das nächste wiedergab. Immer unklarer und verschwommener, aber er ist da, das hört nie auf. Wie sollte man sich darin nicht verlieren? Auch dieses Ungeheuer, das alles zu Stein verwandelte, wenn man seinen Blick auffing, erinnerte sie an sich. An ihren Abgrund, der ebenfalls versteinerte, wenn man ihm zu nahekam. Der Gedanke hakte sich in ihrem Kopf fest. Wie lange würde sich dieser Abgrund noch gut verbergen lassen, ohne dass er andere mit ins Unheil zog?

Dieses Mal erzählte sie Elias nichts, holte sich ein Glas Wasser, versuchte ihn nicht zu wecken und wieder einzuschlafen. Mit dem diffusen Gefühl, etwas Relevantes und Bedrohliches zu verschweigen.

Zu viel in der Wohnung zu besprechen, empfand er als gefährlich. Er konnte es nicht konkret festmachen, aber ahnte, dass die Aufmerksamkeit der Nachbarn stieg. Dabei erschien ihm der Durchbruch in greifbarer Nähe. Tim sollte sich hier besser nicht mehr zeigen. Er verstand es, dass Menschen wie Tim müde waren, sich zu verstecken. Sich zu ducken. Klein beizugeben.

Wie nachvollziehbar, dass es reichte mit dem Davonrennen. Blind wurde die Freiheit verkauft. Niemals diskutiert, was hier abging. Jetzt würgte eine Demokratie, die unter dem Deckmantel des Rechts zum Gleichschritt aufrief. Drosselte diejenigen, die nicht verblendet folgten. Wie hatte er all das satt.

Trotzdem empfand er es taktisch als ungeschickt, mit Springerstiefeln und lautem Gedöns durch die Gegend zu marschieren. Es war, als würde man »hier, hier, hier!« schreien. Auch die Zeit dieser wütenden Kerle würde noch kommen. Nur etwas Geduld, dann würden sie genau diejenigen brauchen, die es genossen anzupacken. Die nicht weinerlich beigaben, sondern entschlossen durchgriffen.

Die ganze Welt wurde gegeißelt von Bildern wie der Klimalüge und pseudotoleranten Stehsätzen. Sie ließ sich mit Hilfe der Lüge der Wissenschaftlichkeit ausquetschen wie eine Zitrone. Was sollten sämtliche Maßnahmen hier nützen, wenn die wirklichen CO^2-Verursacher wie Indien, China und Brasilien drauf pfiffen? Davon einmal abgesehen, dass unter dem Deckmantel der Klimakatastrophe weiter an der Schwächung des Abendlandes gearbeitet wurde.

»Morgen kommt mein Interview raus«, erinnerte Elias Paula. Stimmt, das Interview in der großen Tageszeitung war ausständig. Manchmal fühlte Paula sich so okkupiert von ihren eigenen Geschichten, dass ihr Elias' Dringlichkeiten wegrutschten. Sie tat so, als wäre es ihr bewusst gewesen. Elias merkte das wohl.

Meist empfand sie diese Beziehung wie eine Bodenplatte, auf der sie sicher stand, dann wieder wie eine wackelige Eisscholle. Zu sehr war sie gefangen in dem, was sie selbst umtrieb. Paula genügte dann sich selbst nicht und damit in ihrem Umkehrschluss wohl auch ihm nicht.

Kleine Irritationen waren für sie spürbar, die alles ins Wanken brachten. Elias packte rasch sein Handy weg, es schien ihr, als wolle er verstecken, von wem er die Nachricht bekommen hatte. Solche Situationen häuften sich in letzter Zeit. Schon wieder. Wie sehr musste sie sich selbst zügeln, um ihm nicht über die Schulter zu schielen. Irgendwie auszumachen, mit wem er ständig schrieb. Genau hier fühlte sie ihn, den Abgrund, von dem sie geträumt hatte. Wie rasch breitete er sich aus und zog noch mehr von ihrer kostbaren Geborgenheit in die kalte Dunkelheit. Paula überspielte ihr Bemerken, während im Inneren Misstrauen nagte. Argwohn und

Bedenken, die sie wiederum nicht ansprach. Zu sehr widerte ihr Zweifel sie selbst an. So wie sie Geheimnisse hatte, war es nur gut und recht, dass Elias ebenfalls nicht all seine Winkel vor ihr nach außen kehrte.

Jetzt war jetzt. Paula erteilte Azra das Wort. Azra schien es gemutmaßt zu haben, dass sie heute drankommen würde. Sie hatte ihren Text gleich griffbereit und setzte auf Türkisch zu lesen an, zuerst zögerlich, dann immer selbstbewusster. Gut, wenn sie jetzt im Mittelpunkt stand. Zu sehr hatte sie Paula letztes Mal leidgetan, gebeutelt durch das nächtliche Erlebnis mit der Polizei. Eine Geschichte, die auch noch ein anderes Licht auf sie warf, nicht nur das, der herausgeforderten großen Schwester.

»Erst in der Früh hatte der Englischlehrer das Lineal hervorgeholt und mir auf die Finger geschlagen. Wieder einmal. Angeblich, weil ich mit meiner Freundin zu oft geschwätzt hatte. Hatte ich offensichtlich auch, aber nicht mehr als meine Mitschülerinnen, die aus besseren Kreisen kamen. Die wurden nicht mal gerügt. Es tat weh, doch stärker als die körperlichen Schmerzen, bohrte die Ungerechtigkeit in mir. Später beim Turnunterricht hatten wir einen Gast. Ein Trainer aus einem Amateurboxverein kam uns besuchen. Er beobachtete alle und versuchte herauszufinden, wer Talent haben könnten, noch mehr, wer Lust darauf hatte, Boxen zu trainieren. Viele Schüler meldeten sich. Ich wartete darauf, dass endlich auch Mädchen aufzeigten. Aber da war keines. Der Coach ermunterte die Schülerinnen, doch alle schauten nur verschüchtert auf den Boden. In dem Moment endete der Unterricht schon. Der Trainer gab nicht auf, er fragte wieder und wieder, ob nicht ebenso Mädchen dabei waren, die interessiert waren. Weil ich mich in Leichtathletik leichttat und man mir meine Begeisterung für das Boxtraining im Gesicht ablesen konnte, kam er direkt auf mich zu. Er fragte mich. Damals war ich dreizehn Jahre alt. Nach dem Ende des Unterrichts wirbelte ich heim und lief zu meinen Eltern, um um Erlaubnis zu bitten. Meine Mutter kommentierte nur: »Boxen wofür? Wozu soll das hilfreich sein?« Sie verbot es. Ich habe stundenlang geweint, nach langem Flehen und Betteln hatte ich sie so weit, die unterschriebene Genehmigung packte ich sofort in die Tasche. Ich hatte einen weiten Weg bis zum Training. Eineinhalb Stunden Fahrt, quer durch Istanbul, dreimal umsteigen, zusammengequetscht wie in einer Sardinenbüchse. Erst später fand ich heraus, dass mein Vater mir die ersten Male heimlich folgte, um zu sehen, ob Gefahr bestand. Manchmal war mir übel vor Erschöpfung, sodass ich mich fast übergeben musste. Das Training selbst liebte ich. Die Art der Bewegung, zwischen Kraft, Taktik und Strategie. Es geht um den Rhythmus. Jede Bewegung, die du machst, muss in deinem Takt sein. Du gibst den Rhythmus vor, dein Gegner muss in deinen Rhythmus gedrängt werden. Du bringst ihn dazu deinem Boxtanz zu folgen, darum geht es. Um das konzentrierte Ringen, Hören, Bewegen. Es dreht sich um Kraft, Aufeinander-Reagieren und Aufmerksamkeit. Ich mochte die Art der Menschen, die ich dort kennenlernte. Mir wurde mit Anerkennung und Respekt begegnet. Vor den Wettbewerben betete ich. Mein Vater war Maler, meine Mutter Hausfrau und ich hatte vier kleine Geschwister, auf die ich aufpasste. Wir mussten mit wenig Geld auskommen und wenn ich etwas fürs Boxen brauchte, musste ich mir das selbst verdienen.

Es gibt eine Parallele zwischen Sport und Politik. Wird es politisch brenzlig bekommt der Sport weniger Raum, sich zu entwickeln, abgesehen natürlich von nationalen Sportarten, die zum Machterhalt dienen. Als ich dann meinen Mann kennenlernte und ihm nach Österreich folgte, hörte ich damit auf. Ich verstand meinen kleinen Bruder, als er mit Kampfsport beginnen wollte hier in Wien. Dass dieser ihn negativ beeinflusst hat, tut mir jetzt leid. Ich bereue nicht, ihn bestärkt zu haben, aber ich hätte besser hinschauen sollen, unter welchem Geist der Verein steht. Damals, als meine Eltern mich baten, meinen Bruder mitzunehmen, um ihm ebenso die Chance zu geben nach Österreich zu kommen, war ich froh. Ich fühlte mich nicht allein, hatte ein gutes Verhältnis zu ihm und ihn schon immer ein wenig bemuttert. Vermutlich sollte ich ihm von meinen Boxwettbewerben öfter erzählen, womöglich komme ich dann wieder besser mit ihm in Kontakt.«

Die deutsche Fassung ihrer Erzählung war kürzer als jene, die sie auf Türkisch vorgelesen hatte. Auch wenn auf dem Weg der Übersetzung sicher viel verloren ging, machte der Text etwas mit Azra und ihrem Auftreten in der Gruppe. Sie saß aufrechter und strahlte mehr Energie aus. Hätte sie die verzagte Azra vom letzten Kurs und die heutige nebeneinandergestellt, mochte man kaum vermuten, dass nur ein Tag dazwischen lag.

Paula nahm Elias an der Hand. Sie kam sich vor wie ein Schulkind wie sie hier gemeinsam und etwas nervös das richtige Haus suchten. Wie würde Ruth Rosenblum ihnen heute entgegentreten? Als klare, einnehmende, alte Dame oder als eine Frau, die immer wieder versuchte, sich durch ihre Demenzanfälle durchzukämpfen. Ihr Enkel meinte am Telefon, dass sie, wenn sie von der Vergangenheit erzählte, eloquent und geistig präsent wirkte. Sie sollten sich nicht scheuen, Fragen zu stellen, seine Oma sei es gewohnt, weil sie jahrelang als Zeitzeugin Schulklassen besucht habe. Elias hatte eine prächtige Orchidee gekauft, er trug sie vorsichtig in einem Stoffsack, Ruth Rosenblums Enkel hatte ihnen verraten, dass seine Oma sich über Orchideen freuen würde.

Ein Haus in einer Seitenstraße. Schmiedeeiserner Zaun. Eine Reihe von Schildern mit dem gleichen Nachnamen Rosenblum hatte sich bei den Klingeln versammelt. Paula stellte es sich schön vor, als Familie gemeinsam ein Gebäude zu bewohnen. Die alte Sehnsucht nach einem kleinen, vertrauten Dorf, in dem ihr alle, die sie mochte, nahe waren, kam bei ihr auf. Ruths Enkel öffnete ihnen, herzlich wie damals im Park. Als sie die Wohnung von Ruth betraten, verschlug es Paula den Atem. Ein Meer von Orchideen breitete sich vor ihnen aus, unterschiedliche Farben, Größen und Töpfe. Auf Tischen, Regalen und Schemelchen. Der intensive Duft erzählte von einem sorgsam gepflegten sozialen Netz. Unzählige die von der Vorliebe für diese Blumen wussten und sie schenkten. Ruth begrüßte sie herzlich. Sie bat ihren Enkel, Kaffee und Kuchen zu bringen und setzte sich. Sie fragte zuerst einmal selbst. Über Elias und Paula, ihre Arbeit, ihre Ideen und führte sie in ein aufgewecktes, unbeschwertes Gespräch. Sie genoss ihren Schokokuchen sichtlich, während sie sich unterhielten. Paula erntete wieder einmal ein Wort für ihr Heft, *fluffig*. Als dann der letzte Krümel weggeputzt war, forderte Ruth sie auf: »Ich sehe es Ihnen beiden doch an der Nasenspitze an, dass sie gespannt sind. Fragen sie, ich höre nicht nur gern zu, ich genieße es ebenfalls zu erzählen.«

Paula setzte an: »Von ihrem Enkel wissen wir, dass sie in Schulen gegangen sind und als Zeitzeugin berichteten, wie ist denn das so?«

Ruth rückte mit dem Stuhl etwas vom Tisch weg, als würde sie sich in Erzählerinnenpose begeben: »Jetzt sage ich nur mehr sporadisch zu, weil ich wegen meiner Anfälle gehemmter geworden bin. Aber Jugendliche machen mich munter. Ich mag ihre Art zu fragen. Ich finde es wichtig, ihnen mitzugeben, wie schnell alles in den Strudel der Rechtlosigkeit gezogen werden kann, wenn die Atmosphäre in der Bevölkerung dementsprechend angeheizt wird.« »Was erzählen sie?«, hakte Elias nach. »Ich berichte vom Einmarsch. Wissen Sie, um nochmal zum Kuchen zurückzukommen. Als Kind habe ich die Erde gesehen wie ein Stück Torte, das es galt zu genießen, zu verspeisen und zu erleben. Bis ich dann darauf kam, dass ich nur die Glasur erlebt hatte, darunter verbarg sich die echte Welt voll von Albträumen, etwas, das wie verlogen schmeckte. Heute würde ich sagen, ich kam mir oft wie in einem falschen Film vor. Wie wir damals in unserer Wohnung saßen, meine Verwandtschaft stocksteif vor Schrecken und unten auf der Straße die jubelnde Menge. Ich als Siebenjährige wäre gern unten gewesen und hätte mitgejubelt. Ich habe das alles nicht recht verstanden. Zwei Tage später in der Schule kam unser Lehrer in die Klasse. Er riss den Arm hoch, schrie ›Heil Hitler!‹ und holte uns drei jüdische Mädchen hinaus. Er schimpfte auf die Juden und sagte garstige Sachen. Er forderte meine Mitschüler und Mitschülerinnen auf, uns zu verprügeln oder zu bespucken, wenn sie wollten. Große Verlegenheit breitete sich in den Gesichtern aus, zwei Burschen kamen jedoch hinaus und gaben uns eine Ohrfeige. Nicht fest, der Schlag war nicht das, was wirklich weh tat. Dann erzähle ich, wie mein Vater nicht mehr arbeiten konnte. Meine Mutter, eigentlich eine Christin, durfte nur dann einen Beruf ausüben, sollte sie sich scheiden lassen, was sie verweigerte. Wie dann mein Vater flüchtete und wir darauf warteten, dass er uns nachholen würde. Wie wir von Wohnung zu Wohnung ziehen mussten. Jedes Mal kleiner, ärmer und dreckiger. Ich erzähle ihnen die ganze Geschichte. Bis nach Auschwitz. Wo ich Gott sei Dank erst zum Schluss hinkam und daher überlebte.« Paula war auf ihrem Sessel nach vorne gerutscht. Sie saß auf der vordersten Kante und wagte kaum laut zu atmen, um jedes Wort zu verstehen. »Wie ist das, wenn man diese schrecklichen Dinge immer wieder erzählt?« »Ich bin danach jedes Mal müde und fertig. Ich schildere immer irgendwas anderes. Von Theresienstadt, von meinen Freundinnen, wie ich mich nach dem Krieg fühlte, diese furchtbare Ungewissheit, dann langsam das Wissen darüber, wer alles ermordet wurde. Eine lustige, vernetzte Großfamilie. Alle tot.« »Aber Sie wirken jetzt heiter und positiv – wie haben Sie sich das bewahrt?« »Das alles ist schon lange her. Ich glaube, indem ich es oft erzähle, verarbeite ich es auch. Ich habe ein gutes Leben gelebt. Wissen Sie, wenn man so alt ist wie ich, dann weiß man, dass es beides gibt. Ich habe das Glück, gesund zu sein, bezaubernde Kinder, Enkel und Urenkel um mich zu haben. Gleichzeitig sehe ich ebenso das Leid auf dieser Erde und all die Tendenzen, die mir Sorgen bereiten. Es wird kälter auf dieser Welt. Schon seit einiger Zeit.« Elias fragte, ob sie ihnen einen Rat geben könnte. Ruth meinte, es sei wichtig, dass man übe, sich eine Meinung zu bilden und diese zu vertreten und zu leben. Sie erzählte von ihrer Familie, ihrem wunderbaren Vater, der Bücher und seine Kinder liebte, von der Zeit mit dem Stern – »Ich habe ihn gehasst. Wir mussten ihn fest angenäht am Mantel tragen, die Kinder riefen uns nach: ›Jude verrecke im eigenen Dreck.‹ Ich wollte am liebsten das Haus nicht mehr verlassen. Besser eingesperrt als mit dem Stern.« Sie setzte dann nach: »Wissen Sie, es gibt schon Monster, aber die sind zu wenig, um die eigentliche Gefahr darzustellen. Viel gefährlicher sind die ganz Gewöhnlichen, diejenigen die handeln, ohne groß zu hinterfragen. Das Böse versteckt sich im Gewöhnlichen.« Sie erzählte ebenfalls von der Zeit danach in Wien, wo sie voller Wut und Trotz war und es allen zeigen wollte, indem sie überall die Beste zu sein versuchte. Vermutlich wollte sie es vor allem sich selbst zeigen, dass diese Geschichte über Untermenschen nicht stimmte, sie vollwertig und erfolgreich leben konnte. »Denn wer hatte denn eigentlich angeordnet, wer in dieser Geschichte Uniformen trug und wer Sterne, die sich in Brusthöhe einbrannten?« Sie berichtete von ihrer Liebesgeschichte, ihrem wilden, lustigen und loyalen Mann. Von ihren Enkeln, die sich für Geflüchtete einsetzten, genauso wie sie, Paula und Elias. Ruth erzählte ihr Leben. Paula stieß Elias unter dem Tisch an. Sie verstand ihn, dass er Frage um Frage stellte und Ruth förmlich an den Lippen hing, aber sie war auch in Sorge um diese alte, faltige, dünne Frau, ob sie ihr durch all die Fragen nicht doch irgendwie zu sehr die Energie raubten. Außerdem nagte etwas Ungeduld in ihr. Elias hatte sich wieder mal verloren, es schien ihr kaum möglich, einen Fuß in den Fluss der Fragen und Antworten zu schieben. Sie verstand seine Faszination. Es ging ihr nicht anders, trotzdem wäre sie gern gleichwertige Gesprächspartnerin und für ihn sichtbar, aber noch mehr hätte sie ebenso gern das Zepter dieses Gesprächs mit in der Hand. Was sie nicht als leicht empfand, denn sie formulierte in dieser Sprache langsamer.

Als der Enkel sie dann schließlich zur Tür brachte, kamen sie noch kurz auf ihren Nachbarn zu sprechen und das unheimliche Gefühl, dass sie ihm gegenüber hatten. Auch wenn er rein äußerlich nicht auffällig auftrat und mit Kapuzenpullover und hipper Kleidung daherkam. Sie erzählten ebenfalls von dem anderen Mann, mit Springerstiefel und NS-Tattoos, der einmal bei ihrem Nachbarn zu Besuch gewesen war. Dass sie nicht recht wussten, ob sie etwas unternehmen sollten. Ruths Enkel meinte, er habe bei der Polizei ein gutes Gefühl. Selbstverständlich gäbe es diese und jene, aber seine Oma war in ihrer Arbeit als Zeitzeugin von der Polizei immer ausgezeichnet unterstützt worden. Es gäbe sehr wohl aufgeschlossene Menschen, die größtes Interesse daran hatten, aktiv gegen Rechtsextremismus vorzugehen. Er versprach ihnen, ein paar Kontakte rauszusuchen, an die sie sich wenden könnten. Paula ahnte, dass diese beiden Begegnungen erst der Anfang waren, von denen sie auch später noch profitieren würden. Sie fühlte sich reich beschenkt, als sie die schwere Tür öffneten und wieder zurückkamen in die Geschäftigkeit Wiens. Als wären sie kurz in einer anderen Welt gewesen.

Paula notierte:

Fluffig – flauschig, weich, luftig; wird oft für Kuchen verwendet, und ist ein perfektes Beispiel für die Integrationsfähigkeit des Deutschen. Kommt von fluffy – Englisch … auch sehr wohlig

Der Tschetschene Anzor war Paula nicht ganz geheuer. Zuerst hatte er sich bei vielen ihrer Ideen verweigert und hatte in einer Pause gemeint, dass er sicher kein Rollenspiel machen werde, da er endlich tatsächlich Deutsch lernen wolle. Mittlerweile hatten sie sich wohl zusammengerauft. Dennoch beobachtete sie etwas Hartes in seinem Auftreten, dass sie nicht ganz einordnen konnte. Paula hatte sich gescheut, Anzor mit seiner Erinnerungsgeschichte dranzunehmen. Aber natürlich fand sie es nur richtig und wichtig, dass auch er vortrug. Anzor holte seinen Zettel hervor und begann auf tschetschenisch zu lesen:

»Wenn ich von einer guten Erinnerung erzählen will, dann wäre das am ehesten meine Großmutter. Mit ihren alten Händen hielt sie mich und erzählte ihre Geschichten, Märchen, Sagen oder von unserer Familie. Man wusste nie so recht, was stimmte oder was sie sich ausdachte. Sie verwob das, was tatsächlich passiert war, mit ihren Weisheiten über das Leben und versuchte, uns Liebe und Menschlichkeit mitzugeben. Sie hatte Geduld mit uns, hielt es gut aus, wenn wir uns stritten, setzte sich immer wieder hin und erzählte. Dort wo ich aufwuchs, herrschte Krieg. Es gibt viele Kriegszonen in dieser Welt, aber Tschetschenien hat eine außergewöhnlich lange Geschichte von Widerstand und Terror. Wenn man auf Tschetscheniens Vergangenheit blickt, dann ist es eigentlich unverständlich, dass Russland sich noch immer einmischt. Es wäre so, als wenn Deutschland nach dem Krieg wiederholt auf die Idee käme, in Polen einzumarschieren. Sie haben uns vor Jahrzehnten viel angetan. Als Kind kannte ich nur Krieg. In Tschetschenien waren damals die Kinder von klein auf erwachsen, wenn unsere Mütter und Schwestern das Haus verließen, sorgten wir uns darum, dass sie wieder heil zurückkamen. Auch wenn die Männer gingen, aber das ist nochmal anders. Mein Vater flüchtete zuerst. In Tschetschenien lebte er als ein angesehener Mann und hatte immer einen Anzug und eine Krawatte an. Als wir ihm dann nachfolgten, lebte er in einem Loch, einer feuchten, schmutzigen Kellerwohnung und er selbst stank. Ich lernte hier keine anständigen Leute kennen. Wir zogen herum und machten Ärger. Eines Abends kam ich in eine Schlägerei. Was zum Auslöser wurde, weiß ich gar nicht mehr. Ich wurde massiv zusammengeschlagen, sodass ich ins Krankenhaus kam. Schädel-Basis-Bruch. Nachdem ich außerdem eine Infektion bekam, war ich lebensbedrohlich erkrankt. Ich kann mich bis heute erinnern: Es fühlte sich an, als würde ich mich teilen, als wäre dort mein Körper und hier mein Geist. Ein Zivildiener saß bei mir im Zimmer, er hielt meine Hand. Er hatte lange Haare und war so ein Typ, den ich sonst niemals ernstgenommen, wenn nicht sogar wegen seiner Schwäche gern verprügelt hätte. Ich war nicht bewusst bei mir, aber ich spürte das Gewicht seiner Hand auf meiner, seine Wärme, die meine Hand berührte. Ich denke, er hat mich am Leben gehalten. Wenn ich diese Berührung nicht gespürt hätte, hätte ich vermutlich meinen Körper verlassen. Die Erinnerung an ihn hat mich hierhergebracht, als ich wieder gesund wurde. Ich kann es nicht genau erklären, aber er war der Auslöser, dass ich jetzt hier sitze und Deutsch lerne. Ich muss diesem Land eine Chance geben.«

Anzor machte es sich leicht. Er wusste, dass Karina besser Deutsch konnte als er und ließ sich von ihr helfen, um die tschetschenische Erzählung zu übersetzen. Zuerst wollte Paula intervenieren. Ein Teil der Übung war, dass man es selbst schaffte, den anderen zumindest die Grundzüge des Textes auf Deutsch zu verdeutlichen. Dann merkte sie aber nach den ersten Worten, wie sich die Gesichtszüge bei Anzor verändert hatten, die vorgeschobene Coolness hatte leichte Risse bekommen. Er wurde greifbarer durch diesen Text. Gut so, sie beließ es dabei. Trotzdem. Irgendwas knirschte zwischen Karina und Anzor. Als würde etwas zwischen den beiden stehen, das sie noch nicht greifen konnte. Sie hatte das Gefühl, Karina vor Anzor beschützen zu müssen. Paula nahm sich vor bei nächster Gelegenheit Karina zur Seite zu nehmen und vorsichtig nachzufragen. Abschließend nahm sie Samira dran, bevor sie sich wieder der deutschen Grammatik zuwandten.

Samira las: »Wir gehörten zu den Familien in Afghanistan, die Glück gehabt hatten. Meine Eltern genossen beide eine akademische Ausbildung, wir waren drei Schwestern. So bewohnten wir eine behagliche Wohnung und lebten trotz der vielen Wunden unseres Landes in einer vergleichsweise angenehmen Situation. Meine Mutter liebte es zu unterrichten. Sie meinte immer, wenn man Lehrerin sei, müsse man die Sterne nicht vom Himmel holen. Es gehe darum, zuzuhören, sich zu engagieren und aufmerksam zu sein. Hinzuhören, was der wichtige, nächste Schritt sei. Auch wenn die allgemeine Meinung anders sei, es ginge nicht darum, möglichst viel zu reden, genauso wenig darum, gemocht zu werden, man müsse sich nur genug Gedanken machen.

Mein Vater versuchte, uns in Watte zu packen und uns seine Liebe zu den erfreulichen Seiten des Landes mitzugeben. Er zeigte uns die Nation auf der Karte und in der Realität. Ich erinnere mich an sanfte Hügel, einen hohen, weiten Himmel und eine Sonne, die hinter Windmühlen glühend rot unterging. Kinder, die Drachen steigen ließen, die begeistert waren, in die Schule gehen zu können.

Die Zeichen verdichteten sich. Es wurde unberechenbarer für meine Mutter, daher beschlossen sie und mein Vater, dass sie die erste sein sollte, die ging. Es war für uns höllisch schwer, sie ziehen zu lassen. Sobald es möglich erschien, wollte sie uns nachholen. Die Tage, die Wochen, die Monate und Jahre vergingen zäh. Unser Vater kümmerte sich liebevoll um uns, kämmte uns die Haare, erzählte Geschichten und begleitete uns, als es gefährlicher wurde. In unserem Garten wuchsen Granatäpfel, Feigen, Datteln und Weintrauben. Wenn er kochte, duftete es bis zum Ende der Straße. Nicht selten kam gerade dann jemand zufällig auf einen Tratsch vorbei, um auch etwas von dem verheißungsvoll riechenden Essen abzubekommen. Dann kam die Nachricht, wir dürften nachreisen.

Ich erinnere mich an den Moment am Flughafen. Fünf Jahre war unsere Mutter schon fort. Wir gingen aus den Zollhallen, nachdem wir unsere große Ladung Koffer abgeholt hatten. Vor uns stand sie, wie wir sie von all den Videotelefonaten kannten. Doch anders. Strahlend, aufgeregt und unsicher. Ich und meine ältere Schwester liefen auf sie zu und warfen uns in ihre Arme. Sie umarmte uns gleichzeitig, küsste uns am Kopf und im Gesicht. Grub ihre Nase in unsere Haare. Meine kleine Schwester war erst drei Jahre gewesen, als sie uns verließ. Jetzt war sie acht, sie hielt meinen Vater fest an der Hand. Meine Mutter löste sich von uns, ging vorsichtig auf sie zu und ging vor ihr in die Hocke, als sie fragte: ›Mein Schatz – weißt du, wer ich bin?‹ Eine Pause. Meine Schwester antwortete: ›Ja, du bist meine Mami‹, und fiel ihr dann auch in die Arme. Dann umarmten wir uns alle fünf gleichzeitig. Ich glaube, das wird für ewig meine schönste Erinnerung bleiben.«

Samira hatte Tränen in den Augen, als sie ihre Erinnerungen auch noch auf Deutsch vorlas. Gute Tränen. Sie war nicht die einzige, deren Augen am Ende ihrer Erzählung verräterisch glänzten.

In regelmäßigen Abständen brachte ein Kurier die unbenutzten Handys mit aufgeladenem Guthaben. Abhörsichere Apps waren darauf einsatzbereit installiert. Schon wieder war Zeit für ein neues Wertkartenhandy. Es faszinierte ihn immer erneut, wie scheinbar mühelos alles durchdacht und geplant war. Das Prozedere schien jedem klar. Bei dem kleinsten Verdacht wurde das alte Handy weggeschmissen und eine ungebrauchte Nummer gewählt. Alles war kompakt organisiert, mit möglichst wenig Zwischenschaltungen. Eine Zelle, die für die Finanzen zuständig war, eine andere für die strategische Planung, die Kommunikation und dergleichen. Sollte eine Zelle auffliegen, waren keine weiteren Informationen zugänglich.

Er hatte Glück. Für die Kernstrategien hatte er sich qualifiziert. Er gehörte damit zum innersten Kern: Vielfach abgecheckt, nur im Kontakt mit anderen, bei denen man sich hundertprozentig sicher war, dass es sich um keine Maulwürfe handelte. Einschlägige Lebensläufe, er lernte faszinierende Persönlichkeiten kennen. Richtige Macher. Er erlebte sich als Teil von etwas Großem und konnte es manchmal selbst nicht recht fassen.

Nach dem Unterricht ließ sich Paula in einem der alten Wiener Kaffeehäuser nieder. Ihr schwirrte der Kopf von all den besonderen Persönlichkeiten, die in ihrem Kurs zusammentrafen. Sie hatte den Verdacht, dass sich das wohl bei den meisten Menschen so zeigte, wenn man nur einmal den Mantel der Anonymität lüftete. Darunter ließen sich meist einzigartige Charaktere entdecken. Es war an der Zeit, dass sie dem Kurs wieder etwas mehr Struktur verpasste, systematisch Ziele und Marker setzte, wann welches Sprachziel zu erfüllen wäre. Die Gruppe wuchs organisch zusammen. Ein gutes Fundament war gelegt, darauf galt es aufzubauen. Zum Abschluss ihres Zertifikats hatte sie ein Heft mit Mark Twains Zitat zur deutschen Sprache am Cover geschenkt bekommen: »*Es ist ganz gewiss keine andere Sprache, die so unordentlich und systemlos daherkommt und dermaßen jedem Zugriff entschlüpft*«, schrieb er »*Aufs Hilfsloseste wird man in ihr hin und her geschwemmt, und wenn man glaubt, man habe endlich eine Regel zu fassen bekommen, die im tosenden Aufruhr der zehn Wortarten festen Boden zum Verschnaufen verspricht, blättert man um und liest ›Der Lernende merke sich die folgenden Ausnahmen.‹ Man überfliegt die Liste und stellt fest, dass es mehr Ausnahmen als Beispiele für diese Regel gibt. Also springt man abermals über Bord, um nach einem neuen Ararat zu suchen, und was man findet, ist neuer Treibsand.*« Zu gern hätte Paula den alten Herrn getroffen, ihm ihr Herz darüber ausgeschüttet, wie schwer es ihr manchmal fiel, in diesem sprachlichen Irrgarten einen Faden in die Hand zu nehmen und ihre Truppe hindurchzuführen.

Bevor sie sich an die Arbeit machte, bestellte sie zuerst einmal einen Kaffee – einen Verlängerten, wie es hier hieß. Der Kellner begegnete allen mit der gleichen Unfreundlichkeit. In Hemd, schwarzem Anzug und Fliege. Die Plüschbank war an den Ecken abgewetzt, die Marmortische angeschlagen und auch die Vitrine hatte ihre besten Zeiten schon hinter sich. Drei verschiedene Kuchen standen zur Auswahl. Dieses Kaffeehaus war nie als Konditorei gedacht gewesen. Hätte sie übernatürliche Kräfte, würde sie aus der Einrichtung extrahieren, was hier alles geschah, als die Verfassung verhandelt worden war. Die großen Dichter und Denker tummelten sich, einer lauter als der andere die Welt erklärend und Rauchschwaden hingen im Raum. Nach und nach wurde es leerer, die jüdischen Gelehrten ließen sich nicht mehr blicken und Uniformierte hängten ihre schweren Jacken an der Garderobe auf.

Dass die Wiener Kaffee liebten, wurzelte angeblich in der Türkenbelagerung. Wieder einmal ein Krieg, der abseits von Elend und Gewalt auch neue Einflüsse brachte.

Paula hatte einmal nachgelesen, wie die Anzahl der Kaffeehäuser damals rasant wuchs. Anfang des 18. Jahrhunderts waren es an die zwanzig. Anfang des 19. Jahrhunderts schon 150 und 1938 sage und schreibe fast 1.300 Kaffeehäuser. Danach begann dann auch das große Kaffeehaussterben, das bis heute andauerte. Unbehelligt stundenlang bei einer Tasse Kaffee sitzen und eine Unmenge Zeitungen lesen zu können, zeichnete die alten Kaffeehäuser im Vergleich zu neueren Cafés aus.

Nachdem ihr ihr Verlängerter serviert wurde, schloss sie kurz die Augen und genoss den Geruch. Kaffee war für sie mehr als ein Getränk. Eine in heiße Flüssigkeit gegossene Pause. Der Moment, bis die Tasse wieder auf den Unterteller abgestellt wird. Hätte sie gewusst, was daheim auf sie wartete, hätte sie diese Pause wohl noch einige Augenblicke länger ausgekostet.

Er wusste, das was hier entstand, war größer, als er erahnen konnte. Einzelaktionen reichten nicht aus. Es brauchte die große Transformation. Die Wurzeln des Übels mussten ausgetilgt werden. Jeder war gefragt, dort alles zu geben, wo er den größten Einfluss hatte. Ohne Kompromisse und mit Gehorsam. Es ging darum international die Kruste des Establishments aufzubrechen. Die faulige Verweichlichung des Systems ein für alle Mal auszumerzen. Die erste Zielperson war identifiziert. Pläne abgestimmt. Waffen verteilt. Nicht mehr lange.

Kaum hatte Paula die Tür geschlossen, rief Elias ihr entgegen: »Hast du es gesehen, hast du die Kommentare gelesen?« Verdammt, das Interview. Paula hatte es vergessen. Schon wieder.

»Nein, entschuldige, ich kam bisher nicht dazu, warte kurz. Ich will es am liebsten sofort lesen«, setzte sie sich mit dem Laptop an den Tisch. Paula arbeitete sich rasch durch den fundierten Artikel, Elias kam professionell und engagiert rüber, wichtige Zahlen wurden erwähnt, zum Beispiel die zweiundzwanzigtausend, die seit 2014 im Mittelmeer ertrunken waren. Für Paula noch immer eine unvorstellbare, abstrakte und ungreifbare Größe. Zweiundzwanzigtausend. Sie wollte ihr Herz offen und berührbar halten, auch wenn sie die himmelschreienden Zahlen aus Kolumbien gewohnt war. Kolumbien, das geschundene Land, in der es mehr Binnenflüchtlinge gab als in Syrien. Das Foto von Elias gefiel ihr. Vor dem Einsatzschiff. Ein vertrauter Gesichtsausdruck, entschlossen, berührt, in Aktion. Ihr Liebster, der Artikel erfüllte sie mit Stolz.

»Gefällt mir ausgezeichnet, gratuliere dir, ein wichtiger Bericht!«, rief sie in Richtung Küche, wo Elias mit den Töpfen hantierte. Er klang irgendwie seltsam, als er fragte: »Und die Kommentare?« Paula holte tief Luft, als sie antwortete: »Warte, so weit bin ich nicht.« 560 Kommentare. Ehrlich gesagt, wollte sie sie nicht alle lesen. Eine Müdigkeit senkte sich in diesem Augenblick über sie. Aber es half nichts. Sie las den ersten, den zweiten, den dritten Kommentar. Ein Grauen kroch langsam über ihren Nacken hoch. Sie öffnete den vierten, den fünften, den sechsten Kommentar. Das durfte nicht wahr sein. Weiter und weiter las sie, es wurde schlimm und schlimmer. Beschimpfungen, Relativierungen, ermahnende Worte der Redaktion, sich in der Wortwahl zu mäßigen und respektvoll zu kommentieren. Eine linke, österreichweite Zeitung. Kaum Anerkennung, mehr als neunzig Prozent Erwiderungen. Viele in einem harten, abschätzigen und verunglimpfenden Ton.

Endlich kam Elias ums Eck. Kein Begrüßungskuss. Leicht graue Hautfarbe. »Ich bekomme schon Drohungen« – er hielt sein Handy hoch. Sie wollte das alles nicht wissen, nicht jetzt und hätte Elias gehetzten Blick am liebsten weggewischt. Angst griff nach ihr.

Er hob an: »Ständig diese Pull-Theorie. Verdammt, es gibt wissenschaftliche Beweise, dass nicht wir es sind, die die Leute aufs Mittelmeer locken. Es ist ihre Verzweiflung, ihre Todesangst, sie wollen lieber im Mittelmeer ertrinken, als dort zu bleiben, wo sie herkommen. Wie habe ich es satt, wenn immer und immer wieder darauf herumgeritten wird.« Paula versuchte notdürftig zu besänftigen: »Mit Wissenschaftlichkeit kommt man selten durch.« Elias war laut geworden. »Wenn sogar hier alle gegen Seenotrettung sind und es legitim finden, dass die Leute eben ersaufen, wenn sie sich in diese Boote setzen, was bleibt dann noch?« »Ich weiß es nicht, Elias. Mach dich jetzt nicht verrückt.« »Wir reden hier von der linksorientiertesten Zeitung des Landes. Wenn selbst die Linken schon so bewerten, wo kommen wir hin?« Paula berührte ihn an der Hand: »Vermutlich sind es Trolls oder bezahlte rechte Stimmen, die Stimmung machen wollen«. Elias entzog ihr seine Hand wieder:

»Nein, viele von denen kenne ich – hier«, er zeigte mit dem Zeigefinger auf ein Posting. »Der postet immer gegen den neuen Straßenbau, der ist durch und durch Öko.« Und der, der oder der. Elias erzählte über die Poster, die er von anderen Kontexten kannte und die alle sicher nicht rechts wären.

»Elias, ich weiß es nicht. Dich weiter engagieren, nehme ich mal an. Dort sein, wo andere wegschauen und laut, so unüberhörbar es geht, darauf hinweisen, dass Schwangere, Kinder, Frauen und Männer ertrinken, und niemand hilft, obwohl wir das nach internationalem Gesetz müssten. Oder sie günstigstenfalls zurückgeschleppt werden, in ein Folterlager in Libyen.« Elias war aufgestanden: »Manchmal würde ich am liebsten eine Aktion erfinden, etwas Ohrenbetäubendes, Effektvolles, das die selbstzufriedenen Politiker hinter dem Herd hervorholt.« Paula mochte es nicht, wenn er stehend mit ihr sprach, während sie saß, sie bemühte sich dennoch um einen besänftigenden Ton: »Solange du es im Rahmen des gesetzlich Erlaubten machst, tu es doch. Ich würde dich voll unterstützen.« Elias lief nun auf und ab, noch etwas, das Paula schwer aushielt: »Im Rahmen der Gesetze werden wir nicht gehört. Echt, zeitweise würde ich am liebsten was tun, das knallt. Die Verantwortlichen in genau so ein Gummiboot stecken, auf die offene See hinausschicken, wo meterhohe Wellen über ihnen zusammenstürzen. Oder in eines der Auffanglager nach Libyen schicken, damit sie dort mal in diesen Folterlagern leben müssten.« Paula schob ihm einen Stuhl hin: »Magst du dich nicht wieder setzen? Das würdest du logistisch, Gott sei Dank, nicht schaffen.« Elias hatte sich niedergelassen, er saß, aber sein linker Fuß wippte auf und ab: »Stimmt, aber etwas in der Art.« »Wenn du dich nicht an die Regeln hältst, dann nimmt dich niemand ernst.« »Die halten sich ebenfalls nicht an die Bestimmungen. Es ist allgemeines Völkerrecht, dass man Menschen in Seenot retten und an einen sicheren Hafen bringen muss. Die schauen weg, verzögern bewusst Hilfeleistungen und lassen die Menschen absaufen, wenn sie nicht von libyschen Küstenwachen wieder zurückgeschleppt werden.« Elias war jetzt wieder laut geworden. Paula hasste das. Sie sprach betont langsam. »Ja, ich weiß. Ich weiß das, dass es unrecht ist. Es ist unfair, es ist unmenschlich und unbegreiflich. Aber mit Gewalt kommst du nicht weiter.« »Ohne auch nicht. Es wird immer grauenhafter dort draußen. Am Meer aber ebenso bei uns. Dort ertrinken sie im Wasser, hier werden sie politisch nochmal hineingeschmissen. Wenn die Genfer Flüchtlingskonvention nichts mehr gilt, dann sind die Menschenrechte ein privilegiertes Luxusprogramm. Die Nagelprobe ist doch genau dort, wo die Erfüllung der Grundrechte auslässt, ob man dann woanders davor gerettet, oder der Rechtlosigkeit ausgeliefert wird. Wenn das demokratisch nicht mehr verhandelbar ist, wie soll man durchkommen, wenn nicht mit brachialeren Mitteln.« »Wem erzählst Du das? Elias, du weißt schon, dass die Guerilla in Kolumbien – die FARC – genau so argumentiert hat. Denen ging's ebenfalls um Unbestechlichkeit. Sie postulieren das bis heute. Die haben sogar Morgencamps durchgeführt, für alle, die in den Kampf gezogen waren, wo sie sozialistische Ideen gelehrt und soziale Gerechtigkeit diskutiert haben. Was kam raus? Ein jahrzehntelanger Krieg, in dem genau diejenigen draufzahlten, für die die FARC einstehen wollte.« »Aber du hast doch nicht bei der FARC gelebt. Du bist von paramilitärischen Gruppen verschleppt worden, oder etwa nicht? Der Gegenseite.« Paula rutschte auf dem Sessel nach vorne. Minengebiet. »Verschleppt«, der Abgrund tat sich wie ein Schlund auf. Ihre Augen hatte sie zu Schlitzen zusammengekniffen. Kein Schritt weiter.

Elias merkte es, aber er war in Fahrt: »Oh, jetzt habe ich das verbotene Gebiet betreten. Davon willst du nicht erzählen. Was habe ich es satt, dieses Thema immer zu vermeiden.«

Paula antwortete leise, gepresst: »Ich will darüber nicht reden. Es ist passiert, es ist vorbei. Ich darf dazu schweigen. Die Therapeutin in Bogota meinte, es ist legitim, mich zu schützen.«

Elias erwiderte: »Was erzählst du einmal unseren Kindern, wenn sie so alt sind, wie du damals. Dass du davon nicht reden willst? Wie kann ich mit dir ein Leben aufbauen, wenn ich einen wichtigen Teil nie wissen darf?«

Paula wollte aufstehen, gehen, weglaufen und die Türe ins Schloss knallen. »Retraumatisierung ist das Stichwort. ICH WILL NICHT DAVON REDEN, das darf ich verlangen.«

Elias meinte: »Wenn sie sich irrt? Wenn in dir etwas versteinert, wenn du einen wichtigen Teil immer aussparst?« Im Grunde genommen wusste er, dass sie jetzt da gelandet waren, wo er gar nicht hingewollt hatte. Auf irgendeine Art tat es ihm leid. Aber auf der anderen Seite hatte er diesen Eiertanz satt. Wie sollte er sich ihr in voller Intensität anvertrauen, wenn es einen großen blinden Fleck gab?

»Was willst du damit sagen? Eine kolumbianische Therapeutin hat weniger Wissen als eine hier? Wo bleibt denn jetzt dein ganzes weltverbindendes Gedöns?« Der letzte Satz klang hämischer, als sie es wollte.

»Paula, warte, warte. Jetzt wirst du unfair. Ich habe nicht gesagt, dass die Therapeutin falsch liegen könnte, weil sie aus Kolumbien kommt. Was du erlebt hast, was du getan hast, vermutlich muss das doch mal raus. Ich will mit dir leben, ich will eine Familie mit dir sein, ich will so viel mit dir.« Es tut mir leid, hätte er schließlich sagen können. Tat es ihm aber nicht.

»Was meinst du mit ›getan hast‹? Verdammt, ich war ein Kind.« Genau das traf den Punkt. Der Punkt, der in ihren Abgrund führte. Was dachte er. Warum dachte er, dass das mit der Familie so klar war. Wie ferngesteuert stand sie auf, ließ die Tür nicht ins Schloss knallen. Sie nahm ihre Sachen, ihr Handy, ihre Geldtasche und den Schlüssel, ließ die Tür offen und ging. Aus der Eingangstür. Über die Straße hinüber. Sie sperrte ihr Rad auf. Kein Helm dieses Mal, dafür reichte ihre Energie nicht. Sie trat wütend in die Pedale oder doch eher verzweifelt. Je weiter sie wegfuhr, desto surrealer kam ihr das alles vor. Eben noch hatte sie sich mit ihm sicher gefühlt, jetzt hatte sie möglicherweise ein für alle Mal diese Tür zugeschlagen. Wie in Trance radelte sie in den zweiten Bezirk. Einige rote Ampeln übersah sie. Ein Auto hupte sie so laut an, dass sie erschrak Die hüpfenden Kinder und die tratschenden Frauen auf der Bank, all das sah sie nicht. Das Klingeln der Eingangstür der Trafik, als sie eintrat, nahm sie kaum wahr. Vor ihr stand ihre Mum. Sie erkannte direkt, dass etwas nicht stimmte und schloss sie fest in die Arme. Strich ihr sanft über die Haare. Diese uralte Berührung, mit der ihre Mutter sie schon zu beruhigen versuchte, seit sie ein Säugling war, öffnete Schleusen, so als würde all der Kummer aus Paula unter Schluchzen herausbrechen. Ihre Mum führte sie mit gütigem Druck aus dem Geschäft, brachte sie in ihr altes Zimmer und war ganz selbstverständlich da. Ließ sie weinen, fragte nicht und stand nach einiger Zeit auf, um ihr einen Tee mit einem ordentlichen Schuss Rum zu bereiten. Sie hantierte in der Küche und stellte ihr einen Teller Arepas hin. Es erreichte sie nicht. Den Geruch, den sie sonst liebte, nahm sie nicht wahr. Sie konnte nichts essen. Sie erlebte sich wie hinter einer glatten Glaswand. Das Einzige, was sie empfand, war ein kaltes, verzweifeltes Gefühl. Ihre Mum drückte ihr einen Kuss auf den Scheitel und schloss leise die Tür, nachdem Paula sie kaum vernehmbar gebeten hatte, sie allein zu lassen. Paula legte sich aufs Bett und schloss die Augen. Wenn es ihr möglich gewesen wäre, hätte sie am liebsten die Welt angehalten.

»Europa schreit, Europa weint. Nach dem Ende der Wende. Es ist an der Zeit. Zum Verteidigen des Eigenen, macht euch bereit und reicht euch die Hände in Einigkeit.« Während die Musik lief, bereitete er alles vor, leise rappte er den Refrain mit, oft hatte er ihn schon gehört. Er schnitt die Zwiebel, röstete sie an und streute Paprikapulver drauf; er sog den würzigen Geruch ein. Löschte

alles mit einem Schuss Essig ab, Gewürze, Kartoffel, Suppengemüse rein. Er deckte auf, entzündete eine Kerze, das Bier war kaltgestellt im Kühlschrank. Erdäpfelgulasch gelang ihm immer.

Als es an der Tür läutete, ging sein Puls hoch. Er wusste zuerst nicht, wie er sie am besten begrüßen sollte, dann drückte er sie doch einfach fest an sich. Es fühlte sich gut und richtig an. Ihr Collie war unkomplizierter, sprang an ihm hoch und umkreiste sie schwanzwedelnd. Für ihn schien die Sache klar, die beiden gehörten zusammen. Die personifizierte gute Laune. Wenn man so einen Hund hat, geht das Leben wohl leichter, es war immer jemand um einen, der einen beschützte, bewunderte und liebte.

»Sch…sitz« wies sie den Collie in die Grenzen. Er nahm ihr die Sachen ab, schenkte ihr ein und wusste, dass es ein guter Abend werden würde. Er drehte die Musik leiser. Gleichklang, kam ihm in den Sinn. Sie kannten sich von all den Sitzungen und Debatten. Sie glaubten an das Gleiche, aber heute war das nicht das Wichtigste.

Zuerst tat Elias nichts. Er starrte vor sich hin. Selbst den Sessel nach hinten zu rücken, um sich ein Glas Wasser zu holen, erschien ihm wie ein riesiger Kraftakt. Er schaute nicht mehr aufs Mobiltelefon. Die Dringlichkeit des Artikels war in den Hintergrund gerückt, ebenso die Drohungen. »Wir werden dich finden. Du bist schuld, wenn unsere Frauen vergewaltigt werden. Märchenerzähler.« All das, unbedeutend. Dann läutete das Telefon. Er schreckte hoch, als würde er aus einer Erstarrung erwachen. Er hoffte auf Paula, ein Umschwenken von ihr, gleich würden sie sich versöhnen. Aber nein. Ein anderer Anruf, auf den er schon viel länger gewartet hatte. Eine hochdeutsche Stimme. Keine Begrüßungsfloskeln. Direkt zum Punkt. Deutsche Direktheit. Das Einsatzschiff war endlich freigegeben. Das Team, das bereits seit Wochen feststand, einsatzbereit. In fünf Tagen würden sie starten. Wann er spätestens ankommen könne? Eine positive, aufgeregte Stimme am anderen Ende. Wie immer, wenn es schließlich wieder losgehen konnte. Verdammt, Paula, gerade jetzt.

Paula fühlte sich gefangen auf den zwölf Quadratmetern, wie ein Gepard, der auf und ab lief. Auf und ab. Am schlimmsten war die Nacht. Sie wollte aufstehen, spazieren gehen, raus und wusste zugleich, dass dort, vor der Tür, nichts anderes auf sie wartete. Sie fühlte sich wie in Trauer um einen Verstorbenen. Womöglich handelte es sich auch um die Angst vor genau diesem Tod. Es könnte sterben, das Gefühl der Liebe. Dieses Angekommen-Sein. Ohne Elias konnte sie nicht um die Ecke der Gegenwart schauen, es erschien ihr, als wäre ihre Zukunft dabei, zu verflüssigen. Aufgerissen. Innen wund. Vermutlich hatte sie zu viel Leidenschaft in sich. Liebe, die nun von innen verwesen musste, wenn sie sie nicht hergeben konnte. All diese Breiten, Winkel und Straßen waren beschrieben mit ihren gemeinsamen Momenten. Musste sie jetzt den Bezirk, die Stadt oder dieses Land wechseln, falls es nicht mehr weiterging? Sie versank in ihrer Verzweiflung. Hörte Lieder wie »Everybody hurts«, fühlte sich dabei wie ein wundes, getroffenes Tier. Gepaart mit der großen Last der Schuld, war doch sie es, die gegangen war. Eben noch von gemeinsamer Zukunft gesprochen. Dann hatte sie alles liegen und stehen gelassen. Stunde um Stunde saß, hockte oder lag sie auf dem Bett und wusste, dass sie niemals einschlafen würde. Sie rätselte, ob dieser Schmerz jemals wieder weniger werden würde. Dieses verlorene Gefühl des Alleinseins. Ob es nicht doch so war, dass es diese Chance nur einmal gab. Wie ein Puzzleteil, das ins andere passte. Geborgenheit, über das Wort war sie erst vor kurzem gestolpert, und hatte sich damals in dem Begriff aufgehoben mit ihrem Gefühl Elias gegenüber erlebt.

Es war gut und schrecklich, daheim bei ihrer Familie zu sein. Gut, um die Sorge und Liebe zu wissen, auch wenn sie sie nicht erreichte. Schrecklich, die ständigen Blicke ihres Vaters zu bemerken. Verholen, immer wenn er dachte, dass sie es nicht sah. Sie wusste, dass er nicht aus seiner Haut konnte, aber seine Tochter leiden zu sehen, hatte er noch nie ausgehalten. Er kippte dann selbst in eine seltsame aufopfernde Sorge, die ihn eindeutig aufrieb und schrumpfen ließ. Als wäre sein Kummer gespeist von ihrem. Doch von diesem Mitleid hatte sie nichts, im Gegenteil, es war ihr wie eine Last, die sich zusätzlich auf ihren Berg der Trauer drauflegte und machte das alles um kein bisschen leichter.

Paula notierte in ihr Heft:

Geborgenheit bedeutet Vertrauen, Nähe, Wärme und Akzeptanz. So irgendwas. Von der Herkunft her, steckt »bergen« drinnen. Jemand anderen in Sicherheit bringen. Ganz viel Sehnsucht. Unübersetzbar, weil es das Wort nur im Deutschen gibt.

Mühsam trat Paula in die Pedale. Den Kurs abzusagen, kam nicht in Frage. Es hätte auch nichts gebracht. Ihre Eltern gehörten zu dem Typus »fleißige Migrantinnen«, wie viele andere. Sie waren überzeugt, dass etwas zu leisten, zu Ansehen und Zufriedenheit verhalf. Die beiden waren Tag und Nacht auf den Beinen, um ihr Geschäft bestmöglich zu führen und sich darum zu kümmern, was ihre Kunden brauchten. Dass sie ihren Laden als allererste in der Straße aufsperrten, empfanden sie als ebenso selbstverständlich wie den täglichen Gruß, die Erkundigung ums Befinden der Nachbarn und all der anderen, die ihnen über den Weg liefen. Arbeitsverweigerung wegen Liebeskummer passte eindeutig nicht in das Lebensbild ihrer Eltern. Dann doch lieber Paulas Kurs. Dass er am Laufen blieb, hing bisher hauptsächlich an ihrer Energie. Es war an

Paula diejenigen, die wegdämmerten, wieder mühelos hinein zu holen und die anderen die verzweifelten, weil sie bis heute die gelernten Begriffe nicht abrufen konnten, zu beruhigen. Unterrichten ist wie ein ständiges Fadenspiel, es gilt Spannung zu halten und dort nachlassen, wo der Faden überreizt wurde. Fühlte sie sich nur einen Moment abwesend, verlor sie sofort die Aufmerksamkeit und die Mitarbeit einzelner Teilnehmender. Dann konnte sie gleich aufgeben, weil ohne Konzentration nichts hängen bleibt. In Wirklichkeit wollte sie jetzt doch nur schlafen. Am besten ein paar Wochen. Sie fühlte sich müde, unendlich müde.

Es half nichts. Bewusst hatte sie die zweite tschetschenische Kursteilnehmerin mit ihrer Geschichte nicht drangenommen, um den Widerspruch, der zwischen Anzor und Karina in der Luft hing, nicht anzuheizen. Es war ihr besser erschienen ein paar Tage Abstand zu halten. Zuerst wählte sie jedoch den US-Amerikaner Marc. Wie er hier genau in diesem Kurs, der an und für sich von Fluchtgeschichten geprägt wurde, gelandet war, war ihr ein Rätsel. Aber er schien es zu genießen. Er führte fleißig Small-Talk und brach Sitzordnungen auf, weil er sich mal den einen, mal die andere Nachbarin aussuchte. Er tat der Gruppe gut, so erhoffte sie sich eine positive, kurzweilige Erinnerungsgeschichte. Sie freute sich darauf, wieder einmal beides zu verstehen: Die englische, muttersprachliche Fassung und danach ebenfalls die Übertragung ins Deutsche.

Marc las: »Es ist seltsam, wenn man Teil einer Geschichte ist, die sich in was Größeres einfügt. Als wäre man ein Mosaiksteinchen im Weltgeschehen. Ich weiß nicht mehr recht, was meiner eigenen Erinnerung entstammt und was ich von Erzählungen und Bildern mitbekam. Mir selbst erscheint, als wäre es mein eigenes Gedächtnis. Aber da mich diese Geschichten immer und immer wieder beschäftigten, kann es auch anders sein. Ich war fünf, als die Weltordnung verschoben wurde. An meinen Stolz, endlich ein Kindergartenkind zu sein, kann ich mich bis heute erinnern: Die neuen glänzendschwarzen Schuhe, die wir extra dafür gekauft hatten und eine kleine Tasche, die ich stolz vor mir hertrug. Ich war nun ein Großer. Alle möglichen Erwachsenen hatten mich darin bestärkt. Ein echtes Kindergartenkind. Der erste Tag war ausgezeichnet gelaufen. Ich hatte gespielt, fühlte mich stolz, nicht geweint zu haben und hatte schon einen ersten Freund. Zumindest nannte mich John so. Seinen Freund. Dann kam der zweite Tag. Dieser veränderte mein Universum. John und ich spielten. Wir merkten es nicht sofort. Plötzlich liefen alle ans Fenster. Die Kindergärtnerinnen hatten vor Schreck die Hand über den Mund geschlagen. Feuer, Rauch, Staub und Chaos. Ich sah, wie aus den oberen Fenstern des Wolkenkratzers gegenüber Möbel geschmissen wurden. Ein Flugzeug war in das Hochhaus in einiger Entfernung geflogen. Erst später, viel später las ich, dass viele das sahen wie ich. Manchmal schützt uns unser Vorstellungsvermögen. Es handelte sich nicht um Möbel, es waren Menschen, die hofften, dass sie dem Feuer so entkommen könnten. Gleich darauf stand meine Mutter vor mir. Noch außer Atem, war sie zur Tür hereingekommen. Ich kannte das, wenn sie plötzlich einen Einsatz hatte. Dann musste ich schnell das befolgen, was sie sagte. Mir wäre nie eingefallen, zu widersprechen. Sie warf mich über ihre Schultern und rannte los. Laufend versuchte sie mir das T-Shirt über die Augen zu ziehen, damit ich nicht sah, wie die beiden Türme in sich zusammenstürzten und tausende unter sich begruben. Wir eilten zum Meer wie unzählige andere. Aus allen Ecken kamen Menschen gelaufen. Manhattans Landwege waren zu. Überall Staub und Rauch. Meine Mutter hustete in der Anstrengung. Es gab nur übers Wasser ein Fortkommen. Die erste Fähre näherte sich. Einige warfen sich in die Fluten, in der Hoffnung, schwimmend wegzukommen. Die Menschen auf der Straße schrien auf, jedes Mal wieder, wenn jemand ins Wasser hechtete. Zuerst wurden die Schwimmenden aufgesammelt. Dann legte das Fährschiff an. Ohne Landungsbrücke. Damit man leichter reinkam, schnitt die Feuerwehr das Geländer auf. Ein schrilles, kreischendes Geräusch. Frauen, Männer, Kinder und Alte drängten auf die Fähre. Ein Kapitän erschien auf der Kommandobrücke. Es war unendlich laut, doch trotzdem gelang es ihm, die Menge mit Lautsprechern zu übertönen. Ich sehe es noch vor mir. Der Kapitän trug eine dunkle Jacke mit glänzenden Knöpfen. Er hatte einen Bart und sanfte Augen, wenn mir nicht die Fantasie etwas dazu malte. Vier Männer in Anzügen hatten eine blinde Frau hochgehoben, trugen sie aufs Schiff, hinter ihr hatten zwei Burschen ihren Blindenhund gepackt und gaben ihn ihr dort. Sie weinte. Meiner Mutter wurde ebenso geholfen. Viele Hände mit unterschiedlicher Hautfarbe bauten ihr eine Schneise, damit sie hindurch und mit mir aufs Fährboot kam. Diejenigen, die Ordnung reinbrachten, taten das zum Teil um den Preis, nicht als Erste dieses Katastrophenszenario verlassen zu können. Der Kapitän sprach langsam, überzeugend und mit tiefer Stimme: ›Das Schiff ist jetzt voll. Wir wollen nicht zusätzlich eine Schiffskatastrophe auslösen. Bitte treten Sie zurück. Sie sehen dahinten, es werden immer wieder Fähren kommen. Kein Einziger wird zurückgelassen. Bitte bewahren sie Ruhe.‹ Er erinnerte mich an einen Priester in unserer Pfarre. Die Menschen hörten auf ihn. Stützten sich gegenseitig, damit niemand über den Rand gedrängt wurde. Einige beteten. Andere hielten sich untereinander. Eine seltsame Stille. Noch immer weißer Staub, Rauch, überall. Auf der gegenüberliegenden Seite des Wassers lief meine Mutter wieder los. Sie brachte mich in die Feuerwehrzentrale, einen mir vertrauten Ort. Oft war ich dort schon geparkt worden, wenn sie auf Einsatz gerufen wurde und niemanden hatte, der spontan einspringen konnte. Die Abläufe kannte ich. Die Feuerwehrleute warfen sich in die Uniform, hatten Masken auf und waren plötzlich fremd, aber ich wusste, wer dahintersteckte. Sie liefen an mir vorbei, gaben mir Grüße mit, an ihre Kinder, ihre Frau, ihre Eltern. Anders als ihre Kollegen und Kolleginnen direkt aus Manhattan Island, kamen sie etwas später zum Katastrophenort. Dadurch starben weniger. Trotzdem fühlte ich mich jahrelang schuldig, weil ich nicht mehr wusste, wem genau ich jetzt was ausrichten hätte müssen. In den ersten Wochen danach wanderten wir von Begräbnis zu Begräbnis. Ich blieb die letzten Grüße schuldig. Später wühlte ich mich förmlich durch Erzählungen dieses Tages. Begann erst dann zu begreifen, dass die Terroristen das erreicht hatten, was sie wollten: Die Welttektonik hatte sich von diesem Moment an verändert. Wie zwei widersprüchliche Platten hatten sich die Globalisierung der Industrie und die Globalisierung von Menschenströmen gegeneinander geschoben. Wo sich Lieferketten immer schneller und schneller um die Welt drehten und sämtliche Lieferzäune zum Einstürzen brachten, wurden die Mauern gegen flüchtende Menschen von Land zu Land höher gezogen. Warum ich das hier als positive Erinnerung präsentiere? Es gibt viele Erzählungen zu 9/11 aber kaum welche über die größte Seewegrettung dieser Zeit. Die Fähren hatten eine halbe

Millionen Menschen auf dem Seeweg evakuiert. Fährenkapitäne fuhren wieder und wieder Manhattan an, in all den Rauch und Staub, ohne zu wissen, ob sie heil wieder rauskommen würden und was dort als nächstes passieren würde. Sie konnten nicht ahnen, ob womöglich noch irgendwo eine Bombe wartete. Hinein in diese Panik. Menschen hielten zusammen über Nationalitäten und Unterschiede hinweg. Niemand wurde niedergetrampelt, niemand ins Wasser gestoßen und niemand zurückgelassen. Niemand war in der Dichte dieser Seerettungen verunglückt.«

Seerettung. Elias' Thema. Paula fühlte sich wie verhext. Als könnte ihr Hirn nichts anderes schaffen. Soll ich mich bei ihm melden oder ihn jetzt einmal in Ruhe lassen? Marc schaute sie verwundert an und wechselte dann ohne ihre Aufmunterung zu seiner deutschen Übersetzung. Den Text las er so fesselnd, dass selbst diejenigen, die passabel Englisch verstanden und den Inhalt schon mitbekommen hatten, wieder zuhörten. Nur Paula nicht. Sie war wie weggetreten. Sie stand auf, da wurde ihr schwarz vor den Augen. Paula stützte sich an der Wand ab.

Paolo sprang hoch. Er reichte ihr ein Glas Wasser und fragte sie, ob alles okay wäre? Ob er übernehmen solle?

Paula nahm ihm dankbar das Glas ab und wunderte sich: Was verstand er unter übernehmen? »Na, unterrichten?« Warum nicht. Paolo orientierte sich an ihren Routinen, er schrieb die neuen Wörter auf, prüfte die alten ab und wiederholte Grammatik. In gebrochenem Deutsch, zuerst beklommen, gewann er nach den ersten positiven Reaktionen der übrigen Teilnehmenden zunehmend an Sicherheit. Er bat Paula doch auf seinen Platz zu wechseln und hielt die Stunde, als wäre nichts dabei, dass sie die Rolle tauschten. Paula hatte ihnen genügend Unterrichtsmaterial im Vorhinein ausgeteilt, falls sie Lust hätten, vorauszuarbeiten. Diese Blätter nahm er und improvisierte. Wenn er etwas nicht kannte, sprang Paula ein, die jetzt wieder bei sich war. Ihr gefiel dieser Rollenwechsel, noch mehr imponierte ihr, dass dieses Netz, das sich zwischen den Teilnehmenden gesponnen hatte, scheinbar ebenso sie trug.

Karina blieb nichts anderes übrig, als zu warten. Ihr Text würde nächstes Mal drankommen. Abdelali erinnerte Paula an ihr Versprechen, Exkursionen zu planen. Paula erschien das gerade jetzt als ausgezeichnete Idee. Sie würden sich das darauffolgende Mal in der Hauptbücherei treffen. Abdelali war von Paolo inspiriert worden. Die Bücherei war ihm bereits vertraut. Ob er die Führung übernehmen dürfe? Paula kam aus dem Staunen nicht mehr heraus. Natürlich sehr gern. Sie gab ihm eine Dreiviertelstunde. Den Rest brauchten sie für den Unterricht. Wieder mal hatte es geklappt. Ihr Kurs hatte sie vom brüchigen Eis ihres Zustandes weggeführt.

Paula hatte ihrem Vater versprochen, heute noch etwas in der Trafik zu helfen, während ihre Mutter kochte. Fernando würde ohne seine Familie kommen. Wieder eine weitere Mobilisierung für ihr Seelenheil. Zwischen rührend und belastend.

Elias plumpste auf einen grünen Stuhl im Schanigarten. »Schmitti, du schaust müde aus und dünner wirst du ebenso ständig.« Es war ihm die letzten Male schon ein wenig aufgefallen, doch hatte er es freilich auf zu intensives Feiern zurückgeführt. Vermutlich fühlte er sich wegen seiner eigenen Abgekämpftheit ebenfalls aufmerksamer. Ausladende Kastanienbäume sorgten dafür, dass es hier gleich um ein paar Grade kühler war als draußen auf der Straße. Elias ließ seinen Blick in die Krone hinauf wandern sich vorstellend, dass der Baum mindestens so verzweigt ins Erdreich wurzelte wie er hier in die Luft griff. Mitten in der Stadt. Viele Menschen nahmen an, dass Zeit etwas Lineares wäre, was drei Sekunden vorher angefangen hatte und sich drei Sekunden nach dem jetzt schon wieder auflöste. Dabei zeigten im Speziellen Bäume wie dieser hier, dass sich der Zeitraum in wachsenden Ringen aufbaut, die dünnste Schicht ist das jetzt, die sich nach den alten Schichten einreiht. Ob Paula das Wort »Schanigarten« schon kannte? Wäre vermutlich was für ihre Wortliste. Paula, Paula, Paula – sämtliche Synapsen schienen von ihr okkupiert.

Kühles Bier stand vor ihnen. Das Glas war wegen des Temperaturunterschieds beschlagen. Anstoßen, der erste Schluck. Das Gefühl von Feierabend machte sich in Elias breit, auch jetzt. Vor allem jetzt. Sie sprachen von diesem und jenem, erzählten sich Belanglosigkeiten, um einleitend mal die Gedanken setzten zu lassen. Dann rückte Elias heraus; mit allem auf einmal. Dass das Schiff fertig zur Abreise war und er auf der Arbeit schon beinahe alle seine Arbeitspakete übergeben hatte. Sie hatten immer Bescheid gewusst, dass es jeden Moment losgehen konnte und es so vereinbart, dass er unterbrechen durfte, falls notwendig. Als vehementer Befürworter der Seenotrettung hatte ihm sein Arbeitgeber gleich zu Beginn ohne Murren unbezahlten Urlaub zugestanden, wenn die Vereinbarung fällig wurde, was er als großes Glück empfand. Wen wundert's, dass es genau jetzt kam, knapp vor der Deadline der EU-Ausschreibung, auf die sie hinarbeiteten. Wenigstens hatten sie sein Team ausgezeichnet aufgestellt. Jeder war ersetzbar.

Schmitti hörte aufmerksam zu, er teilte die Aufgeregtheit und stellte überlegte Fragen. »Aber da ist noch etwas, stimmt's?« Elias nahm einen großen Schluck Bier, seufzte und erzählte von dem Crash mit Paula. »Was heißt, sie ist weg?« »Aufgestanden, mitten in der Diskussion, ließ die Tür offen und radelte los. Zu ihren Eltern, nehme ich an.« »Sie schloss die Tür hinter sich nicht, sagst du? Denkst du nicht, sie wollte, dass du nachkommst?« Elias atmete tief durch. »Sollte ich das? Soll ich ihr nachrennen?« »Du hast immer von einem Leben mit ihr gesprochen.« »Ja, aber ehrlich gesagt, heißt das nicht, genau solche Momente des Leids miteinander zu teilen? Sollte sie nicht langsam genug Vertrauen haben, um mir zu erzählen, was sie so sehr beschäftigt?« »War das, was du erzählst, nicht in Wirklichkeit eine verhältnismäßig kleine Dissonanz für so ein Lebensprojekt? Geht's nicht darum, dass dort Reibung entsteht, wo man einander kennenlernt?«

Elias bestellte ein neues Bier, eine Zeitlang tranken sie schweigend. Stille funktionierte mit Schmitti. Mit Paula ebenso. Er wusste, dass ihre Beziehung nicht so leicht zerbrach. Wäre sein Alltag ohne diese Verwicklungen, würde er einfach ein wenig warten und hätte die Gewissheit, dass Paula oder er, wenn es an der Zeit war, einen Versuchsballon starten würden. Jetzt kam alles anders. Wie es aussah, wurde er in drei Tagen fertig mit Packen, Übergabe und den letzten Dingen, die erledigt gehörten. Jede Faser zog ihn in Paulas Arme. Keine Frage. Aber er wollte nichts überstürzen, sie nicht als zusätzlichen Punkt in seine To-Do-Liste aufnehmen. Zu viel stand auf dem Spiel. Was wäre, wenn sie die Tür nicht gleich aufmachen würde? Dann würde sich alles verkomplizieren dort auf dem Schiff. Sie konnten am Schiff wegen ihm nicht noch zusätzliche Tage warten; schließlich ging es um Menschenleben.

»Du wolltest mir ebenfalls etwas erzählen. Was gibt's bei dir Neues?«, versuchte Elias Schmitti auf andere Spuren zu führen. »Ach nein, lassen wir das, du hast genug um die Ohren.«, winkte dieser ab. Elias ließ nicht so leicht locker: »Schmitti, wenn du was als nicht wichtig klassifizierst, dann geht's ans Eingemachte. Komm, spuck es aus.« Schmitti ließ sich ein wenig bitten, bis er, sichtbar sich selbst überwindend, meinte. »Pankreas Carcinom. Fortgeschritten.« Elias war's als würden seine Eingeweide nach unten sacken. Das durfte nicht wahr sein. »Was? Wer? Du? Seit wann weißt du es?« »Ich sagte ja, lassen wir es. Bauchweh, Übelkeit und seltsame Verdauung habe ich jetzt schon länger. Das Attest wurde mir vor zwei Tagen erklärt. Frag mich nicht, wie's mir geht.« »Nein, wollte ich nicht.

Ich fahre nicht.« Elias wischte sich übers Gesicht. »Wehe dir, dann melde ich mich nicht mehr. Du wartest jetzt schon seit Monaten darauf. Jedes Mal, wenn du auf Einsatz warst, kommst du mit neuer Energie zurück, irgendwie geläutert. Du rettest dort Leben. Das ist deine Bestimmung.« »Hey, Schmitti. Lass das, solche Wörter nimmst du sonst auch nicht in den Mund. Wenn ich es nicht mache, macht's ein anderer. Ich kann dich jetzt nicht hängen lassen.« »Kannst du, die paar Wochen, bis du wieder zurück bist, halte ich schon noch durch.« »Was heißt das? Rede doch nicht so.« »Frag mal Dr. Google. Mir gaben sie keine Prognose, außer fortgeschritten. Umgebendes Gewebe befallen. Es wird vermutlich nicht ewig gehen.« »Blödsinn, wir suchen dir die besten Ärzte, du absolvierst das volle Programm, in ein paar Jahren erzählst du mit stolzgeschwellter Brust Krebsüberlebensheldengeschichten.« Schmitti schüttelte überzeugt den Kopf »Nein.« »Was, nein?« »Nein. Mache ich nicht, werde ich nicht. Die Ärzte waren explizit. Ich kann eine Chemo über mich ergehen lassen und all das. Aber ehrlich, was bringt das, zuerst alles vergiften in der Hoffnung, dass genauso Krebs mitvergiftet wird? Wer hätte sagen können, dass diejenigen, die möglicherweise etwas später sterben, als prognostiziert, nicht ohnehin länger leben hätten können? Die Ärzte waren da Gott sei Dank ehrlich. Es geht nicht mehr um Heilung. Sonst wäre das was anderes. Ehrlich, Elias, ich denke, ich werde die letzten Monate genug zu tun haben, dass ich mit dem hier, was mit mir passiert, irgendwie klarkomme oder wenn schon nicht klarkommen, dann zumindest nicht im Schlund der Angst verschwinde. Muss ich dazu noch pausenlos kotzen und meine Haare verlieren?«

In diesem Augenblick war es an Elias, still zu sein. Er bestellte für beide ein weiteres Bier. Schwieg, schaute zwischen Schmitti und der Baumkrone hin und her. Eine Welt ohne Schmitti fand er absolut undenkbar. Gerade jetzt erschien sie ihm als völlig unbewohnbar. Schmitti setzte nochmal an: »Elias, ich habe eine Scheißangst und Wut. Seit ich es weiß, bin ich manchmal wie im falschen Film, will meinen Schädel gegen die Wand donnern, damit ich aufwache und merke, dass das alles nicht wahr ist. Streckenweise dann auch nicht, dann sehe ich den Himmel, die Sonne, die Blätter und denke mir: Ich bin ja noch da. Wer weiß, unter Umständen bleibe ich länger, als sich gerade im Internet ergoogeln lässt.« Elias schaute Schmitti geradeaus an und meinte: »Ich bleibe hier.« Schmitti wurde jetzt nachdrücklich »Nein, du fährst. Sonst mach ich dir nicht mehr auf. Du fährst und kommst zurück mit Rettungsgeschichten. Ich halte schon so lange durch. Ich verspreche dir, ich werde mich pflegen wie ein Schoßhündchen. Gesund essen, bewegen, erfreuliche Menschen und so. Ich glaube, das verlängert viel effektiver Leben.« »Ich schätze, das mit der Chemo müssen wir noch öfter diskutieren. Versprich mir, dass du zumindest zwei Ärzte dazu anhörst« »Soll so sein, jetzt pack mal fertig. Regle das mit Paula. Auf deine Art.«

Er sah seine Notizen durch. Überall war es nötig, Vernetzung voranzutreiben. Er blätterte fieberhaft nach dem einen Namen, den er gerade anpeilen sollte. Die Liste, die sie bereits zusammengestellt und abgehakt hatten, war beachtlich. Er stand auf und schloss das Fenster, damit der Wind den Blätterberg nicht durcheinander blies. Eigentlich hätte er es nicht ausdrucken sondern nur online aufbewahren sollen. Aber manchmal fiel ihm das zusammenschauen mit Hilfe von einzelnen Blättern leichter. Hätte er geahnt, was noch passieren sollte, wäre er im Schreddern wohl konsequenter gewesen. Medienmacht, Wirtschaftsmacht, religiöse Zirkel, staatliche Macht. Kontakt um Kontakt. Hatten sie eine Zusage, dass ihre Ziele und Forderungen von dem angefragten Kontakt unterstützt wurden, konnte er in der gemeinsamen Matrix eingetragen werden. Alles vertraulich und geschützt. Gab es Zweifel an der Verlässlichkeit dieses Rückhalts, dann identifizierten sie Schwachpunkte der Personen, wie sie im Fall der Fälle unter Druck gesetzt werden könnten. Die Fähigkeiten ihrer IT-Experten waren hilfreich. Er empfand es schon als erstaunlich, wie ungeschützt sich die meisten Menschen im Netz bewegten. Wie freimütig sie Seiten aufsuchten, die sie entlarvten. Wie leicht es war, ihnen nachzuweisen, dass sie Steuern hinterzogen, betrogen oder hochstapelten. Jeder hat sein schmutziges Geheimnis. Es war in diesen Zeiten mühelos zu erheben. Die einen googelten nach den Netzwerken ihrer geheimen Geliebten und die anderen Medikamente über verborgen gehaltene Leiden. Aber für gewöhnlich würden sie diese geheimen Seiten ihrer Supporter ohnehin nicht brauchen, sie verfolgten die vorrangige Strategie, sie von der gemeinsamen Sache zu begeistern. Das war nicht schwer. Glaubten sie doch an das Richtige. Es entwickelte sich Schlag auf Schlag. Ihr Netz verdichtete sich. Weil Mike ausfiel, hatte er seine Tasks übernommen. Zu Beginn hatte er Scheu empfunden, zum Handy zu greifen und zukünftige Unterstützer anzurufen. Es war jedoch leichter als angenommen. Diejenigen, die die Netzwerkanalyse durchgeführt hatten, hatten ganze Arbeit geleistet. Zuerst entstand die Erhebung, welche Gruppen als gesellschaftsrelevant und mächtig eingestuft wurden, wer sich darin einschlägig positioniert hatte und ihnen dann zu weiteren Kontaktpersonen verhalf. So bauten sie eine Vernetzung auf, die in den kommenden Schritten halten sollte. Alles, was man erzielen will, ist genau eine Beziehung entfernt. Netzwerken bedeutet nicht nur, Menschen untereinander zu verbinden, sondern eben diese Personen mit einer

Idee zu infizieren und dann Möglichkeiten zu schaffen. Hier ging es um die Dringlichkeit der Stunde, das Abendland vor der islamischen Übernahme zu retten. Nichts weniger. Die gesellschaftlichen Knoten dazu wurden gerade jetzt geknüpft. Auch durch ihn.

»Hola, pequena – kleine Schwester«, begrüßte sie Fernando. Paps Augen und Mamas Schmunzelfalten, die sich langsam tiefer eingruben, er war eine Mischung der beiden. Fernando eben. Er umarmte Paula fest und wuschelte ihr durch die Haare.

»Was machst du für Sachen? Schickst Elias glattweg in die Wüste, was ist dir denn da eingefallen?« Keine Umwege, mitten rein, so war Fernando. »Danke der Nachfrage. Wie ist dein wertes Befinden?«, gab Paula zurück. »Komm, der Tisch biegt sich schon.«

Nach den üblichen Begrüßungen, Küssen und Umarmungen wurde erst einmal gegessen und getrunken. Fernando erzählte von seiner Kleinen. Wie das Leben auf dem Kopf stand, unvermittelte Ereignisse wie durchgeschlafene Stunden, ein Kaffee, der noch heiß hinuntergestürzt werden kann und wie allein besuchte Toilettengänge im Wert nach oben katapultiert wurden. Er fragte Paula, wie es denn sei, zurück in der Vergangenheit in ihrem Kinderzimmer? Ob sie sich abmelden müsse und wie oft ihr ein Schal umgebunden werde, weil ihrer Mum grad zufällig kalt war. Ob sie noch immer geheim nach dem Zähneputzen im Bett was Süßes verdrücke? Entrüstetes Augenbrauen-Heben ihrer Mutter, nicht minder empörter Protest Paulas: SO WAS HAB ICH NIE GEMACHT, Fernando!

Das obligatorische Durchbuchstabieren der Befindlichkeiten sämtlicher Familienmitglieder folgte, ebenso von Nachbarn, Kollegen und Kolleginnen, bis zum kleinsten Hund von der Ecke hinten links. Auch wenn sie es als anstrengend empfand, genoss Paula den neckenden Ton. Fernando wurde, wie sie, hier zum Kind. Paula fühlte sich irgendwo dazwischen: Als würde sie diesen in die Länge gestreckten kleinen Bruder bis in den letzten Winkel kennen und dann doch wieder nicht. Auf jeden Fall ließ er nicht locker. »Also, was ist los? War's das jetzt zwischen Elias und dir?« »Du bist schrecklich, Bruderherz. Was weiß denn ich. Er fehlt mir fürchterlich.« »Warte, aber du hast ihn verlassen, oder habe ich was falsch verstanden?« Paula druckste herum. »Wir hatten eine Auseinandersetzung. Ich bin gegangen. Mir wurde es zu viel. Es braucht wohl nur etwas Zeit, dann hoffe ich, werden wir es schon wieder hinkriegen.« »Worum ging's denn?« »Fernando«, ermahnte ihre Mutter ihn. »Was, ich frag doch nur?« »Alles Mögliche. Er meinte, dass die Therapeutin in Bogota womöglich nicht recht hatte, mich darin zu bestärken, wenn ich über die Dinge von damals nicht erzählen will.« »Vermutlich liegt er richtig.« »Fernando!«, funkte ihre Mutter nochmal dazwischen. »Nein, ehrlich Mum. Vielleicht war es damals gut so, jetzt mit all der Zeit seither, ist was anderes besser …« »Fernando«, mischte sich Paula ein. »Ich grüble wie eine Verrückte. Lassen wir es mal, ja? Mama, du wolltest uns von den Misak erzählen. Wäre das nun was?« »Warte kurz. Ich richte uns allen den Kakao her.« Noch so ein kolumbianisches und gleichzeitig Familiending: Kakao in tiefen Schalen. Warm, süß und würzig. Mit Käsestückchen, die sie in den Kakao warfen und langsam tranken. Paula wusste von ihren österreichischen Freundinnen, dass ihnen das seltsam erschien. Dabei ergänzte sich der sämige, etwas salzige, sich auflösende Käse ideal mit dem Kakao, sie liebte die langen sich spinnenden Fäden in dem Getränk. Sie war nur pappsatt.

Als alle ihre dampfende Schale vor sich hatten, lugte sie von einem zum nächsten. Ihre unvergleichliche gebeutelte Familie. Maria fehlte. Wie eine klaffende, pulsierende Wunde.

Schließlich setzte ihre Mum zu erzählen an: »Je älter ich werde, desto mehr sehne ich mich danach, wieder einmal heimzukommen und meine Füße in den glasklaren Fluss zu stecken. Am Feuer zu sitzen und zuzuhören. Dem nachzuhören, welche Worte ich noch kenne, die friedlich grasenden Schafe zu beobachten und die wiederkäuenden Kühe. Viele kleine Gärten am Fuß unserer heiligen Berge zu sehen, und zu merken, ob es weiterhin funktioniert: Dieses Gewebe zwischen Alt und Jung, Mann und Frau, Mensch und Geistern. Ich weiß nicht, was ich euch großartig erzählen soll. Vermutlich sollte ich vor meiner Geburt anfangen. Misak gehen von einer Geschichte in Spiralform aus. Alles hängt zusammen. Für die Misak webt sich die Realität aus drei Welten zusammen, die in ständigem Austausch sind: pirau, das steht für unser Land, unsere Erde, unser Territorium; isramik, das ist Luft, Wolken«, aber ebenso Spiritualität und subsoil, die Geister der Verstorbenen. Werden eine Frau und ein Mann ein Paar, so müssen sie sich sprichwörtlich erst begreifen, das kennenlernen, was ihr jeweiliges Wesen ist und wozu sie berufen sind. Beide sind gleich wichtig und ergänzen sich körperlich wie spirituell. Ist das der Fall, dann werden die Ältesten um ihre Zustimmung gebeten. Wenn eine Frau schwanger wird, gibt es spezielle Pflanzen und Rituale für die Schwangerschaft und Geburt.«

»Mum, das klingt wie die Schilderung irgendwelcher Lichtwesen oder wie der Film ›Avatar‹«. Fernando konnte seine freche Zunge wieder einmal nicht hüten. Paula stieß ihm unter dem Tisch gegen sein Schienbein. Bevor Fernando in empörten Protest ausbrechen konnte, wies sie der ermahnende Blick ihres Vaters zurecht. Wie früher. Ihre Mum ließ sich nicht beirren und erzählte weiter: »Die Misak sind das Volk des Wortes, des Wassers und der Träume. Alles rund um uns ist mit Geisterwesen belebt. Durch Worte, Legenden und Erzählungen wird die Verwobenheit von allem ergründet. Darum das Wort. Das Wasser zeichnet den ewigen Lauf nach. Kinder werden aus dem Wasser geboren. Das Fruchtwasser hat eine spezielle Bedeutung und genauso die Nabelschnur, die bei einigen im Boden vergraben, bei anderen dem Feuer anvertraut wird. Das Feuer brennt immer, es ist der Treffpunkt. Hier wird verhandelt, werden Geschichten erzählt und Lehren weitergegeben. Ich verbrachte Stunden am Feuer und hörte meiner Großmutter zu. Die Ältesten sind für die Erziehung der Kinder zuständig. Sie erzählen ihnen ewige Geschichten, die die Kosmosvision der Misak widerspiegeln. Weben ist geradeso wichtig. Weben hilft hören zu lernen, nachzudenken und erst dann zu reden. Die Ältesten sind verantwortlich, dass den Kindern die zentralen Werte der Gemeinschaft mitgegeben werden. Harmonie und Gleichgewicht der Natur. Nie mehr zu nehmen, als man wieder gibt. Zeremonien und Feste, Musik und Kunst, Respekt vor den Vorfahren, die Welt als ständigen Austausch zu erleben, wo alles zusammenhängt. Fingerspitzengefühl für die Welt.«

»Ich sag's ja, blaue Haut, spitze Ohren – Avatar. Wir besitzen nicht Mutter Erde, Mutter Erde nährt und besitzt uns«, warf Fernando in vermeintlich getragenem Ton ein. Er konnte mit all dem »spirituellen Zeug«, wie er es immer nannte, nicht viel anfangen. Ihre Mum hob belustigt die Augenbrauen und legte ihre Hand auf seine. Eine weitere Geste, die Paula schon unzählige Male gesehen hatte. Früher, als ihre Mum Geschichten für sie gesponnen hatte, war es ihr so auch immer wieder gelungen, den zappeligen Fernando wieder zum Zuhören zu bringen. Sie fuhr fort:

»Ob meine Großmutter erzählte oder eine andere ältere Person, war egal, wir Kinder saßen oder spielten und hörten nebenbei zu. Es gab klare Regeln, wer für welchen Lebensbereich entscheidend war. Schon von klein auf wurden wir in die Verantwortung genommen. Bekamen zuerst einen fiepsigen Vogel, dann ein Huhn, später ein Schaf, für das wir zuständig waren. Das Leben im Bergland bedeutete harte Arbeit. Der Weg zur Schule war weit, einige von uns gingen, andere nicht. Ich wollte unbedingt. Dann weiter weg in die nächste Ausbildung. Meine Eltern schätze ich jetzt als außerordentlich großzügig ein, insbesondere wenn ich sehe, wie viel es sie gekostet haben musste, mir das zu ermöglichen. Der Lauf der Dinge war wie hier. Ich lernte deinen Vater kennen, wir zogen zwar genauso aufs Land aber in ein vollständig anderes Gebiet. Dann wuchs der Einfluss der Guerillas, man konnte nicht leicht reisen. Diejenigen der Misak, die sich gegen die Minenwirtschaft stellten, mussten viel zu oft mit dem Leben bezahlen. Diese ausländischen Kräfte haben die Misak dazu gebracht, die Luft, die sie atmeten mit Blut kaufen zu müssen. Das Leben war gefährlicher geworden. Stellte man sich gegen Vertreibung, konnte man sich allzu leicht eine Kugel einfangen. Saß man nicht mit am Tisch der Verhandlungen, landete man häufig in den Mühlen der Gewalt. Zwei, dreimal im Jahr fuhr ich heim. Ich fühlte mich jedes Mal, als würde ich als Außerirdische gewohntes Terrain betreten. Mir war so vieles vertraut und doch war ich auch fremd. Unzählige Male diskutierten wir, wie es wohl wäre, gemeinsam zu den Misak zu ziehen. Aber für deinen Vater wäre das nichts. Er braucht Abwechslung und Freiheit. Besser so, auch wenn ich immer wieder das Gefühl hatte, dass mir die Wurzeln gekappt worden waren.«

»Und die Bedeutung von Träumen?«, fragte Paula dazwischen. »Ach, die Träume. Da die Misak daran glauben, dass alles rund um sie beseelt ist, und unser Geist eine Bestimmung hat, sind Träume Wegweiser, um herauszufinden, warum du auf der Erde bist. Träume sollte man nicht erzählen, sondern als sowas wie ein kleines Geschenk der Offenbarung für sich selbst aufbewahren.« Das funktionierte nur in solchen Momenten. Normalerweise wurde an ihrem Esstisch durch die Gegend geschnattert. Kaum schaffte man es, einen eigenen Erzählstrang zu Ende zu führen, wurde man etwas vollständig anderes gefragt, unterbrochen oder sonst wie gestört, niemand blieb bei nur einem Thema. Wenn aber ihre Mutter zu sprechen begann, war es jäh still. Paula beobachtete ihren großen, stürmischen Bruder, ihren gesetzteren Vater. Sie hörten zu. Es fehlte nur die Feuerstelle, an der ihre Mutter jetzt sitzen könnte.

»Aber wie ist es jetzt für dich, Mama? Warum erzählst du so selten von deiner Vergangenheit und warum bist du nicht öfter in Kontakt mit deinen Verwandten dort?«

»Es ist so, wie es eben ist. Als das alles mit dir und Maria passierte, und Fernando der Erste war, der seinen Anker auswarf, um sich woanders etwas aufzubauen, wussten wir, es geht um euch. Ohne jeden Zweifel, es ging immer um euch. Wegziehen ist ein wenig wie Seelen teilen. Ein Stück meiner Seele ist sicher weiterhin dort. Wenn ich dort hinkomme, dann werde ich mich mit dem Stück wieder verbinden können. Aber es geht ums dort sein, mitweben und mitleben. Was sollen umständliche Briefe? Du kennst es, wir kennen das wohl alle. Hier sind wir nicht ganz und dort würde uns wohl das hier fehlen. Dieses Leben in der Fremde, die uns jetzt auch schon wieder weniger fremd ist, macht uns auch ein wenig fremd dort.« Ihre Mutter sprach leise und bedächtig, so als würde sie ihre Gedanken rund um sich scharen. Aufmerksam suchte ihr Blick alle im Raum ab. Auch Fernando hörte nun konzentriert zu, ohne zu zappeln. Sie fuhr weiter fort: »Als die Guerilla in der Region mehr Einfluss bekamen, war das alles nicht leicht. Zu unterscheiden, wer wie mit wem verbunden ist. Wem darf man sich anvertrauen? Ich glaube schon länger nicht mehr an Gut und Böse. Darum geht's nicht. Aber ich habe eine unbändige Sehnsucht nach Sicherheit, Gewaltlosigkeit und Frieden. Vor allem für euch. Darum ist es richtig, dass wir hier sind.« Ihr Paps nickte zu diesen Worten, als wollte er unterstreichen, dass dies ihre gemeinsame Entscheidung gewesen war. Noch immer hörten alle zu, ohne sie zu unterbrechen.

»Aber den Preis galt es ebenso zu zahlen. Ein Sehnsuchtsaustausch. Nun leben wir in Frieden und relativem Wohlstand, dennoch zieht die Sehnsucht nach dieser ursprünglichen naturnahen Form des Zusammenlebens immer ein wenig in mir. Wie ein leiser Schmerz. Nach dem Dort und meinen Wurzeln. Ich merke, dass er im Alter stärker wird. Ich ertappe mich immer wieder dabei, zu überlegen, was für Menschen meine Kinder wären, wenn sie dort in dieser Enge der überlieferten Traditionen und doch ebenso der Weite der Verbundenheit miteinander und mit unserer Welt aufgewachsen wären. Ob wir Maria hätten retten können? Ihr beiden seid unvergleichlich, wie ihr euch entwickelt habt.« Sie hielt Paulas Hand in der einen, Fernandos in der anderen Hand. So ein Gespräch konnte auch nur ihre Mutter in dieser ruhigen Art führen, ohne dass es in eine Predigt ausartete. Paula ahnte, dass sie am Ende ihrer behutsamen Rede angelangt war. Ihre Mum fügte noch hinzu: »Ich denke, ihr wisst, dass es nicht so ist, als hätte ich nie davon erzählt. Die hunderten Geschichten, die ich für euch erfunden habe, jeden Abend, zum Einschlafen. Jahrelang. Tag für Tag. Was glaubt ihr, wo ich die herhabe. Da steckte diese ganze Misak-Weisheit drinnen. Ich dachte nur immer, wenn ich euch zu viel indigene Sehnsucht ins Herz lege, wollt ihr womöglich hinziehen, dann seid ihr wieder mittendrin, in all den Kämpfen. Ihr seid Menschen, die Unrecht nicht umstandslos ertragen. Das wollte ich nicht zulassen. Wir haben nicht Nacht für Nacht an eurem Bett gewacht, wenn Husten euch durchschüttelte, damit ihr von einer Kugel erwischt werdet. Noch ein Kind entrissen zu bekommen, würden wir nicht überleben.«

Sie sprach's, stand auf und sammelte das Geschirr zusammen. Ihre Mutter eben, genug der Gefühlsduselei. Das erste Mal, seit sie damals durch die offene Tür von Elias' Wohnung gegangen war, empfand Paula sich wieder etwas mehr im Gleichklang.

Paula holte ihr Heft hervor und notierte:

Fingerspitzengefühl: feines Gefühl dafür, wie man sich jemandem gegenüber verhält, ohne ihn zu verletzen. Eine Kombination aus Tastsinn und Fühlen.

Schwer von all dem Essen und dem Bier sank Paula in ihr Bett. Einen Schlafplatz und ein Zimmer für sie reserviert zu lassen, erschien ihr immer als unnötige Verbundenheitsgeste. So groß war die Wohnung ihrer Eltern nun auch wieder nicht, sie war doch schon längst ausgezogen. Jetzt jedoch beruhigte es sie, dass es einen Ort gab, den sie »daheim« nannte. Schon aufschlussreich, wie viele Daheims man sich tatsächlich aufbauen konnte. Ob die Menge das Daheim-Gefühl auf irgendeine Art verwässerte? Wie gern sie wieder mal nach Bogota fahren würde: Zurück ins Schlafheim ihrer alten Schule. Ob dort ebenso noch ein Daheim-Gefühl auf sie wartete? Das wäre was mit Elias. Diesen Gedanken dachte Paula jetzt einmal nicht fertig, sondern rollte sich auf die Seite und hoffte, dass sie in einen traumlosen Schlaf fallen würde.

Elias musterte sein Team. Die runde, flippige Brille war so etwas wie ein Stilbruch, aber auf irgendeine Weise passten sie ebenso genau. Bis auf die Brille hatte Christoph ein gediegenes Auftreten. Ehemals im Management eines großen Telekommunikationsunternehmens schien er tief verankert in seinen religiösen und menschenrechtlichen Werten. Seine gut 60 Jahre sah man ihm nicht an. Er würde ihnen guttun, Ruhe und Besonnenheit hereinbringen. Außerdem saß daneben Lisa. Dreadlocks und Piercings ließen gemeinsam mit ihrem Auftreten auf ein freches Wesen und eine raue Schale schließen. So ganz konnte er sie noch nicht einschätzen. Sie studierte Ethnologie. Oft waren es die mit den großen Bekenntnissen, bei denen es dann, wenn's um die alltagspraktischen Dinge ging, wie abwaschen oder abräumen, kompliziert wurde. Die drei Teammitglieder mit medizinischem Hintergrund hatten bereits auf mehreren Missionen zusammengearbeitet. Elias stellte sich vor, dass sie ein wenig ihr Ding machen würden. Ärztliche Versorgung stellte immer die unhinterfragte Basis dar, wenn es eng wurde. Ihr Kommando galt. Mit der Journalistin schienen sie Glück gehabt zu haben. Sie war neugierig, fragte unentwegt und packte stets mit an. Da hatte er schon anderes erlebt mit denjenigen, die so taten als würden sie über den Dingen stehen. Das Ringen um Neutralität vorschoben, um sich nicht zu intensiv einzulassen. Mitgehangen, mitgefangen. Wenn's Schlag auf Schlag kommt, mussten sie sich alle aufeinander verlassen können. Logischerweise hatten Journalistinnen eine spezielle Rolle. Wenn es etwas gab, was die Leute aufmerksam werden ließ, dann eine packende Geschichte. Greifbare Erzählungen würden sie auf der Seenotrettungsmission präsentieren können, soviel war sicher.

Dass sie eine Therapeutin mithatten, freute Elias. Soweit er es bis jetzt beurteilen konnte, offenbar eine qualifizierte. Eine, die wahrhaft zuhörte und nicht schon im Kopf möglichst klingende Antworten formte. Elias fieberte auf das Auslaufen hin, er mochte die Stunden, in denen sie damit beschäftigt waren, Trainings zu wiederholen, Rettungsmanöver zu üben und sich Abläufe immer wieder einzuprägen, während sie sich ihrem Zielgebiet näherten. Dabei fanden sie Zeit, sich intensiv kennenzulernen. Eingespieltes Teamplay konnte lebensrettend sein.

Dieses Mal war es herausfordernder als sonst für ihn gewesen, abreisebereit zu sein, sich bei Schmitti zu verabschieden und Paula im Streit zurücklassen. Es war ihm vorgekommen, als würde er sich losreißen müssen.

Am Hafen fühlte er sich zwischen Trainings, Ablaufplänen und Kisten, die festgezurrt wurden, anders als gerade noch in Wien. Er kam kaum zum Nachsinnen und genoss genau diese Betriebsamkeit. Wie immer bisher. Ein letzter Check. Als ob er durch ein Fenster in eine alternative Welt gestiegen war. In eine Parallelrealität. Was hier passierte, war wichtig und relevant. Das andere konnte warten, so schwer ihm vor 24 Stunden der Abschied noch gefallen war. Zu wissen, dass Menschen ertranken, wenn sie nicht so schnell wie möglich hinausfuhren, zog ihn wie ein unsichtbares Tau hinaus aufs Meer. Individuen mit ihren Ängsten, Hoffnungen und Begabungen waren in Gefahr. Sollte es nicht gut gehen, tat sich ein Schlund der Trauer von Familien, deren Lebensgeschichten sich veränderten, auf. Nicht nur Familien sondern auch die Dörfer dahinter und sozialen Verwobenheiten wurden durch eine menschliche Lücke zutiefst gestört. Ruth Rosenblum hatte ihnen ein jüdisches Sprichwort mitgegeben: Wer einen Menschen rettet, rettet die ganze Welt. Hier erlebte er das Gegenteil. Wer einen Menschen untergehen ließ, baute mit am Bruch der demokratischen Werte. Es erinnerte ihn an den berühmten Schmetterlingsschlag, der ein Chaos auslöst. Ganz konnte er es nicht argumentativ durchbuchstabieren. Noch nicht. Irgendwann wollte er daran arbeiten. Aber instinktiv war er davon überzeugt, dass das, was sie hier taten, mehr Auswirkungen hatte, als es vordergründig zu erahnen war.

Daher die Eile. Zu lange hielt sich ihr Schiff an die Bürokratien des EU-Flüchtlingsregimes. Es war höchste Zeit, dass es endlich auslief.

Paula musste, als sie hier miteinander Stufe für Stufe die Hauptbibliothek erklommen, an eine der vielen Weisheiten von Jose, einem Pädagogen ihrer Schule damals denken: »Plant ihr etwas gänzlich ohne Eigennutz, hat es eine völlig andere Strahlkraft.« Erkenntnisse, bei denen sie damals die Augen verdreht hatte, wenn sie allzu oft oder allzu getragen dahergekommen waren. Aber streng genommen hatte sie bereits als Jugendliche gewusst, dass in diesen Sätzen ein Kern an Wahrheit steckte. Paula beobachtete

Abdelali, der in alle Richtungen strahlte und gleichzeitig zappelig wie ein kleines Kind wirkte. Er hatte sich wohl gründlich vorbereitet. Es erschien ihr, als wäre er schon längst per Du mit dem Büchereipersonal. Etwas, das wohl nicht schwer zu erreichen war, wenn man deren Freundlichkeit erlebte. Man bemerkte seine Freude daran, den anderen, die das hier nicht kannten, die Tür zu diesem Reichtum zu öffnen. Er leitete den Besuch mit einführenden Worten ein: So stelle er sich das Paradies vor: Statt der vielen Bäume im Paradiesgarten könnte es doch wie eine Bücherei voll mit Wissen und buntesten Einfällen sein. Büchereibücher seien wie ein wildes Volk, führte er aus, sie rotten sich zusammen mit etlichen ihrer Art, treffen quer über den Gang auf vollständig anders verfasste Geschöpfe. Haben es gemeinsam, dass sie nur darauf warten, in die Hand genommen zu werden. Gelingt ihnen das, dürfen sie in vollends fremde Haushalte und sind den dortigen Gewalten ausgeliefert. Wenn alles nach Plan geht, kommen sie wieder zurück, nur um bald erneut auf Reisen zu gehen.

Er relativierte ein wenig: Freilich war die Wiener Hauptbücherei nicht wie die in Alexandria. Die Architektur stand weniger im Scheinwerferlicht der Weltöffentlichkeit, das Selbstverständnis war nicht derartig fundiert auf eine jahrhundert- oder jahrtausendalte Tradition. Und trotzdem ließ sich diese Bücherei nicht lumpen. Wie ein Schiff ruhte das Gebäude zwischen dicht befahrenen Straßen und lud aus sämtlichen Poren ein, hineinzugehen. Abdelali führte sie zuerst durchs Haus und strahlte mit dem Sonnenlicht, das die Räume durch die großen Fenster durchflutete, um die Wette. Er zeigte die Computerarbeitsplätze, die gratis zu benutzen waren und deshalb auch ein buntes, vielfältiges Publikum anzogen. Die Computerspiele fanden sich ebenso dort wie vielsprachigen Zeitungen. Abdalali erzählte vom Ausleihsystem. Er bat sie dann, sich im Kreis aufzureihen. Er hatte den Veranstaltungssaal reserviert. Geheimnisvoll kam er mit einem Wägelchen herein, zugedeckt, um nicht gleich preiszugeben, was er hier enthüllte. Langsam hob er das Tuch an und griff hinein. Paula staunte: Er hatte eine bunte Mischung an Büchern vorbereitet. Prächtige Atlanten mit vielfarbigen Fotos und einen Einzelband, den er selbst überwältigend fand: Ein Paar, das per Anhalter die Welt bereiste und in einem aufwendigen Layout Erinnerungen, Notizen, Rezepte und ihre

Erfahrungen zusammengetragen hatte. Musiknoten – so erfuhr Paula erst, dass Anzor leidenschaftlicher Geigenspieler war – Kochbücher, reichhaltig illustriert, dass man die dort bereiteten Gerichte förmlich riechen konnte. Reiseführer über Wien, Handarbeitsbücher, Druckwerke in den Muttersprachen der versammelten Teilnehmenden, ein Comic über die gewaltvolle Geschichte von Palästina für Hasib, ein Buch über Frauenboxen für Azra, ein Buch über indische Stoffe für Dayita und ein anderes mit Interviews von Menschen, die Schicksalsschläge überwunden hatten für Zayn. Für Paolo hatte er einen reich bebilderten Wälzer über die Geschichte des Roten Kreuzes gefunden und für Marc eines mit Porträts der Helden von 9/11. Karina bekam ein Backbuch über tschetschenische Nachspeisen und so ging es weiter. Selbst für sie, Paula, hatte er eins gesucht: Über unübersetzbare Wörter. Wörter, die es nur in der jeweiligen Sprache gab. Wie zum Beispiel Utepils auf Norwegisch – ein Wort dafür, draußen in der Sonne zu sitzen und ein Bier zu genießen.

Abdelali hatte alles bedacht: Unterlagen, wie man sich einen Ausweis holen konnte und wie man die Gebühren ermäßigt bekommt, lagen auf. Fast entschuldigend bat er sie in einem nächsten Schritt, nachdem sie »ihr« jeweiliges Buch ausreichend bestaunt hatten, es genau an den Platz zurückzubringen, wo es hingehörte. Er lud sie außerdem ein, dort ein wenig zu verweilen, um zu schauen, was sich denn außerdem so auffinden lassen würde. Er bildete Zweiergruppen, damit sie sich im Suchen unterstützen konnten und sich so auch gegenseitig auf die Finger schauten, ob sie alles passend zurückgestellten. Für ihn als ehemaligen Bibliothekar war unachtsames Vorgehen ein Frevel. Man konnte den Büchern kaum Schlimmeres antun, als sie in den Schlund des riesigen Chaos zu befördern, indem man sie falsch und damit unauffindbar einreihte.

Abdelali gab sich streng. In zwanzig Minuten sollten sie zurück sein. Letztendlich musste von dem gewohnten Sprachkurs auch noch was erledigt werden.

Obwohl die Zeit schon drängte, konnte Paula Karina kein weiteres Mal vertrösten. Das Blatt mit ihrer Erzählung lag am Tisch, Karinas Anspannung war greifbar. Bisher hatte Paula in diesem Kurs noch nie Angst gehabt, jemanden zu sehr auszuliefern, weil sie die Freiwilligkeit immer und immer wieder betont hatte. Aber in dieser Sekunde, nachdem schon fast alle ihre Erinnerungen vorgestellt hatten, empfand sie den Gruppendruck als stärker. Karina hatte sich bewusst oder unbewusst ans gegenüberliegende Ende des Raumes weg von Anzor gesetzt. Sie begann zuerst langsam, bis sie nach und nach selbstbewusster las: »Gebt doch mal ›Tschetschenien‹ in die Suchmaschine ein, ihr werdet kaum etwas Positives finden. Von Krieg und Gewalt ist die Rede, von verlorenen Generationen und einem uralten Konflikt. Noch immer, obwohl der Krieg nun schon einige Zeit her ist. Es kommt mir so vor, als wäre dieser Friede auf brüchigem Eis gebaut, das jederzeit kurz davor ist wieder zu bersten. Dabei könnte man ebenso von einer beeindruckenden Bergwelt, tiefgrünen Seen, Schluchten und an Berge geschmiegten Dörfern erzählen. Von Schafherden, die auf weiten Plateaus grasen, von Eseln und Pferden, die zur Arbeit eingesetzt werden. Von Grosny einer modernen, großen Stadt. Oder genauso der beeindruckenden Gastfreundschaft. Kommt man als Fremder ins Dorf, kann man sich kaum erwehren, zum Abendessen eingeladen zu werden. Umso mehr als Freund oder Freundin. Das soziale Gewebe ist ein anderes als hier. Gegenseitiges Helfen ist unhinterfragt. Feste werden rauschend gefeiert. Allen voran Hochzeiten. Leidenschaftliche Musik darf nicht fehlen. Mit Tschetschenen wird häufig Konflikt und Gewalt verbunden. Dabei sind wir ein Volk, das durchhält und vieles mit Humor nimmt. Das anpackt, bevor es resigniert. Als ich vierzehn war, sah ich das erste Mal meinen zukünftigen Mann. Gespräche hatten zwischen unseren Familien schon stattgefunden. Er entführte mich, wie es bei uns am Land noch immer viel zu oft praktiziert wird. Meine Familie hätte ihr Gesicht verloren, wenn sie mich herausgeholt hätte. Zuerst war es schwer für mich, mich mit ihm und meiner Situation zu arrangieren, aber mit der Zeit lernte ich ihn kennen und schätzen. Ich merkte, dass er genauso nur seine Rolle erfüllte und einen warmen und kümmernden Kern hatte. Ich bekam rasch hintereinander fünf Kinder. Als ich siebenundzwanzig war, verunglückte er bei einem Unfall. Ich hatte keine Ahnung, wie wir uns über Wasser halten sollten und zog mich zurück. Ich wollte am liebsten, dass es für mich ebenfalls aus ist. Seine Eltern und Verwandten übernahmen meine Pflichten. Sie versorgten uns eine Zeitlang, bis es ihnen zu herausfordernd wurde und drei Frauen der Familie mir intensiv zuredeten. Ich begann Maisbrot, Kürbiskuchen, Mandelgebäck und Kartoffelpuffer zu machen und mit meinen Kindern von Markt zu Markt zu fahren. Nachdem das überraschenderweise funktionierte, konnte ich Frauen im Dorf um Hilfe bitten, sie bezahlen und irgendwann dann geradeso von daheim verkaufen. Wir hatten einen behaglichen, großen Garten mit alten Bäumen, dort stellten wir Tische auf. Wenn das Wetter es zuließ, konnten sich unsere Gäste hinsetzen. Die Frauen, die mir halfen, kamen mit neuen Ideen und Rezepten, so wurde unser Angebot immer breiter. Meine Kinder, die Frauen und ich, wir wurden langsam zu einer Art Familie. Es wurde während dem Kneten und Backen lautschallend geredet und gelacht. Frauen, die in Not waren, kamen zu uns. Sie fragten mich, ob sie helfen konnten. Viele kauften bei uns ein, weil sie von dieser Stimmung etwas mitbekommen wollten. Nachdem ich fünffache Mutter war, verstand ich viele der Nöte und Ängste, weil meine Kinder wiederum mit den meisten anderen Kindern in unserem Dorf befreundet waren, fühlten wir uns als allumfassend behütet. Als meine Jungen dann größer wurden, suchten mich Panikattacken heim. Auch wenn dieser Krieg zunächst abgeschlossen war, konnte ich dem Frieden nicht trauen. Was, wenn er wieder aufflammte. Ich kannte die Erzählungen darüber, wie schnell es gehen konnte. Niemand hatte dann mehr eine Chance darauf zu entkommen. Untertags genoss ich das fröhliche Treiben aber in der Nacht holten mich die Kriegsgeschichten heim. Wenn ich endlich eingeschlafen war, träumte ich gewaltvolle Bilder, in denen mich jedes Mal meine Jungen als brutale Täter oder zerfetzte Opfer schreiend aufschrecken ließen. Ich verlor Gewicht, wurde fahriger und immer weniger belastbar. Meine Kinder machten sich Sorgen. Sie kannten viele Geschichten von Geflüchteten, denen es gut ergangen war im Ausland. Ich erzählte ihnen von meinen Ängsten, meine Kinder waren unkompliziert. Sie waren bereit in das Abenteuer aufzubrechen. Mir war immer klar, zum Kämpfen gebe ich meine Söhne nicht her.« Annähernd trotzig las sie den letzten Satz vor und schickte einen auffordernden Blick in Richtung Anzor. Dann begann sie die deutsche, kürzere Fassung ihres Textes holprig zu lesen. Irgendetwas spielte sich zwischen den beiden ab. Paula nahm sich vor, Karina oder beide einmal zur Seite zu nehmen, um dem nachzugehen und zu fragen, ob sie vermitteln konnte.

In den ersten Tagen war es schwer für Paula gewesen, einen anderen Weg einzuschlagen. Nicht in ihre gemeinsame Wohnung zu radeln, sondern nach Hause zu ihren Eltern. Nach einiger Zeit hatte sie das ständige Zaudern, so gut es ging, aufgegeben und sich vorgenommen, zu warten, bis Elias sich meldete. Er reagierte häufig langsamer als sie und konnte Dinge besser aussitzen. Sie wollte ihn nicht drängen, so schwer ihr das auch fiel. Der Kurs heute hatte sie zwischendurch auf andere Gedanken gebracht. Sie machte sich etwas leichter auf den Weg. Normalerweise führte ihr erster Gang sie in den Laden ihrer Eltern. Sie genoss es, ausgiebig zu ihren Erlebnissen gefragt zu werden und mit anzupacken. Dabei fiel sie wieder zurück in die alten Gebräuche, dass ihre Eltern sie jedem und allen als »ihr Kind« vorstellten und sie mit hineingenommen wurde in all den Klatsch und Tratsch, der über den Kassentisch hinweg stattfand. Der kleine Hocker war stets griffbereit, für Kunden, die mehr wegen eines Gesprächs als zum tatsächlichen Einkauf kamen. Jeder wusste, hier kann ich mich kurz hinsetzen, bekomme einen Tee oder Kaffee angeboten, ich muss die Füße einziehen, wenn jemand genau aus dem Regal vor mir etwas will. Es ist genauso gut, wenn dann nur alibimäßig irgendetwas gekauft wird, um womöglich am nächsten Tag wieder zu kommen.

Paula fühlte ihren Eltern hier nach. Naturgemäß gehörten ihre Sympathien nicht jedem und jeder, aber eigentlich dachte sie öfter: wenn die Menschen rund um sie wüssten, wie arg gern sie sie hatte, wäre ihr das fast peinlich. An ihre Kursteilnehmenden hatte sie schon längst ihr Herz verloren, nicht anders war es bei vielen Kollegen und Kolleginnen, Nachbarn und Kunden ihrer Eltern. Wenn nicht gerade die wunde Sehnsucht nach Elias im Weg stand, dann hatte sie das Gefühl, je mehr die Sonne schien, desto mehr umfassten ihre zärtlichen Gefühle die meisten Menschen ihrer kleinen Welt.

Ums Eck geradelt, sah Paula Schmitti schon von weitem am Hauseck lehnen. Ihr Herz fiel in die Hose. Er sah müde und abgespannt aus, sie bezog das auf sich. Sie wusste, dass Schmitti mit Elias litt, wenn es diesem nicht gut ging. Offenkundig klaffte der Riss tiefer, als sie bis jetzt gehofft hatte. Sie fuhr die letzten paar Meter und endlich stand der Entschluss. So konnte es nicht mehr weiter gehen. Sie war es satt darauf zu warten.

Heute würde sie zu Elias fahren und dem nachgehen, was denn jetzt in Wirklichkeit los war. Sie musste ihm klar machen, wie sehr sie Elias brauchte und dass sie sich ihr Leben nur mit ihm vorstellen konnte. Paula bremste, stieg ab, lehnte das Rad an die Mauer und umarmte Schmitti fest. Sie spürte seine Rippen und genoss den Druck, wie er sie umfasste ohne Wenn und Aber. Sie wusste, dass sie sich gegenseitig schätzten. Elias hielt große Stücke auf Schmitti. Mit Recht. Sie haben sich von Anfang an respektiert und waren freundlich gegenüber den anderem gestimmt. Zuerst hatte sie Angst vor ihm gehabt. Schließlich war Schmitti ein Freund seit Kindheitstagen. Er hatte einen Wissensvorsprung über Elias, den sie niemals aufholen konnte. Aber genau deshalb respektierte sie Schmitti so, er hatte von Anfang klar, was seine und was ihre Rolle in Elias Leben sein konnte. Schmitti schien zu wissen, dass Elias und Paula sich gegenseitig guttaten. Es war keine Frage Schmitti jederzeit willkommen zu heißen. Es erschien Paula, als hätte er jetzt einen trüben Schleier um sich. Schnell sperrte sie ihr Rad ab und lud ihn ein, doch reinzukommen. »Ich freue mich dich zu sehen, Paula. Das war dringend an der Zeit, du, aber gehen wir rüber ins Café?« Paula nahm verwundert seinen Vorschlag an. Das schwere, alarmierte Gefühl in ihr verstärkte sich. Brachte Schmitti unheilvolle Nachrichten? Ohne zu reden, suchten sie sich einen Platz.

»Komm, pack aus, was ist los?« Sein Blick bewegte sich hin und her. »Warte, Elias hat dir einen Brief geschrieben. Er meinte, du sollst ihn am besten gleich lesen und ich soll so lang auf jeden Fall bei dir bleiben.« »Das macht mir Angst. Es klingt so förmlich. Aber gut, gib her.« Paula zitterte, als sie das Schreiben entgegennahm. Sie riss das Kuvert hastig auf und begann zu lesen.

Conny machte sich öfters lustig über ihn und seine »Wichtigtuer«, wie sie es nannte. Sie baute die Basis mit auf. Ohne Bewegung stellten sie nichts dar. Heimat gründet auf Gemeinschaft. Umgekehrt war es genauso. Jede Verbundenheit brauchte Heimat. Sie war, wie er, davon überzeugt, dass ein neues Zeitalter anbrach. Conny wühlte sich durch eindeutige Postings, kontaktierte die unterschiedlichsten Menschen, die laut ihre Frustration kundtaten und arbeitete am »Bodenpersonal« ihres Netzwerks. Sie musste sich durch einige absurde Dialoge durchkämpfen, dann wiederum traf sie welche, die andere begeistern konnten. Er bewunderte Conny für ihre unverhohlene Neugier und Offenheit. Gemeinsam an der Verwirklichung so einer großen Vision zu arbeiten, war kaum zu beschreiben. Sie teilten die Grundüberzeugung über die Dringlichkeit und Wichtigkeit. Dabei konnte schon der eine oder andere geplante Abend zu zweit drauf gehen, der Collie kam dann nicht auf die üblichen Spaziergkilometer, wenn sich ein dringliches Meeting vorschob. Es brodelte nicht nur bei ihnen, ihre internationalen Kontakte standen ebenfalls kurz vor einer gemeinsamen Trendwende. Manchmal hatte er das Gefühl, dass er das Warten kaum noch aushielt, am liebsten wollte er eine Zündschnür legen, damit es endlich losging.

Elias spürte, dass sich eine spezielle Stimmung ausbreitete. Draußen trieb ein Boot. Ein Boot voller Menschen. Es hatte einen Notruf abgegeben. Wenn die Berechnungen stimmten, waren es circa vier Stunden, bis sie dort ankamen. Kurz vor der libyschen Grenze. Zu nah. Intensive Kommunikationsarbeit rollte an, die Koordinaten wurden durchgegeben, Updates zum Notruf wurden abgefragt. Ob es sich um Stunden oder Minuten handelte, bis sie untergingen, ließ sich aus dem Notruf nicht eruieren. Dringend war der Einsatz allemal. Als würde die gesamte Mannschaft kollektiv Daumen drücken. An wen auch immer sie die Hoffnungsappelle losschickten: Lass sie durchkommen, über Wasser bleiben, weit genug ins Meer tuckern, damit sie gerettet werden konnten. Das Schiff fuhr so rasch wie möglich in die Richtung. Die Gischt schäumte. Gesetzt den Fall, das Boot käme von der Küste weg, würden sie bereit sein. Dass die Seegrenzen einzuhalten waren, war unhinterfragbar. Emsiges Vorbereiten. Jeder war damit vertraut, was zu tun anstand. Die Manöver hatten sie vielfach eingeübt. Das Wetter stimmte. Ruhige See, zumindest das.

Schlepper orientierten sich an Wettervorhersagen. Nach zwei Stunden Fahrt, tauchte am Horizont ein Schiff auf. Der kalte Verdacht bewahrheitete sich rasch. Hier näherte sich eine libysche Küstenwache. Damit trat ein Fall ein, der ebenso mehrfach trainiert wurde, aber immer mit dem Zusatz: Das hoffen wir mal nicht. Militärgehabe. Allen steckte das Wissen in den Knochen, dass die Libyer zum Äußersten bereit waren. Wenn es ihnen gefiel, schossen sie zur Abschreckung in die Luft. Aber nicht nur in die Luft. Sie zielten auf Menschen. Menschen, die davon ausgingen, gerade dem Schlimmsten entronnen zu sein. Geflüchtete, die direkt aus der Hölle kamen. Drohnenaufnahmen belegen, dass sie auf Männer, Frauen, Jugendliche und Kinder in Seenot geschossen hatten.

Wie jetzt. Ein grauer Militärkreuzer. Die Bewaffneten darauf ohne offizielle Uniform, dafür standen sie breitbeinig da und hatten demonstrativ die Maschinenpistolen umgehängt. Es half nichts, abdrehen blieb ihnen als einzige Option. Sie mussten davon ausgehen, dass es die Libyer sein werden, die die Flüchtlinge aufnahmen und zurückschleppten, zurück in die Folterlager. Zu viele Narben hatten sie bei anderen Rettungseinsätzen gesehen, zu häufig Geschichten von hilflos Ausgelieferten gehört. Die sogenannte Küstenwache arbeitete Hand in Hand mit den Schleppern. Geld floss in beide Richtungen. Eine abgrundtiefe Schande, dass ein Großteil davon mit EU-Mitteln finanziert wurde, nur um eine unmenschliche Abschottungspolitik auf Kosten von Menschenrechten aufrechtzuerhalten. Wie schrecklich, ohnmächtig abzukehren und das Boot machtlos seinem Schicksal zu überlassen.

»Meine liebe Paula, *(Paula atmete durch. Die Anrede beruhigte sie ein wenig.)*

Ich weiß nicht, ob ich Dich so nennen darf, hoffe es aber inständig, irgendwie denke ich zu wissen, dass es so ist.

Du glaubst nicht, wie viele Gedanken ich mir gemacht habe, was und wie und ob ich Dir am besten schreibe. Ich kann mir vorstellen, dass Du wütend auf mich, verwirrt, vielleicht auch enttäuschst bist und nach diesem Brief die Gefühle sich noch verstärkt haben werden. Vielleicht magst Du ihn zweimal lesen, um nicht zu vorschnell in die eine oder andere Verurteilung zu kippen. *(Was kam bloß, es klang alles bedeutungsschwer? dachte Paula.)*

Weißt Du, ungefähr eine halbe Stunde nach unserem unseligen Gespräch – wie oft habe ich seither bereut, dass es sich so entwickelt hatte – läutete bei mir das Telefon. Dran war das Team der Seenotrettung mit den guten und gleichzeitig schrecklichen Nachrichten. Das Schiff ist jetzt endlich frei. Überraschend, aber gut: Es geht los. So bald wie irgend möglich. Am besten wäre es, wenn wir spätestens in fünf Tagen losfahren könnten. *(Was? Gerade jetzt? Schoss es Paula in den Kopf, fünf Tage? Das war doch vorgestern.)* Du kennst das von den letzten Malen. Wenn es so weit ist, klappt es eigentlich nur, wenn sämtliche Knöpfe auf den ›Funktionier‹-Modus gestellt werden. Ich packte, kaufte ein, übergab meine Verantwortlichkeiten vom Projekt und lief von Pontius nach Pilatus – *(was heißt das eigentlich, dachte sich Paula, bevor sie ganz anderes weiterdachte)* um alles fertig zu machen. *(Hallo??? Und ich? Hattest Du keine Sehnsucht nach Klärung, bevor Du Dich in Gefahr begibst, hast du einen Moment auch daran gedacht, wie es mir geht, dich ziehen zu lassen, ohne eine Chance zu bekommen, mich anständig zu verabschieden?)*

Vor allem aber dachte ich an Dich Paula, ständig und ohne Ende. Wie ein Pendel rasten meine Gefühle und Gedanken hin und her. Mein erster Impuls war, zu Dir zu laufen, Dir alles zu erzählen, Dir so nahe zu sein, wie es nur irgendwie ging und mir von Dir Deinen Segen zu holen. *(Aha, jetzt auf einmal, Segen. Dafür glaubst du doch angeblich an keine Gottheiten schoss es Paula durch den Kopf.)* Auf der anderen Seite wollte ich Dich nicht als weiteren To-Do-Punkt auf meine Liste quetschen, dafür bist Du mir viel zu wichtig. Weißt Du, Paula, ich konnte das nicht einordnen. Warum Du plötzlich so vehement geworden bist. Man darf doch Meinungsverschiedenheiten haben. Aber gleich alles liegen und stehen lassen und einfach gehen? (*Touché – am Punkt erwischt, gab Paula gedanklich zu.*)

Versteh mich nicht falsch Paula, das ist ein Brief, mir ist bewusst, dass ich mit einem Brief nichts ausdiskutieren kann. Ich will mit Dir auch keine Spielchen spielen, dafür bist Du mir viel zu wichtig. Ich will Dich mit meinem Wegfahren nicht bestrafen oder so einen Quatsch. Aber ehrlich, ich traute mich in der Kürze der Zeit nicht. Ich dachte mir, wenn Du jetzt ablehnend reagierst, dann bleibt uns keine Zeit, es sanft und geduldig auszuspinnen. Wenn jetzt etwas weiter eskalieren würde, dann wird's durch meine Abfahrt nur schlimmer. Ich weiß, dass das unfair ist, weil ich Dir damit keine Wahl ließ. Es bleibt Dir damit nichts anderes als meinen Entschluss, ohne Abschied zu fahren, einfach hin zu nehmen. Wenn Du das liest, bin ich schon weg. Das tut mir irre leid, trotzdem bitte ich Dich inständig, zu versuchen, mich zu verstehen.

Paula, Du bist mir mein wichtigster Mensch. Ich will Dich nicht verlieren. Ich will mein Leben mit Dir leben, wenn es uns nur gut gelingt. Ich will Dich zum Lachen bringen. Du machst aus mir einen besseren Menschen. Es wäre so gut, wenn uns das erhalten bleiben würde.

Bevor ich hier aufhöre, noch was anderes Paula. (Nein, *nicht aufhören, wenn du schon nicht hier bist, dann schenk mir wenigstens noch etwas mehr solche Worte, wie oben.*) Ich habe bewusst Schmitti gebeten, Dir diesen Brief zu bringen. Er weiß nicht, was hier drinnen steht. Vielleicht hast Du es ohnehin schon gesehen, Du merkst bei Menschen meist viel schneller, was los ist, als ich. Schmitti hat fortgeschrittenen Bauchspeicheldrüsenkrebs. Seine Prognose ist nicht gut. Wie ich ihn kenne, würde er es Dir nicht von sich aus erzählen. Er gab mir aber die Erlaubnis, es schreiben zu dürfen. Paula, überlege mal, ob er nicht in der Zeit, wo ich nicht bei Dir bin, zu uns ins Gästezimmer ziehen könnte. Ich weiß, dass Du am Abend nicht gern allein bist und bei Deinen Eltern gut aufgehoben bist. Aber spätestens nach ein paar Tagen knallt es meist bei euch. Wie ich Schmitti einschätze, würde er Dich nicht belasten, sondern tunlichst alles tun, um nicht lästig zu fallen. Vielleicht ist das eine dumme Idee, dann lass sie gleich wieder fallen. Vielleicht aber auch nicht, so wie ich Dich kenne, kannst Du das intuitiv entscheiden. Irgendwie wäre mir leichter, euch beide beieinander aufgehoben zu wissen. Aber wie gesagt, Schmitti weiß nichts von der Idee. Ich habe auch keine Ahnung, wie er es aufnehmen würde. Wenn's ein Blödsinn ist, lass es.

Paula, ich wäre dir so gern so nah, mir fällt das alles unendlich schwer. Selbst das Beenden dieses Briefs. Du weißt, Du kannst Dich jederzeit melden. Telefonieren geht schwer, aber wir können uns schreiben. In drei bis fünf Wochen bin ich bei Dir. Ich kann es nicht erwarten.

Ich hoffe ich darf Dich küssen. Dann tu ich das jetzt. Pass auf Dich auf, mein Herz. Du bist mir wichtiger, als Du wahrscheinlich erahnen kannst.

Dein Elias«

Sie hielt sich an Elias' Rat und las den Brief ein zweites Mal. Das machte es aber nicht unbedingt leichter. Sie legte ihn zurück auf den Tisch, bedeckte ihr Gesicht mit den Händen und schaute dann mit einem Seufzer auf.
»Er ist ein schöner Depp, oder?«, brach Schmitti die Stille, »Ich hab ihm zugeredet, sich bei dir noch zu melden. Soll ich dich allein lassen?«
»Nein, bleib ruhig und ja, ist er. Warte es gibt so einen Ausdruck. Wenn Schönes und Schreckliches gleichzeitig serviert wird.«
»Wie Zuckerbrot und Peitsche.« »Ja, das meinte ich.«, antwortete Paula. Sie nahm sich vor, auch das in ihre Wörterliste zu schreiben. »Hast du ihn vor der Abreise noch gesehen? Seit wann ist er jetzt dort? Ist er schon am Meer?« »Seit vorgestern. Er wollte, dass ich mich dann bei dir melde. Frag' nicht, was in seinem Kopf vorgegangen ist. Es tut mir leid, Paula. Der Depp hat ständig darüber gejammert, wie sehr du ihm fehlst. Er hat sich trotzdem gedrückt wie ein Feigling.« Schmittis eindeutige Meinung half Paula. Zum einen tat es ihren Wunden gut, auf der anderen Seite löste es eine für sie typische Reaktion aus, die Gegenseite einzunehmen. Denn natürlich hatte bei aller Schwierigkeit diese Position auch was Nachvollziehbares. Aber ehrlich gesagt, wollte sie das

jetzt nicht mit Elias' bestem Freund diskutieren. Sie sprach etwas anderes aus: »Schmitti, Elias schreibt, dass du schwer krank bist. Er schlägt vor, dass du zu uns ins Gästezimmer ziehen sollst.« »Soll ich eure Wohnung hüten, bis ihr beide wieder hier seid?« »Nein, Schmitti, er meint mit mir, dass ich zurücksoll und wir uns Gesellschaft leisten.« »Will er uns verkuppeln?« Jetzt war sich Paula unsicher, wie sie dreinschauen sollte. Sie gab aber dem ersten Impuls nach, loszuprusten in diese seltsame Situation hinein. »Schmitti, sei mir nicht böse. Du bist ein wundervoller Freund von Elias, aber nimm's mir nicht krumm. Von meiner Seite gibt's null Gefahr.« Schmitti schnaufte gespielt erleichtert. Es ging ihm wohl nicht anders. »Lass dir Zeit, du musst das nicht jetzt entscheiden. Elias kennt mich, ich bin abends nicht gern allein, zu lange geht das hier mit meinen Eltern nicht gut. Als ich den Vorschlag gelesen habe, dachte ich gleich, es ist eine gute Idee. Es geht mir nicht um Mitleid oder so, sondern wäre ehrlich eine gute Kurzzeitlösung.« »Passt, abgemacht. Übermorgen zieh ich ein.« Verrückt, bei Paula drehte sich alles im Kopf wie ein Karussell. Jetzt musste sie das nur mehr ihren Eltern beibringen, die sie nicht so leicht ziehen ließen, wenn sie wussten, dass Elias sich ohnehin nicht hier befand (sie kannten Elias' Geschichten von der libyschen Küstenwache mit Maschinengewehren. Sie achteten Elias' Engagement, aber fanden es gleichzeitig gar nicht gut, dass sich der Partner ihrer Tochter freiwillig in Gefahr begab.) Dann noch mit seinem besten Freund zusammenziehen? Egal, wofür war sie erwachsen. Sie zahlten und Paula machte sich auf in Richtung bimmelnder Ladentür.

Paula schrieb in ihre Wörterliste:

Von Pontius zu Pilatus schicken. 1704 gibt es das erste Mal einen literarischen Beleg für diese Redewendung. Eigentlich krude, Pontius Pilatus war doch eine Person. Wie auch immer, sie meint mühsames Herumlaufen, bis alles erledigt ist: Jesus wurde von PP zu Herodes und wieder zurückgeschickt, bevor er verurteilt wurde.

Zuckerbrot und Peitsche: Das wiederum stammt aus dem 19. Jahrhundert. Zuckerbrot war damals der Oberbegriff für süße Speisen. Die Arbeiterschaft stellte sich gegen Kanzler Bismarcks Sozialgesetze. Es hieß »sein Zuckerbrot verachten wir, seine Peitsche zerbrechen wir«. Ein vielfach wiederholter Slogan, der sich in dem Ausdruck wiederfindet.

Paula wusste, dass sie nur träumte. Das machte es aber nicht unbedingt weniger schlimm. Wieder Maria. Sie wollte sich schlafend dagegen wehren, wusste aber gleich, dass das unsinnig war und ließ sich hineinziehen. In ihre Haut. Maria saß auf einem roten Holzsessel. Sie sang ihr Lied. Das Wiegelied ihrer Mutter, das diese bisweilen noch immer leise summte, wenn sie Paula im Arm hielt und merkte, dass etwas schwelte, was sich nicht schnell beruhigen ließ. Maria hatte einen Arm um ihre Freundin Julia gelegt und sang es voller Inbrunst. Sie sang gegen die Verzweiflung ihrer Gefährtin an. Singen ist bisweilen leichter als Reden. Julia war in dem Glauben mitgefahren, dass die Ärztin nach ihrem ungeborenen Kind schauen würde und sie untersuchen, ob alles passt. Sie wunderte sich schon über den Venenzugang, der ihr gelegt wurde und die kalte Flüssigkeit, die sie spürte. Machtlos versuchte sie gegen die bleierne Müdigkeit, die in sie floss, anzukämpfen. Julia blieb gerade noch genug Zeit um über ihre Ahnung zu verzweifeln, da war sie schon weg. Als sie wieder aufwachte, fühlte sie die kalte Gewissheit vom ersten Moment in all der Benommenheit. Sie hatten ihr das Kind genommen, ohne sie zu fragen. Maria sang und sang und hielt Julia in all dem Schluchzen. Dem Sterben der Vorfreude auf dieses Wesen, gleichzeitig Hoffnung eines Auswegs, hier fortzukommen, denn sie hätte dann ein Kind gehabt. Endlich heimzudürfen mit diesem kleinen Geschöpf.

Maria dachte ganz andere Gedanken, Gedanken die sie niemals auszusprechen gewagt hätte. Erinnerungen, die sich tief in sie gegraben hatten, wie Schnitte in ihr Fleisch. Von anderen Geschichten, vor einigen Jahren. Mädchen, die die gleiche Hoffnung lebten. Die sich plötzlich mit festen Stricken um den Bauch herum an Bäumen gebunden wiederfanden. Qual, Fieber und Schmerzen, bis auch diese Sternenkinder verloren waren und die Mädchen lange brauchten, um zumindest körperlich zu heilen. Was hatte sie schon alles angesehen in diesen Jahren. Ob es jemals ein Entrinnen gab?

Endlich wachte Paula auf. Sie hatte diese Träume satt. Sie wusste nicht, was es bedeutete. Wusste nur, dass sie damit nicht wieder zu ihrer Mama konnte. Sie vermisste Elias als sicheren Hafen unendlich. So gut ihre Eltern die Situation meisterten, sie selbst musste hier weg. Es half Maria nichts, wenn sie sich in diesen Ängsten verspann. Gleich morgen würde sie mit Schmitti das Zurückkommen in die Wohnung planen. Dann würde sie auch den Rat von Elias und Fernando annehmen, sich eine Therapeutin zu suchen, um doch noch einmal zu prüfen, ob sie sich ihrem Abgrund nähern sollte.

*D*er Code für die Aktivierung schrillte in der Früh. Es war ihm, als würde er über eine Klippe segeln. Sofort setze er sich aufrecht im Bett hin. Obwohl ihm das Herz nach unten rutschte und der Magen sich verkrampfte, fühlte er sowas wie selige Begeisterung. Er war so aufgeregt wie noch nie in seinem Leben. Wie vielfach geprobt, wechselte er das Handy. Umgehend begab er sich in Warteposition. Er richtete noch schnell einen Kaffee, sog den Geruch der frisch gemahlenen Bohnen ein und bezog Stellung. Wieder überprüfte er, ob er alle Daten griffbereit hat. Kontrollierte ein letztes Mal den Ablaufplan, damit die Lawine ins Rollen kam, sobald es passiert war. Sein Puls steigerte sich. Endlich. Rasch ging er auf die Toilette, wer weiß, wann er wieder die Gelegenheit dazu hatte. Jeder saß an seinem Knotenpunkt. Conny vermutete etwas mehr, als er ihr verraten hätte dürfen, er vertraute ihr jedoch vollends. Manchmal zweifelte er hingegen an dieser Undurchsichtigkeit. M. schätzte er als kompetent ein. Daher hatte er erst kürzlich diesen als seinen Kontaktmann angerufen, um das Prozedere zu hinterfragen und wieder neu zu diskutieren. Er konnte ihn jedes Mal aufs Neue überzeugen, dass es genau so notwendig war. Man wusste nie, wo Maulwürfe lauerten. Es hieß warten. Nicht nur er bezog Stellung. Über ihren verschlüsselten Kanal ging von all den Übrigen das Signal ein, dass sie bereit waren. Zehn Minuten. Nichts. Er stand auf. Streckte sich. Kontrollierte zum wiederholten Mal sämtliche Programme. Überlegte, ob er sich nicht gleich einen weiteren Kaffee gönnen sollte.

Die erwartete Nachricht kam, jedoch mit einem anderen Inhalt als erhofft. Rückzug. Etwas hatte nicht gepasst. Ihnen blieb nur ein Versuch. Geschah es nicht konzertiert, könnte es verpuffen.

Gruppencall. Lagebesprechung. Knappe Information, woran es gehakt hatte. Er wusste, der tatsächliche Hintergrund des Gesprächs war, sie bei der Stange zu halten. Und gleichzeitig auch der Check, ob sie bereit gewesen wären. Abschließend die überzeugende Versicherung, dass es bald, schon sehr bald so weit sein würde. Dank für ihr Verständnis und die Bereitschaft, rund um die Uhr in Stellung zu gehen. Wenn es losgeht, wird es groß. Er mochte diese übertriebenen, heraufbeschworenen Verheißungen nicht. Mittlerweile war er schon eher davon überzeigt, dass, falls alles wie geplant lief, sie es womöglich tatsächlich schafften, einen Erdrutsch einzuläuten. Nach einem Moment wie diesem fiel es ihm schwer, wieder runterzukommen. Er schnappte sich den Collie, um eine ausgiebige Runde zu drehen und das Adrenalin rauszulaufen, *sich von der vergnügten Energie des Hundes anstecken zu lassen klappte bei ihm meistens. Wie passend, dass das aufkommende Gewitter bereits zu spüren war. Er mochte es, wenn die Temperatur fiel und der Wind zunahm. Danach ging er mit dem Donner nochmal ins Bett.*

Elias hatte seine Position eingenommen. Ein neuer Notruf war bei der Alarm-Hotline eingegangen. Ein Ruderboot mit 130 Menschen an Bord war in internationalen Gewässern in Not geraten. Die Sonne stand schon tief und die Informationskette funktionierte wiederum effektiv. Im Grunde war es für Elias nicht auszuhalten, dass sie die einen dem illegalen Zurückschleppen überlassen hatten und den neuen Notruf nun anfahren konnten. Als hätten sie die Macht, den einen zu helfen und die anderen aufzugeben. Doch es half nichts. Sie hielten Kurs auf die durchgegebenen Koordinaten. Zum Glück war die Distanz bis dorthin kurz. Bei den Orientierungspunkten angekommen, setzte der Suchprozess ein. Mit Ferngläsern tasteten sie den Horizont ab. Hin und Her, einstudierte Suchmuster. Beobachtete er dort eine Möwe, eine Welle oder das Boot? Der schnarrende Funkspruch war klar zu hören: »All Crew, ready to rescue!« Von diesem Augenblick an ging es schnell. Hohe Konzentration. Die Handgriffe stimmten. Schon wurden die drei Schlauchboote zu Wasser gelassen, die die Brücke zwischen den zu rettenden Menschen und dem großen Schiff ermöglichten. In weitem Bogen näherten Elias und sein Team sich mit dem Boot. Je näher sie kamen, desto deutlicher erkannten sie die missliche Lage der Dinge. Wasser war eingetreten. Die einen schienen in Panik zu sein und fuchtelten mit den Händen herum und die anderen wirkten apathisch. Gemeinsam mit Johannes und Lisa sondierte Elias die Lage. Auf Arabisch, Englisch und Französisch riefen sie laut den verschüchterten Geflüchteten entgegen. »Wir sind hier, um euch zu retten. Ihr seid in Sicherheit. Bewahrt Ruhe. Wie viele Kinder, wie viele Frauen sind an Bord? Sind Menschen im Wasser? Sind medizinische Notfälle unter euch, ist jemand bewusstlos oder atmet nicht? Sind Kleinkinder mit an Bord?« Erleichterte Rufe, als würde ein Riesenfels von all diesen Seelen ins Meer klatschen. Endlich. In Sicherheit. Rasch identifizierten sie ein paar Sprecher und teilten Rettungswesten aus. Ein erster Überblick über die Lage war schnell geschaffen. Drei Schwangere, fünf Kleinkinder und fünfzehn Jugendliche ohne elterliche Begleitung. Wieder einmal. Elias sog spürbar die Luft ein. Wasser stand am Boden, viele zitterten und ein Teenager lag apathisch da, weil er zu allem Überfluss fiebrig war. »Die sollten doch schon längst im Bett sein«, ging es Elias absurderweise durch den Kopf, als er die kleinen, frierenden und durchnässten Kinder sah. Er atmete kurz durch und versuchte, Gelassenheit auszustrahlen. Alle Informationen wurden über Funkgeräte an die Medizincrew weitergegeben. Zuerst kam der ohnmächtige Jugendliche dran, dann die Schwangeren, Kinder, und Frauen. Elias wusste, er musste nun Ruhe verbreiten, auch wenn es in seinem Inneren laut schrie, wegen all dem Mitgefühl, das er für diese Menschen empfand.

Alle packten an, um den Jugendlichen, der kleiner wirkte, als die beschriebenen vierzehn Jahre, in die medizinische Station zu bringen, viele Hände hoben ihn gemeinsam hoch. Wieder an Bord hüllten sie die Kinder eilig in Schutzdecken. Von Anfang an nahm er Kontakt mit ihnen auf. Mit Hilfe von Gesten, Worten und Berührungen. Elias war beeindruckt von ihrer Widerstandsfähigkeit, der Neugier in ihren Augen und dem verstohlenen Lächeln.

Endlich hatten sie in stundenlangen Manövern alle mit den Gummibooten in Sicherheit zu ihrem Schiff gebracht, gleichzeitig schnarrte es erneut. Noch ein Notfall. Mit einer weiteren Zusatzinformation: »Men overboard.« Zwei Männer waren ins Wasser gesprungen. Elias war kurz davor, Stoßgebete zu formulieren, was widersinnig war, weil er an derlei Dinge nicht glaubte. Er wusste, dass Geflüchtete aus afrikanischen Gebieten meist nicht schwimmen konnten. Wie schnell konnten sie eigentlich sein, um das Schlimmste abzuwenden? Das andere Boot raste voran und Elias mit seinem Team im zweiten Wasserfahrzeug nach. Er versuchte sich innerlich darauf vorzubereiten, dass es hier Ertrunkene geben würde. Bisher war ihm das erspart geblieben. Er wusste nicht, wie er reagieren würde und wie er mit Leichen umgehen könnte. Es war schon dunkel. Seine erste Rettung im Finstern. Schwarz auf Schwarz. Die Gischt als einzig Weißes. Ansonsten Schwarz, Finsternis, Kälte, selbst der Salzgeruch hatte etwas Bedrohliches. Sie zogen einen Rettungsschlauch mit, um diesen den Menschen zur ersten Rettung zu zuwerfen. Das machte sie auch nicht unbedingt schneller. Es war nicht weit, die anderen waren bereits angekommen. Gerade noch rechtzeitig. Sie bekamen die Nachricht, dass alle gerettet werden konnten, auch diejenigen, die sie aus dem Wasser fischen hatten müssen. Wieder vierzig Personen, das Schiff hatte Kurs aufgenommen. Das gleiche Prozedere. Wieder Minderjährige. Als sie die Ersten aufs große Schiff gebracht hatten, das nun schon an das Limit seiner Kapazitäten kam, brandete Applaus und Jubel der zuvor Geretteten auf. Keinen Gedanken daran, dass ihnen die neu Hinzukommenden jetzt noch mehr Platz wegnehmen würden. Freude und Anerkennung strömte der Crew entgegen. Sie hatten es geschafft. Jubel über die gemeinsame Rettung. Wieder. Die erste Versorgung, Mensch für Mensch. Die Crew konnte sich kaum mehr auf den Beinen halten. Stundenlang arbeiteten sie nun schon hochkonzentriert. Achteten aufeinander. Sie schickten sich zu zweit Team für Team in die Kombüse, um sich zumindest kurz zehn Minuten zu setzen, ein Sandwich zu essen und ein paar Worte zu wechseln, bis es weiter ging.

Im medizinischen Bereich stieß Elias auf eine Schwangere. Mit hochrotem Kopf saß sie da, als wäre ihr viel zu heiß. Elias fragte sie, ob er sie kurz auf das Deck begleiten sollte. Oben angekommen, mit dem Blick auf die vielen, die in unterschiedlicher Verfassung mit Rettungsdecken umhüllt saßen, kauerten, redeten und schliefen, packte die Schwangere Halt suchend seinen Arm. Vielleicht war es doch keine gute Idee gewesen, sie hier her zu holen, dachte Elias, denn womöglich erinnerte sie das an andere, schrecklichere Erlebnisse. Doch sie kommentierte nur: »Es ist großartig, was ihr hier schafft. Ich will auch einmal Menschen retten.« Elias wollte schon abwinken. Es drängte ihn, sie darauf hinzuweisen, dass sie viel mehr auf sich genommen hatte, als er, der ein paar Wochen hier unterwegs war und dann wieder zurück in sein gemachtes Nest konnte. Er wollte ihr erzählen, dass bei ihm zu Hause, wenn ein Kind in den Bergen sich verirrte, Hundetrupps und große Seilschaften sich aufmachten um dieses einzelne Kind zu suchen. Auf riskanten Pfaden, auch mit dem Preis, dass jemand von den Suchtrupps umkommen könnte. Und hier, wo es um viel mehr ging als nur ein Kind, die meisten nicht einmal mit den Augenbrauen zuckten. Doch dann nahm er sich zurück und dankte ihr einfach für ihre Worte.

Himmel. Wenn Paula jetzt nach Hause kam, war Schmitti da. Was hatte sie sich dabei eigentlich gedacht? Wie verquer ihr Leben momentan lief. Paula fühlte sich ungeheuer müde. Sie schloss ihre Wohnung auf und atmete tief durch, als sie Schmitti am Küchentisch sitzen sah. Sie fühlte sich schuldig, es war ihm anzusehen, dass es ihm nicht gut ging. Mit grauer Gesichtsfarbe saß er vor dem Laptop. Paula fragte ihn: »An was bist du denn grad dran?« »Was hältst du von ›Letzte Chance – jetzt oder nie?‹ oder ›Eierlegende Eier-legende kommt ans Eierleg-ende?‹« Paula hob fragend den Blick: »Wieviel Promille hast du denn intus? Außerdem ist der Satz gestohlen, den hab ich schon an irgendeiner Stelle gelesen.« »Sorry. Ehrlich, soll ich dich erst mal heimkommen lassen und mich mal verziehen?«, packte Schmitti schon seine Sachen zusammen. »Nein, jetzt sind wir schon mittendrin«, entgegnete Paula: »Was beabsichtigst du mit dem Gequatsche? Muss ich jetzt täglich pseudolustige Sterbenssätze hören? Und mir das Hirn zermartern, was ich Originelles drauf sagen kann?« Es klang wohl schärfer, als sie beabsichtigt gehabt hatte, daher lenkte Schmitti ein: »Sorry, Paula, ich will wirklich nicht nerven. Ich lass dich in Ruhe. Ich wechsle mal das Zimmer.« Paula protestierte: »Stopp jetzt. Woran hast du eben noch gearbeitet?« »Nicht gearbeitet. Lach nicht. Ich hab ein Internetdatingprofil ausgefüllt.« »Was?«, fragte Paula nach. »Ich lass das jetzt mal aus, dass mich die Situation nervt und ich wahrhaftig nicht ständig davon reden will.« Setzte Schmitti zu einer Erklärung an. »Ok, gut ausgelassen, weiter.« »Naja, der Gedanke, was jetzt noch sein kann, gehört in die gleiche Sektion. Das lass ich auch aus.« »Ok.« »Bleibt also das Bedürfnis, dass ich trotz allem Sehnsucht habe, nach Nähe, Liebe und dem ganzen Larifari. Es bleibt aber nicht mehr viel Zeit dafür. Aber das gehört zu dem vorherigen, was ich in Wirklichkeit nicht dauernd besprechen will.« Larifari klang cool. Paula beschloss, es sich zu merken und später aufzuschreiben. Sie hatte sich zu Schmitti gesetzt. »Das klingt nachvollziehbar und gut, finde ich. Und die pseudolustigen Titel?« »Sagen wir, das kommt von meinem Unvermögen es ernsthaft zu erörtern. Wenn sich wer auf mich einlässt, ist es dann nicht nur fair, dass sie im Bilde ist, von Anfang an, was da kommen wird?« »Aber glaubst du, dass das deine Beliebtheitswerte irgendwie steigen lässt? Ich weiß, das gehört wohl zu dem besser nicht zu Besprechendem: Gesetzt den Fall du gehörst zu den unerklärlichen zwei Prozent, die es überleben. Wie datenschutzsicher fühlst du dich, deinen Gesundheitszustand halböffentlich in einem Datingportal zu posten? Was, wenn dein Traumjob vor der Tür steht und ein Personaler auf die Idee kommt, mal über dich zu forschen? Wer stellt wen ein, der nicht voll einsatzfähig ist?« Schmitti nickte: »Punkt für dich. Ich war mir ohnehin nicht sicher. Ok. Ich lass den Tod draußen, aber spreche es dann gleich zu Beginn an, wenn ich wen kennenlerne.« »Probier's doch einfach mal so. Was hast du zu verlieren?«, versuchte Paula aufmunternd zu klingen. »Mein Herz? Zeit?« »Schmitti, wirst du auf deine alten Tage noch wehleidig? Das zweite gehört eindeutig zur Kategorie der Dinge, die du vorher nicht dauernd anreden wolltest. Was ich vermutlich ohnehin nicht scharfsinnig finde. Aber sei's drum. Ich stell eine Bedingung.« Schmitti blickte sie überrascht an »Bedingung wofür?« Paula gab zu: »Weiß ich nicht. Aber egal. Ich will's lektorieren dürfen, deine Selbstbeschreibung fürs Dating. Ich glaube nämlich, du verkaufst dich unter deinem Wert …«

Paula schrieb noch schnell, bevor sie es vergaß:

Larifari: Um sich Melodienreihen zu merken, hat man die Silben »la«, »re« und »fa« für a, d und f verwendet. Lange Musiktradition. So ganz versteh ich's nicht, diese Silben stammen von den Notenbezeichnungen. Was aber lustig ist: Die Märchensammler Gebrüder Grimm verurteilten das Wort Larifari als sinnlosen und unbrauchbaren Begriff. Als ein Larifari im wahrsten Sinn des Wortes. Mir gefällt's.

Paula konnte beileibe jeden hoffnungsvollen Kick brauchen. Die Reise in die Welt der Bücher hatte ihre Deutschgruppe so positiv kommentiert, weshalb sie heute gleich wieder mit der nächsten Exkursion weitermachten. In der folgenden Stunde würden sie dann wie gehabt intensiv Grammatik und weitere sprachliche Grundstrukturen üben. Sie trafen sich bei dem Modell der Stadt Wien, und zeichneten zu Beginn mit dem Finger die Grundfeste des Römerlagers Vindobona nach. Dann gingen sie im Schnellverfahren durch, wie die Großstadt über die Jahrhunderte gewachsen war, über den Kern des jetzigen ersten Bezirks hinweg. Paula fragte sich, ob Städte als das Resultat von Träumen und Leben von Menschen entstanden und sie somit Barrieren gegenüber denjenigen, die nicht zu ihren Vorstellungen passten, errichteten. Oder woher kam es, dass praktisch jede Siedlung einen reichen Kern entwickelte, der durch irgendeinen seltsam rätselhaften Bann all diejenigen abhielt, die sich scheinbar nicht einfügten? Überall gibt es die Kinder, die sich nur in ihren Vierteln herumtreiben und nie zum Zentrum durchdringen. Egal ob in Bogota, New York oder Wien.

Die Innenstadt Wiens erschien Paula immer wie eine Ansammlung, die von Träumern und Magiern geschaffen worden war. Die mittelalterlichen Kopfsteinpflaster, hoch aufgezwirbelten Häuser, unlogisch krumme Gassen, gotische Stufen und barocken Zwiebeldächer waren für Paula wie ein Puppentheater, eine Fassade für die Reisenden, die wie in Wasserschwallen aus Bussen gespuckt wurden, durch die Gegend stöckelten und danach irgendwann wieder versiegten. Oder für Männer im Anzug, die mit dem Handy in Dauerbetrieb um die Ecke hetzten. Legte man jedoch den Kopf in den Nacken und schaute am Abend die Fassaden hoch, dann sah man, dass es ebenso Wohnungen gab. Schwer vorstellbar, wie es womöglich war, in dieser prunkvollen Szenerie einen Alltag zu leben.

Bewusst hatte Paula Hasib gebeten, dass er sich vorbereitete. Hier am Modell der Stadt berichtete er über Wälle, Grenzbefestigungen, Tore und Zugangsschranken. Er, der aus Palästina mit Mauern leidvolle Erfahrungen gemacht hatte, hatte sich hineingetigert. Er erzählte vom Gürtel, der Straße, die Wien zurzeit der Industrialisierung in die Arbeiterschaft außerhalb und Bürger innerhalb unterteilte. Berichtete von Großfamilien, die sich in Zimmern gestapelt hatten. Hasib hatte bei seiner Vorbereitung ganze Arbeit geleistet. In seinen Schilderungen packte er Wörter aus wie: Sammelsurium (um zu erklären, wie vielfältig diese Stadt in ihrer Entstehungsgeschichte war) und Zeitgeist, Wörter, die Paula selbst erst nachblättern musste, um sie ergänzend für alle zu erörtern. Eigentlich wollte sie Hasib nicht stoppen, aber sie hatten noch einiges vor. Nach einer grundsätzlichen Einführung über die Wachstumsetappen dieser Stadt aus ihrem Kern heraus, machten sie sich auf den Weg zum Stephansdom. Auch Hasib hatte sich schon längst von Paulas spielerischem Zugang anstiften lassen. Er gab ihnen für den Graben und die Kärntner Straße die Aufgabe, den absurdesten Preis im Schaufenster zu erspähen. Was hier verkauft wird, war für Normalsterbliche der Stadt nicht vorgesehen. Jeder Euro, der hier landete, war ein Euro, der in Ungleichheit investiert wurde. Eine unsagbar hässliche Tasche von Gucci beispielsweise war für 2.000 Euro zu erwerben. Auf diesem Pfad der Luxusmarken trafen sie vor dem Stephansplatz ein. Von nun an übernahm Samira. Ob die Afghanin praktizierende Muslimin war, wusste Paula nicht. Eifrig hatte Samira sich der Aufgabe gewidmet, die Vielfältigkeit des Stephansdoms für alle aufzubereiten. Es ging Paula mit ihren Kursen immer wieder gleich: Dieses alte Gebäude löste Ehrfurcht aus, egal, ob die Kursteilnehmenden an Gott, Allah, Krishna oder an keine höhere Macht glaubten.

Abschließend besuchten sie die Statue des lieben Augustins. Bevor Paula zu erzählen ansetzte, bewunderten sie die vielen Münzen, die durch die Absperrung, die die Statue umgab, schimmerten und besprachen ein paar Schlüsselwörter, die wohl noch nicht bekannt waren wie Charisma, Dudelsack, Wehklagen, Pestgruben, Kalk, Moll und andere. Paula war keine Freundin der Theorie, dass Deutschlernen mit vereinfachter Sprache passieren müsse. Auch im Alltag, der alle umgab, wurde keine Rücksicht genommen. Es galt zu lernen, den groben Kontext einer Erzählung oder eines Gesprächs zu verstehen und sich nicht an einzelnen Begriffen aufzuhängen, die man nicht direkt verstand. Paula beendete den vergnüglichen gemeinsamen Ausflug mit einer Legende, die sie liebte.
»Es ist etwas Seltsames mit den Talenten. Die einen bekommen die Gabe geschenkt, alles, was sie angreifen, zu Erfolg zu führen. Sie wachsen in der Zuversicht auf, dass ihnen die Welt gehört, und das Schicksal hat

nichts Besseres vor, als genau diese Annahme zu bestätigen. Sie wissen, dass sie Sieger sind und gewinnen ein ums andere Mal. Dann gibt es wieder diejenigen, die ihre Kindheit nicht sieggewohnt verbringen, aber liebreizend anzusehen sind. Ein weiterer Schlag Mensch ist weder schön, noch erfolgreich. Dennoch strahlen sie das gewisse Etwas aus. Sie haben Charisma und ziehen ihre Umgebung in ihren Bann. Sie machen dadurch auf sich aufmerksam.

Andere haben nichts von alledem. Sie sind nicht schön, nicht erfolgreich und haben keine Ausstrahlung, als hätte sich ihnen das Leben in den Weg gestellt. Sie stolpern wieder und wieder über die eigenen Füße. So einer war Augustin. Mehr schlecht als recht torkelte er durch den Alltag. Seine Bleibe hatte ihm ein gnädiger Bauer zugestanden. Im Stall, beim Vieh, wo er sich zumindest an den schweren, dampfenden Leibern wärmen konnte. Er zog mit seinem Dudelsack von Haus zu Haus und ersang sich ein wenig Geld, um Fusel zu kaufen, der ihn in den nächsten Tag rettete. Er wurde eher dafür bezahlt, dass er schnell wieder das Weite suchte, anstatt für seine Darbietungen. So lebte er von zu wenig zum Leben und zu viel zum Sterben. Tauchte er wo auf, wurden Nasen gerümpft und Stühle weggerückt. Es war ein Jammerspiel.

Augustin lebte in einer Zeit, wo eine Plage die nächste jagte. Erst einem großen Krieg entronnen, wartete das darauffolgende Übel. Es kam die Pest. Menschen starben wie die Fliegen, sie wurden an den Straßen aufgestapelt, die Fuhrwerke holten sie und warfen sie in Pestgruben. War die Senke voll, wurde Kalk und Erde darüber geschüttet. So wurde Grube für Grube ausgehoben. Augustin zog weiter durch die Gassen. In dieser Zeit, die in Weinen und Wehklagen aufging, fand er sein Glück. Er sang ein Lied mit einer unbekümmerten Melodie und einem eingängigen Reim, in dem er sich über den Tod lustig machte. Das sang er und trug dazwischen Scherze vor. Albereien, die er sich in den Wirtshäusern erzählen hat lassen. In diesen Zeiten liebten die Menschen seinen Klamauk. Zu viel Leiden und Sterben umgab sie, da war es nur recht, einem Tölpel zuzuhören, der nicht wieder das aufgestaute Elend zum Thema machte, sondern dem Tod frech ins Gesicht tönte. Augustin wurde daher freundlich empfangen, herzlich begrüßt und großzügig entlohnt. Plötzlich fand man auch viel mehr Wein vor, da weniger Leute ins Wirtshaus kamen. Er sang, verdiente und trank. Er war ein berühmter Mann. Wieder einmal versumpfte er in einem Gasthof und hatte sich unter den Tisch getrunken. Als das Fuhrwerk kam, um die Toten aufzusammeln, merkten die Männer, dass sie aus dem Beisl keinen Ton hören konnten. Mit einer dumpfen Vorahnung öffneten sie die Tür und sahen, dass hier ebenfalls der Tod zugeschlagen hatte. Leichen lagen unter den Tischen. Sie hoben diese an und warfen sie auf ihren Wagen. Oh, seufzten sie, nun hatte es auch den Augustin erwischt. Die Männer fuhren los und kippten alle, wie sie waren, in die Pestgrube. Aber Augustin war nicht tot. Stockbesoffen schlief er sich den Rausch aus. Er war verwundert, als er am nächsten Tag mit dröhnendem Schädel aufwachte und nicht das Stroh um sich sah, sondern Beine, Arme und einen entsetzlichen Geruch wahrnahm. Er rappelte sich auf. Langsam dämmerte es ihm, dass er in einer Pestgrube gelandet war. Gerade noch rechtzeitig, bevor Kalk und Erde auf ihn gekippt wurden, sammelte er seine Dinge, hievte sich empor und kraxelte aus der Grube. Die Totengräber blickten ihn an. Sie erschraken. Augustin merkte, dass er den Männern die Angst nehmen musste. Er begann zu erzählen. Vom Tod, den er gesehen hatte. Leibhaftig. Er berichtete den Totengräbern, dass der Tod aussah, wie die Toten drinnen, nur dünner noch, viel, viel dünner. ›Hatte er eine Sense?‹, fragten sie. ›Nein, aber eine Geige.‹ ›Eine Geige?‹, wunderten sich die Männer. ›Ja, er begleitete mit der Geige die Menschen in den Tod. Ich hörte ihn spielen, alles in Moll. Einfache Melodien. In dem Moment kam er mir entgegen.‹ ›Er wollte dich mitnehmen‹, schlussfolgerte einer der beiden. ›Ja, das wollte er wohl. Da begann ich, mit ihm zu verhandeln. Ich sagte: ›Was hältst du davon, Tod, wenn wir uns messen. Du spielst mir eine Melodie vor, ich fidle sie nach. Dann spiele ich dir etwas vor und du machst es mir nach. Derjenige von uns, der versagt, hat gewonnen. Gewinnst du, folge ich dir. Gewinne ich, dann bin ich frei. Du hast nicht viel zu verlieren.‹ Der Tod liebte Glücksspiele, so ließ er sich drauf ein.‹ Augustin stoppte hier. Die Männer hingen an seinen Lippen. ›Und dann?‹, wollten sie wissen. ›Naja, ich hatte schon gemerkt, dass seine Melodien immer aus Moll bestanden. Er spielte vor. Es war nicht schwer, ihm nachzuspielen. Danach kam ich dran. Ihr kennt mein Lied, das, in dem ich über den Tod scherze. Alles in Dur, in lustigen Läufen. Ich fidelte sogar noch etwas schwungvoller als sonst. Der

Tod konnte nur Moll. Er kam nicht mit und sah recht schnell ein, dass er verloren hatte.‹ ›Daher lebst du‹, merkten die Männer mit Achtung an. ›So ist es wohl‹, antwortete Augustin, schulterte seinen Dudelsack und machte sich auf den Weg zu seiner Schlafstätte. Wie es damals war, sprach sich diese Geschichte herum. Die Pest hatte Wien zu dieser Zeit bereits empfindlich getroffen daher ebbte sie langsam ab. Bedeutete das Ende der Pest in Wien, dass Augustin seine Finger im Spiel hatte? Der Tod war beschämt, so zog er weiter. Augustin aber ging in die Anarchen ein als der, der den Tod vertrieben und als einer der zuvor glücklos seinem Schicksal ein Schnippchen geschlagen hatte. Eine Geschichte, die man sich in Zeiten des Unglücks gern erzählte. Augustin bekam das Prädikat ›lieber Augustin‹ verliehen, verdiente gut und war ein gemachter Mann. Dem Alkohol und schiefen Tönen zugetan, lebte er angenehm weiter. Er war noch Jahrhunderte später eine lokale Berühmtheit.«

»Karina, hast du kurz Zeit? Darf ich dich etwas fragen?«, Paula wandte sich an sie, nachdem all die anderen verabschiedet waren. »Ja, was ist los?« »Gibt es ein Problem mit Anzor?« Paula wollte nicht lang drum herumreden. Karina blickte sich um. »Warte, nicht hier.« Sie zog Paula mit sich zu einer Bank, wo sie geschützt sprechen konnten. »Es nicht leicht«. »Es ist nicht leicht, meinst du? Was genau?« Paula schalt sich selbst innerlich. In diesem Moment war sie keine Deutschlehrerin, hier ging es um etwas anderes. Sie sollte den Korrekturmodus abstellen.

»Du nichts Anzor erzählen, ja?« »Nein, ich berichte niemandem etwas, wenn du nicht willst.« »Du hast gehört von Sittenwächtern?« »Nein, hab ich nicht. Was ist das? Kannst du es mir erklären?« »Tschetschenische Männer, oft sehr strenge Männer. Nicht alle natürlich, auch sehr gute Männer, ganz normale. Aber es gibt auch sehr strenge Männer. Viele hier in Wien. Junge auch. Sie kontrollieren tschetschenische Mädchen. Sie drohen, wenn Mädchen nicht gut, wie sie glauben. Es ist schlimmer, wenn Mädchen Hosen tragen, als wenn Jugendlicher mit Waffe erwischt wird. Sie kontrollieren auch Mädchen, die sie nicht kennen.« Paula fragte in behutsamen Ton nach: »Was heißt kontrollieren? Wie drohen sie? Kannst du es konkreter erzählen?« »Ja, Freundin meiner Schwester hat Freund. Österreichischen Freund. Das wollen viele nicht. Sie sagen österreichischer Freund sehr schlecht für tschetschenisches Mädchen.

Er ist ein lieber Junge, darum finde ich das nicht. Egal. Freundin bekommt Drohungen übers Handy. Wir wissen nicht, woher Nummer und wer dahinter. Bekommt viele, viele Nachrichten. Beschimpfungen. Drohungen, dass Jungen verprügeln, Mädchen einsperren. Einmal sogar Todesdrohung, wenn Beziehung nicht aufhört.« »Du glaubst, dass Anzor hier ebenso dahintersteckt?« »Ich keine Ahnung. Kann sein, kann nicht sein. Aber Anzor glaube ich auch sehr strenger Mann.« »Kann ich etwas tun?« »Ich weiß nicht. Meine Tochter, ich, ihre Freundin, der Junge, alle viel Angst.« »Darf ich es der Sozialarbeiterin erzählen?« »Ja, wenn ganz sicher, dass sie nicht herumerzählt, sonst noch gefährlicher.«

Paula notierte in ihrem Heft:

Sammelsurium: buntes Durcheinander. Kommt von niederdeutschem Sammelsur – sauer zubereitetes Essen, das aus allerlei Zutaten zusammengerafft wird. Klingt lustig.

Zeitgeist: eine typische Art zu denken, etwas zu tun, zu entwickeln, wie es gerade zur jetzigen Zeit passt. Angeblich hat der Philosoph Herder das Wort erfunden. Cool, dass man erstens ein Wort erfinden kann, das dann in die Sprache von vielen verwendet wird und zweitens gefällt es mir, weil's treffend ist. Es trifft den Geist der Zeit eben.

Elias hatte mit den beiden Männern gesprochen, die von Bord gesprungen waren. Sie hatten die libysche Küstenwache am Horizont gesehen. Lieber sterben als nochmal dort in die Internierungslager zurück, meinten sie lapidar auf sein Nachfragen.

»Wäre die Rettungskette nicht so problemlos gelaufen, hätten wir ihn verloren.« Der Jugendliche war schwer dehydriert und lange nicht ansprechbar gewesen. Das medizinische Team leistete Gewaltiges, denn es hatte gleich darauf einen weiteren Bergungseinsatz mit ohnmächtigen Geflüchteten gegeben. Das Schiff ächzte, da es bis zum Anschlag gefüllt war. Sie machten sich auf den Weg zurück. Am Morgen fand die routinierte Besprechung der gesamten Crew statt, dabei begannen sie mit der Aufteilung der Aufgaben. Die Journalistin sammelte Interviews, das medizinische Team arbeitete an seiner Belastungsgrenze und die Kommunikation mit der Zentrale wurde eng getaktet. Es galt, laut zu werden darüber, dass sich Notfälle hier an Bord befanden. Schon oft hatten sie einen zu langen Spießroutenlauf erlebt, da es tagelang nicht klar schien, wann und wo sie anlegen durften. Dem mussten sie vorbeugen, wie auch immer das möglich war. Kochen, putzen und spielen. Viele der Gäste packten mit an. Kehrte erstmal ein wenig Routine ein, galt es aufmerksam zu sein, wer in Depressionen versank, und ob sich Suizidgefährdete an Bord befanden. In den Trainingseinheiten damals war das Elias nicht nachvollziehbar erschienen. Warum nimmt man diesen elendiglichen Weg auf sich, um dann das Leben freiwillig zu verlassen? Sah er nun die Spuren von Gewalt und Leid an all diesen Menschenkörpern, wurde es plausibler. Oftmals beinhaltete diese Zeit auf dem Meer die ersten Momente seit Ewigkeiten, in denen die Geretteten durchschnaufen konnten. All das Schreckliche, das sie durchlebt hatten, suchte sie dann erst heim. Einige zerbrachen daran. Eine Frau aus Mali erzählte, dass sie vier Töchter hatte. Kurz nachdem die Erste den dreizehnten Geburtstag erlebt hatte, war sie beschnitten und dann an einen Voodoo-Priester verkauft worden. Die Frau verriet, wie sie sich gegen das Schicksal ihrer Tochter gewehrt hatte, sie hatte geschrien und gedroht. Nichts half. Es zerriss ihr das Herz. Auch bei der zweiten Tochter war sie mit all ihrem ohnmächtigen Protest hilflos. So packte sie die letzten beiden Töchter und floh. Weinend erzählte sie, dass sie sich wie eine Verräterin ihren beiden älteren Töchtern gegenüber empfand. Unterwegs landete sie im Gefangenenlager, wo sie Opfer von Folter und Vergewaltigung wurde. Elias wollte sie vor ihren eigenen Worten und den schrecklichen Erinnerungen schützen. Er stand auf, um die Therapeutin zu holen, doch sie winkte ab und erzählte weiter. Sie wirkte außerordentlich kraftvoll und sprach voller Stolz von ihren beiden Töchtern, die nur einige Meter entfernt mit den anderen Mädchen spielten.

Paula schreckte auf. Sturmläuten. Es war bereits sehr spät. Wieder ein Läuten. Paula schwang die Füße aus dem Bett. Sie hielt sich kurz fest, weil es sie schwindelte und öffnete rasch die Schlafzimmertür, stieß gegen Schmitti, der verschlafen den Bademantelgürtel um sich nestelte. Sie erreichte als Erste den Wohnungseingang und schaute durch den Türspion. Sie war nicht sicher, ob es sie beruhigte, wen sie sah. »Was machst denn du hier mitten in der Nacht? Musst du nicht schon längst deine Kinder ins Bett gebracht haben? Ist etwas passiert?« »Schhhhhhh, du weckst die ganze Nachbarschaft auf. Magst du mich nicht reinlassen?« »Selbstverständlich, komm rein … versteckst du was ums Eck?«

Fernando breitete seine Arme aus, wie ein Zirkusdirektor. In dem Moment kam sie ums Eck gelaufen und warf Paula fast um. »Angelica!«, jubelte Paula auf Spanisch, schlang beide Arme um sie und drückte sie, so fest es ging. Oder ließ sich drücken. Sie schloss die Augen und genoss das Gefühl. Wie zu Hause. Wie sie diesen Körper kannte. Der vertraute Geruch. Angelica verwendete noch immer das gleiche Parfum. Ob sie tatsächlich wach war? Wie hatte sie das vermisst. Fernando und Schmitti wussten nicht recht wohin mit sich, bis sie nicht mehr unnötig zuschauen wollten und sich auf die Küchensessel plumpsen ließen. »Ich glaube, die beiden brauchen uns jetzt nicht. Ich verzieh mich mal, gute Nacht, compañero!« »Gute Nacht!«, brummelte Schmitti. Er trat ebenfalls den Rückzug an. Fernando trug Angelicas Koffer rein und wuschelte Paula durch die Haare. »Wir reden morgen, Chiquita, ich fahr wieder heim. Bienvenida Angelica!« »Warte, Fernando. Danke, danke, danke, danke!!!« »Dank nicht mir, dank Elias. Aber das kann dir Angelica erzählen.« Weg war er.

»Angelica, wo bist denn du vom Himmel geplumpst? Was machst du hier? Wie bist du hergekommen? Wie geht's dir? Bist du müde von der Reise?

Gott, was habe ich dich vermisst.« Angelica lachte ihr mit dem gesamten Gesicht entgegen, am meisten davon mit ihren Augen: »Sch. Langsam, langsam. Gott sei Dank bin ich nicht vom Himmel gefallen, lang genug erschien die Fahrt ja. Gewackelt hat es ebenso. Du kennst mich, ich hasse fliegen. Aber nö, wir sind oben geblieben. Ich besuche dich. Elias hat mich eingeladen, er vermutete es könnte dir guttun. Wo ist er überhaupt? Mittelmüde, aber genauso superaufgeregt dich zu sehen. Ja, Bier. Reicht das jetzt mal?« Angelica hatte sich wie selbstverständlich auf das Bett plumpsen lassen. Wie immer. Sie war diejenige, zu der Paula gerannt war, als sie das erste Mal ihre Periode hatte. Angelica hatte ihr erstes gebrochenes Herz wieder zusammengeflickt. Sie konnte gemeinsam mit Paula ewig lang über einen Verflossenen lästern. Angelica beruhigte sie in der Nacht, wenn Paula nicht sicher war, ob sie sich noch erinnerte, wie Maria klang, wenn sie lachte. Angelica hatte sich immer das Stockbett mit Paula geteilt. Mal lag sie oben, mal unten. Sie hatten sich aneinander gemessen, gegenseitig Unwahrheiten aufgedeckt und konnten stundenlang Seite an Seite reden, dabei machten sie manchmal Redelisten, um keinen Punkt zu vergessen. Sie hatten gelacht, bis sie Bauchschmerzen bekamen. Dann am Ende des Tages geradeso miteinander geschwiegen, weil schlichtweg alles für den Moment gesagt war. Paula musterte Angelica. Ihr Gesicht hatte sich verändert. Um die Augen waren kleine, freundliche Fältchen aufgetaucht, aber der Blick schien derselbe. Manchmal war sich Paula nicht sicher gewesen, ob sie es nicht glattweg vorgezogen hätte, sich in Angelica zu verlieben, wenn das gegangen wäre.

Paula stand auf und holte zwei Bierflaschen und eine Packung Chips, die sie in einer großen Schüssel leerte. Dann begannen sie zu erzählen, immer wieder gegenseitig ins Wort fallend, von hier, von dort, von früher, von jetzt.

Diese rätselhaften Handynachrichten, die Elias vor Paula verborgen gehalten hatte, kamen von Angelica. Er beabsichtigte sie zu überraschen und hatte alles bis ins Detail geplant, selbst das Abholen durch Fernando und Angelicas Ankunft, an einem Abend, wenn Paula am nächsten Tag frei hatte. Nur von ihren letzten Turbulenzen und dem Einsatz derzeit am Schiff, hatte er Angelica nichts erzählt.

Es sprudelte aus Paula nur so raus. Sie schilderte all die Emotionen, die Dankbarkeit, diese sie auffressende Sehnsucht und die Angst, ihn jetzt womöglich an das Schiff zu verlieren, an irgendeine superüberwältigende Menschenrechtsfrau der Crew. Sie berichtete über die Schuldgefühle, die aus ihrem Fortgang mitten im Streit resultierten. Tränen schossen Paula in die Augen, schon fühlte sie wieder Angelicas Arme um sich. »Weißt du, damals, als wir Eier sammelten und ausprobierten, ob man auf den Dächern Spiegeleier machen kann? Funktionierte gar nicht mal so übel, nur das Dachputzen hätten wir mit einplanen können.« So war sie. Das war das Fantastische an besten Freundinnen, sie konnten dich bemuttern, beraten, konnten dich nerven bis zur Verzweiflung, aber dann konnten sie tiefe Traurigkeit schlagartig in ein Lächeln verwandeln, wenn der Abend lang war. Wie hatte sie bloß ohne Angelica an ihrer Seite hier in Österreich überleben können?

»Das ist doch abscheulich«, Conny knallte die Tür etwas zu laut ins Schloss. Er musste schmunzeln. Auch das mochte er an ihr, dass sie ihre Emotionen nicht ganz im Griff hatte. Ein wenig erinnerte sie ihn an ihren Collie. Egal, was sie tat, sie tat es mit Überschwang. Er wusste, dass er aufpassen sollte, damit sie nicht dachte, er nähme sie nicht für voll, wenn er mal wieder über ihre Entrüstung lächeln musste. Er blickte von seiner Arbeit auf: »Was ist denn los? Magst du einen Kaffee? Komm, setzt dich her.« Sie kam von der Planungssitzung. Vermutlich brauchte sie bloß ein wenig Hintergrundinformationen, auch wenn sie sich verpflichtet hatten, gegenseitig nicht zu viele Interna zu teilen. Wissenskonzentrationen konnten gefährlich sein. Besser jeder überblicke seinen Verantwortungsbereich so weit wie nötig und bereitete sich bestmöglich vor.

Conny fand das übertrieben. Sie erzählte bereitwillig: »Die Parole. Ich finde das grauslich, wenn man denkt, man kann die Leute per Knopfdruck aktivieren und dann auch noch mit der Parallele zum Völkermord.« Das war ebenso typisch für sie: Sie warf einen Brocken von Informationen hin und dachte, man befand sich gleich genauso im Bild wie sie. Mit der Parole konnte er immerhin was anfangen. »Ehrlich? ›Freiheit für alle‹ findest du scheußlich?« Conny blies ihre Backen auf und pustete sich widerständige Strähnen aus dem Gesicht. »Stell dich nicht so an. Du weißt, dass ich das nicht

als widerlich empfinde. Dafür tun wir es ja. Nein, aber das mit Ruanda.«
Langsam verstand er. Ihn hatte diese Erklärung ebenso abgestoßen. Es nervte ihn, dass sie nicht dazu lernten, mit welchen Bildern sie die Menschen packen konnten und welche Parallelen sie lieber nur intern diskutieren sollten. Wobei, Conny gehörte, wie er, zum internen Zirkel. »Stimmt. So ging es mir auch. Was zu der Zeit in Ruanda ablief, war widerwärtig und unmenschlich.« Beide hatten offensichtlich das Gleiche erzählt bekommen: Wie der Genozid systematisch vorbereitet und Radiogeräte verteilt wurden, weil ein Großteil der Bevölkerung nicht lesen und schreiben konnte. Wie sie dann übers Radio alle aufhetzten und eine Parole probten. Mit Hilfe von lustig gehaltenen Interviewsendungen, in denen beliebte Musik gespielt wurde und jeder anrufen konnte, wurde Propaganda geteilt, die die Tutsi entmenschlichte. Es wurde in diesen Sendungen von ihnen geredet, als wären sie ein Gewächs, das es zu zerstören gilt. Als es dann losging, wurde immer wieder die Parole wiederholt: »Fällt die Bäume, fällt die Bäume.« Alle wussten: Jetzt geht es los.

»Ach, du kennst doch unsere Heinis, sie wollen oft einfach erklären, wie es funktionieren kann und greifen mit ihren Parallelen daneben. Stimmt, mit Ruanda sollten sie nicht kommen. Sowas wollen wir definitiv nicht auslösen. Uns geht es letzten Endes darum, dass wir im Sinne aller handeln. Wenn wir den großen Austausch verhindern, geht es auch denjenigen besser, die sich hierherlocken lassen, obwohl das nicht gut für sie ist. Unter Umständen gibt es doch eine Parallele zu Ruanda: Wenn Hutu und Tutsi von Anfang an dort gelebt hätten, wo sie hingehörten und sich nicht vermischt hätten, wäre das alles nicht so weit gekommen. Wir sind zivilisierter. Bei uns wäre sowas ohnehin nicht möglich.« »Keine Ahnung, ich kenne mich dort gar nicht aus. Trotzdem widerwärtig. Ich werde ihnen noch meine Meinung sagen, dass sie sich solche Beispiele sparen können, wenn es darum geht, unseren Plan zu erklären. Ein Massenschlachten kann nicht das Ziel sein. Nicht mal als mies gewählter Vergleich. Niemals.«

Was war Elias froh, dass sie an die Stofftiere gedacht hatten. Ein verschmitzt lächelndes Nashorn, ein plüschiger Tiger, ein verwegener kleiner Elefant. Die fünf fiepsigen Mädchen schienen selig, als sie sich jeweils eins aussuchten, übereinander hüpfen ließen, die unterschiedlichen, geretteten Menschen anstupsten und kichernd so taten, als würden ihre Tiere pupsen. Wie wild ließ Elias den Tiger krähen, den Elefanten bellen und das Nashorn miauen, begleitet vom anfeuernden Lachen der Fünf. Diese tierische Sprachverirrung als Spiel funktionierte bei jedem Kind, egal von welchem Erdteil. Elias eröffnete eine Plüschtierversorgungsstation, sorgsam wurde jedem der Kuscheltiere ein Verband angelegt. Sein Herz ging so weit auf, dass es kaum auszuhalten war. Was für eine Widerstandskraft. Was für eine Fähigkeit, dass diese Mädchen unbändig lachen konnten, hier mitten auf dem Schiff, in diesen Geschichten, mit einer ungewissen Zukunft. Elias ertappte sich dabei, dass er in all der Umtriebigkeit kaum an Paula dachte, jedoch mit dem tiefliegenden Gefühl der Gewissheit, dass sie hier in ihrem Element wäre, so weltoffen, wie Paula durch die Zeit wandelte. Die ganze Crew musste darauf achten, dass sie sich genug Schlaf zugestanden. Es schien niemanden geholfen, wenn sie die Grenzen ihrer Belastbarkeit überschritten. Sie hatten Glück miteinander, passten in ihren Persönlichkeiten und Fähigkeiten wie Puzzleteile zusammen. Als würden sie just das tun, wozu sie gedacht waren.

Paula ließ sich rücklings auf die Couch plumpsen. Nach langem Erzählen von ihren Liebsten, Angelicas Ängsten und Paulas Träumen, all dem, was sie sich die letzten Jahre über aufgrund der weiten Distanz viel zu selten anvertraut hatten, waren sie bei ihren Jobs gelandet. Auch hier fühlten sie sich ähnlich. Beide brannten für das, was sie taten. Sie konnten daher nicht aufhören, sich auszutauschen, denn auf die eine oder andere Weise war es vergleichbar. Paula meinte: »Was bin ich froh, dass ich von Kind auf schon Deutsch gelernt habe. Mir kommt es bei den Teilnehmenden oft so vor als würden sie in die neue Sprache, wie durch ein Meer waten, ohne recht zu wissen, wie man schwimmt. Es ist nicht unmöglich, aber mit all den Herausforderungen, mit denen sie sich zu allem Überfluss in ihrem Alltag herumschlagen, ist es ganz schön schwierig.« »Nicht anders als bei Benposta. Kannst du dich an deine ersten Tage dort erinnern?«, erwiderte Angelica. Paula nickte: »Wie könnte ich das vergessen. Nach all der Dramatik daheim. Der Verzweiflung, ohne Maria geflüchtet zu sein. Den Polizeiterminen. Der ständigen Angst meiner Eltern, dass sie mich gleich wieder verlieren könnten. Ich hatte keine Ahnung, wohin mit mir. Schließlich kam ich dort an. Die großen bunten Bilder an der Wand machten mich neugierig auf das, was dahinter lag. Dann betrat ich die farbenfrohen Wohneinheiten. All diese Kinder und die Strukturen faszinierten mich vom ersten Tag an. Ich konnte es gar nicht fassen, dass die Kinderrepublik wahrhaft ein System war, das von Kindern regiert wurde. Kinder als die gewählten Minister, die Bürgermeisterinnen, all die Versammlungen. Mir schwirrte am ersten Tag der Kopf. Aber so oder so hatte ich das Gefühl, das ist ausgerechnet jetzt das Richtige. Hier kann ich daheim sein. Auch wenn mich zwischendurch das Heimweh fast auffraß.« Angelica hatte ihr lächelnd zugehört. Ihr war es nicht anders gegangen. Es hatte ganz schön gedauert, bis man sich in seiner Rolle zurechtfand und es als Heranwachsende fassen konnte, dass es tatsächlich die Kinder waren, die walteten und Verantwortung übernahmen. Die aufeinander und füreinander sorgten. Die Erwachsenen nahmen sich, so gut es ging zurück, um im Hintergrund die Strukturen zu unterstützen. Selbstverständlich waren die Pädagogen für den Schutz hauptverantwortlich, weil doch mehr oder weniger alle Kinder dort aus dem bewaffneten Konflikt in Sicherheit gebracht worden waren. Jede und jeder mit anderen schrecklichen Erinnerungen im Gepäck. »Duftet es noch immer jeden Tag auf dem Gelände nach dem selbstgebackenen Brot?«, fragte Paula nach. »Ja, die Schüler und Schülerinnen stehen um fünf auf und duschen mit dem kalten Wasser. Ich glaube, das nervt sie genauso wie uns damals. Aber dann, frisch wie sie sind, bereiten sie miteinander das Frühstück für alle zu. Mit dem selbstgemachten Brot.« »Das allerbeste Brot der Welt.« Paula schloss kurz die Augen, erinnerte sich an den Geruch aus der Backstube und wie sie dieses Gelände geliebt hatte. Gut konnte sie noch das Gefühl an den Abenden wachrufen, wenn endlich Ruhe eingekehrt war, wenn die abertausend Lichter von Bogota, auf das sie vom Berg hinabsahen, flimmerten und in den klaren Sternenhimmel übergingen. Wie viel wurde dort gelacht getanzt und musiziert. Was war sie ihren Eltern nach wie vor dankbar, dass sie sie nach all dem Unerträglichen gleich wieder gehen ließen, in dieses Internat der anderen Art, das ihre Seele langsam zusammengefügt hatte. Vermutlich kam es nicht von ungefähr, dass die Grundüberzeugung dieser Kinderrepublikschule auf der Weltsicht von Janusz Korczak fußte. Dem polnischen Kinderarzt und Urvater der Kinderrechtsidee. Er hat mitten im Warschauer Ghetto ein Refugium der Selbstbestimmtheit für Waisenkinder geschaffen. Er selbst hätte sich retten können, doch er ging freiwillig mit in den Tod, als die Kinder deportiert wurden. Er schaffte es, ein Spiel daraus zu machen, als der Befehl kam, sodass die Kinder und Jugendlichen singend aus dem Ghetto zogen, viele kleine Hände ineinander, er mittendrin, marschierten sie direkt in die Gaskammern. »Weißt du, Paula, es ist irre anstrengend, die Kinder, die kommen, haben zum Teil noch heftigere Geschichten hinter sich als wir damals. Es funktioniert nicht immer, dass sie sich problemlos einfügen können in dieses komplexe System von gegenseitiger Anteilnahme. Aber ich liebe es, wie sie neben dem Unterricht, in den künstlerischen Fächern über sich selbst hinauswachsen. Wie dann ein Mädchen, das zuerst immer nur auf den Boden geschaut hat, den Kopf hebt, selbstbewusst das Solo anstimmt, oder wie die anderen Theater spielen und all das was in ihnen steckt auf die Bühne bringen. Wie sie schreibend die Welt neu denken. Es passiert so oft, dass ich dort sitze und eine Gänsehaut überzieht meinen Rücken, weil ich dabei zusehen darf, wie sie ihr Strahlen wiederfinden.«

Nach einem langen und ergiebigen Frühstück zu dritt – Schmitti aß kaum etwas, aber schien sonst passabel drauf zu sein – zogen Paula und Angelica durch die Stadt. Zuerst gingen sie plaudernd zur Trafik ihrer Eltern, dann weiter zu all ihren Lieblingsplätzen, die sie sich mittlerweile schon erobert hatte. Sie tratschten, während sie über das Kopfsteinpflaster im Zentrum spazierten, das uralte Geschichten erzählte, erreichten die Weinberge, verwunschene Gassen und gemütliche Gastgärten. Dazwischen wandelten sie durch die Rebenreihen und ließen sich auf die Wiese fallen, um in den Himmel zu schauen und gemeinsam Träume zu spinnen. Angelica konnte drei Monate bleiben. Ein Kaffeehaus, bei dem rund um einen alten Kastanienbaum behagliche große Liegestühle standen, war für diesen Tag ihre Endstation. Wie an einer Perlenschnur reihte sich ein Gesprächsthema ans nächste.

Elias sorgte sich um die zwei Schwangeren. Beide waren bereits im neunten Monat. Die Wehen konnten jederzeit einsetzen. Zu allem Überfluss zog eine Schlechtwetterfront auf. Es wäre unverantwortlich, die beiden einer Geburt auf hoher See auszusetzen. Die Lage auf der Krankenstation hatte sich außerdem verschlechtert. Dem Jugendlichen ging es zwar besser, aber zwei andere fieberten. Sie fuhren nach Sizilien, hielten intensiven Kontakt mit den Behörden und beknieten jeden, den sie kontaktieren konnten, schon alles für die Hafeneinfahrt vorzubereiten. Es war ein kürzerer Einsatz als zu anderen Gelegenheiten. Elias war dieses Mal nicht verärgert darüber. Es hieß zwar, all denjenigen, die draußen auf Rettung warteten, den Rücken zuzudrehen, aber es zog ihn dringend heim, zu Paula und auch zu Schmitti. Er wurde nicht nur hier gebraucht.

Noch immer fand Paula Angelica unverschämt schön. Die kleinen goldenen Pünktchen in den dunkelbraunen Pupillen und ihre Angewohnheit, sich erzählend ständig selber zu überholen, hatten sich in all den Jahren nicht verändert. Egal ob sie in schallendes Lachen ausbrach, so laut, dass sich die Passantin vor ihr unverhohlen umdrehte und Angelica musterte, oder ob sie sich über irgendeine Ungerechtigkeit entrüstete. Wie vorhin in der vierten Kirche, in die Paula sie mitnahm: »So, Chiquita, jetzt reicht's langsam. Dieses Gold, das die dort raufgeklatscht haben. Woher das wohl kommt? Im 17. Jahrhundert, als sich all diese Engel wie ein barockes Geschwür in den Gotteshäusern verbreiteten, kam 80 Prozent der Goldproduktion aus Kolumbien, weltweit. Mehr brauche ich dir nicht zu erzählen, oder? Berührst du den Engelpopsch hier, kannst du wohl direkt ins Leid von irgendwelchen Indigenen oder Sklaven greifen. Das gilt bis heute. Wovon glaubst du, dass die bewaffneten Gruppen, die uns alle in unserer Schule landen ließen, finanziert wurden?« entrüstete sich Angelica. Lachend zog Paula Angelica weg »Wehe, du grapschst ihm auf den Hintern und löst die Alarmanlage aus. Dann lauf ich davon und tu so, als hätte ich dich noch nie gesehen.« Auch das kannte Paula von Angelica. Sie politisierte selbst die Engelsflügel. Trotzdem musste Paula sich nicht dafür verteidigen, dass es sie immer wieder in eine neue Kirche zog. Anders als bei ähnlichen Diskussionen mit Elias konnten sie gemeinsam auf dieses Gefühl zurückgreifen: Sie hatten beide eine Spiritualität erlebt, die ihnen Boden und Weite gab, die sie ausschwärmen ließ in die Welt, mit der Verheißung geliebt und für ein erfülltes und engagiertes Leben gedacht zu sein. Gern hätte Paula gewusst, für wen Angelica die Kerze hier anzündete.

Die Tage flossen dahin. Paula versuchte, Angelica in sämtliche Winkel ihres Lebens einzuführen. Sie begleitete sie durch die Straßen, die ihr etwas bedeuteten. Einen anderen Tag führte sie sie durch die Lieblingsgerüche in ihrer Welt: den Sommerregen bei der alten Donau, frisch gemähtes Gras in der weiten Wiese gleich neben den Gewässern und machte mit ihr einen Bummel durch die Verkaufsstände am Naschmarkt. Irgendwie fiel ihr täglich ein neues Entdeckungsziel ein. Angelica hatte sich schon längst angewöhnt, mit Paula zum Deutschunterricht mitzukommen, wo sie von der Gruppe sofort als Teilnehmerin vereinnahmt wurde. Paolo machte ihr schöne Augen. Paula musste ihn immer wieder gespielt streng darauf hinweisen, dass Spanisch vor der Tür gesprochen wurde. Angelica nutzte dafür Paolos medizinisches Wissen aus, um sich ein paar Tipps abzuholen, wie sie Schmitti unauffällig im Hintergrund unterstützen konnten, um seine Situation so lang wie möglich stabil zu halten. Mit Karina hatte sie sich recht rasch angefreundet. Der Widerspruch ihrer leisen, etwas zaghaften und doch willensstarken Resolutheit hatte es Angelica angetan. Sie brauchte Paula nicht, um die Sorge über die tschetschenischen Sittenwächter aus Karina herauszuhören. Anders als Paula zweifelte sie aber an der Richtigkeit der Bedenken, dass Anzor hier involviert war. Samira hatte ihr gleich nach dem ersten Tag afghanisches Süßgebäck mitgebracht. Angelica fragte diese, ob sie nicht Interesse hätte, im Trafikladen von Paulas Eltern etwas davon zu verkaufen, was Paulas Paps, wie könnte es anders sein, natürlich sofort begeistert akzeptierte. Nachdem Angelica Dayita auf ihren smaragdfarbenen Sari mit schimmernden orangen Fäden ansprach, bekam sie gleich am nächsten Tag ein tiefblaues Tuch geschenkt, das aussah, als wäre die Unendlichkeit des Himmels darin verwoben. So ging es dahin. Angelica sendete ihr unbeschwertes Lachen in alle Richtungen aus und fand für jeden einen Andockpunkt, um mit Händen und Füßen ins Gespräch zu kommen. Deutsch hatte sie ebenso in Bogota gelernt, aber sprach bei weitem nicht so fließend wie Paula. Sie half Paulas Eltern in der Trafik und stürzte sich voller Begeisterung in

Paulas Leben. Diese liebte es, ihr dabei zuzusehen, wie sie ihre strahlenden Spuren hinterließ. Sie schwankte zwischen Neid, weil sie ihre Zeit mit Angelica teilen musste, und Stolz, sich so einen fabelhaften Menschen damals in all der Brüchigkeit als Freundin ausgesucht zu haben. Manchmal ließ sie sich von dem Schrecken anstiften, dass das alles irgendwann wieder ein Ende haben würde. Angelica wird nicht ewig bleiben können, aber dann wischte sie diese Angst weg. Sie ermahnte sich selbst, es jetzt, so wie es war, zu genießen.

Schmitti polterte herein und stürzte auf die Toilette. Er kam taumelnd wieder raus. Paula nahm ihn am Arm und führte ihn zum Bett. Sie schnitt Hühnerfleisch und Gemüse, um eine Suppe aufzusetzen. Als sie Schmitti einen Tee bringen wollte, war er bereits tief eingeschlafen. Wie lange das noch gut ging?

Zwei Stunden später stand er mit aschfahlem Gesicht im Türrahmen. »Komm, setz dich, ich habe Hühnersuppe gemacht.« Suppe ist gut für die Seele. Ein Glaubenssatz, den Paula von daheim mitbekommen hatte und seither befolgte. Wenn ihr nicht mehr viel einfiel, kochte sie zumindest Hühnersuppe. Mit Ingwer, Pfeffer, Sellerie und unterschiedlichsten Kräutern, kräftig und wärmend. Gehorsam setzte er sich und nippte vorsichtig am Löffel. »Ich glaube, ich lass das wieder. Dieses Onlinedating-Zeugs saugt mir den letzten Nerv.« Setzte er zu einer Erklärung an. Oder doch das, was in dir wächst und nicht genannt werden darf, legte Paula innerlich dazu. Das sagte sie aber nicht laut, sondern forderte Schmitti auf, zu erzählen. »In Artikeln über Onlinedating wurde erklärt, was genau genommen logisch ist, dass je länger man das Schreiben laufen lässt, desto mehr Raum wird dafür eröffnet, sich selbst zu inszenieren. Umso stärker zeichnet sich das so geschaffene Bild von Realitäten ab. Ich bin nicht überzeugt von diesem Algorithmus-Gerede dieser Onlineplattformen. Um valide Daten zu bekommen, die entscheiden, ob die Interessenslage der Partnersuchenden kompatibel ist, bräuchte es mehr statistisch auswertbare Einträge. Aber ehrlich gesagt, das Hin-und-Her-Schreiben, dieses ganze Brimborium ist nichts für mich, also wollte ich es abkürzen.« Es hätte Paula gewundert, wenn Schmitti auch dieses Vorhaben nicht wissenschaftlich angegangen wäre. »Brimborwas? Schmitti, kannst du mal dein Mathematikerhirn on hold stellen und einfach erzählen, was passiert ist?«, fragte sie nach. »Ich habe gelesen, dass statistisch gesehen immer die Frauen bei diesen Online-Dialogen vorschlagen müssen, wie sie aus der reinen Online-Kommunikation rauskommen und in der analogen Welt das erste Treffen planen. Also dachte ich mir, ich sammle Pluspunkte und gehe proaktiv rein.« »Sehr gut und weiter?« »Also hab ich sechs Frauen ausgesucht.« »Sechs? Wie viele haben dir bitte schon geschrieben?« »Keine Ahnung, ist einerlei, auf jeden Fall hab ich ein Sampel von sechs recht Verschiedenen ausgewählt. Alle anziehend. Aber das sehe ich nicht so eng, mir ist schnell wer sympathisch.« Paula nickte, »Ich weiß. Beruht häufig, glaube ich, auf Gegenseitigkeit.« Schmitti schwächte ab: »Egal. Ich habe zwei Lokale gewählt und den sechs Frauen jeweils Ein-Stunden-Termine gegeben, immer mit einem Puffer einer halben Stunde dazwischen. Ich konnte von Lokal A mit Frau B zu Lokal C mit Frau D wechseln, dann wieder ins Lokal A für Frau E zurück und so weiter.« Paula schnaufte: »Du hast was bitte? Was ist denn das für ein Stress?« Schmitti erwiderte, »Nein, nein, eigentlich müsste das rechnerisch zeitlich super ausgehen. Was ich nicht bedacht habe, ist, dass ich nicht ganz fit bin.« Paula runzelte die Stirn. *Nicht ganz fit*, nennt man es neuerdings, ein Todesurteil in der Tasche zu haben. »Und wie war's? War wer dabei?«, fragt sie nach. Schmitti seufzte: »Keine Ahnung. Die ersten beiden passten eindeutig nicht. Wir hatten uns kaum etwas zu sagen. Es war gar nicht leicht, da elegant wieder rauszukommen. Ich war froh, dass ich ihnen von Anfang an gesagt habe, dass ich nur eine Stunde lang frei bin. Aber ich sag dir was, eine Stunde kann sich ziehen.« Paula fragte mit tatsächlichem Interesse weiter, sie hätte ihm eine neue Liebe sehr gegönnt: »Glaube ich dir glatt. Die anderen vier?« »Naja, ich glaube, die waren alle sehr okay. Irgendwann schauten halt die Kellner komisch, als ich schon wieder reinkam. So viel auf einmal trinken geht auch schwer. Außerdem wurde mir übler und übler. Ich glaube die Letzte geht davon aus, dass ich ihr irgendeine Magen-Darm-Grippe angehängt habe, es war mir schon recht anzusehen, dass mir wirklich schlecht war. Du, Paula, bist du mir böse, wenn ich mich wieder hinlege?« Paula seufzte: »Ehrlich, ich hätte dich dazu verdonnert, wenn du nicht selber draufgekommen wärst. Ich sehe ja, dass du dich kaum am Sessel hältst. Darf ich dich noch fragen, wie das jetzt weiter geht mit deiner Daterei?« »Frag mich morgen. Ich bin mir nicht sicher, ob das gescheit ist, jemand kennenlernen zu wollen.«

Paula notierte in ihrem Heft, nachdem sie die Suppe von der Herdplatte geschoben hatte:

Brimborium: kommt von bimorion, französisch für Zauberformel, aber ebenso von brevarium, was eine Art Sammlung von Gebeten ist. Bedeutet überflüssiges Getue, klingt genau so, aber auch irgendwie magisch.

Wien, Präsidentschaftswohnung:
Wenn man mit einem Präsidenten verheiratet war, begreift man schnell, dass die Welt vor Chaos strotzt und unvorhersehbar ist, dachte die Ehefrau des Präsidenten sich, als ihr Blick über die Zeitungsstapel schweifte, die sich wieder mal am Küchentisch auftürmten. Selbst wenn er zum Präsidenten eines so kleinen Landes wie diesem gewählt wurde. Sichtbare und unsichtbare Mächte lauern hinter jeder Ecke um die Ruhe zu rauben, die sie sich aufzubauen versuchten. Ein Hurrikan auf den Philippinen, die Korruptheit des politischen Systems, ein Terrorangriff in Ägypten, ein Erdbeben, das Armenien verwüstet oder einfach ein Feuer in den Wäldern. Alles wirkte groß und wichtig. Ihr Mann, der Präsident, blätterte die großformatige Zeitung um, bevor er sie sinken ließ, sie anschaute und fragte: »Soll ich lieber alleine gehen? Du wirkst müde.« Müde. Zärtlich musterte sie ihn. Wenn jemand müde aussah, dann wohl er. Darum entgegnete sie: »Nein, nein, ich komme mit. Keine Frage. Lass mich in Ruhe den Kaffee austrinken. Lies ruhig noch ein wenig in der Zeitung.« Während er seinen Blick wieder senkte, betrachtete sie ihn. Die Falten um seine Augenwinkel schienen deutlich mehr geworden zu sein. Runzeln, die die Geschichte eines guten, humorvollen Lebens erzählten. Wie sehr würde sie ihm gönnen, einmal zwei Wochen unterzutauchen. Einfach nur er und sie, seine Bücher und Ruhe, nichts als Ruhe um sie herum. Eine Ruhe, die er sich schon längst verdient hatte und für sein Alter normal wäre. Häufig fühlte sie sich wie in eine alte Zeit versetzt, wenn sie zu einem Empfang reisten. Der rote Teppich, das Protokoll und die aufwendige Entourage. Das glich gar nicht ihm. Sie war dann immer wieder von sich selbst überrascht, wie gut sie sich in diese Situationen hineinversetzen konnten. So als wäre das alltäglich. Dieses Spiel der Etikette. Wie unermüdlich er sich informieren und beraten ließ. Als würde er sich im Spiegel wiederholt selbst sagen, dass er hier war, um zu dienen. Nicht mehr. Alter Mann. Wie sehr sie ihn liebte. Eigentlich wäre jetzt die Zeit, um langsamer zu werden und länger in den Tag zu leben, ohne produktiv sein zu müssen. Stattdessen hatten sie gemeinsam diesen Weg gewählt. Auch wenn sie nie damit gerechnet hätten, dass es so weit kommen und er gewählt werden würde. Sie dachte, je älter er wurde, desto mehr wurde er so, wie er stets war. So wie eine konzentriertere Version von sich selbst. Als würde das

Unwesentliche wegfallen und nur der Kern übrigbleiben. Diejenigen, die Weite gelebt hatten, wurden zum Lebensabend hin immer weiter. Wie er. Humorvoller, geduldiger und unaufgeregter empfand sie ihn. Aber auch weniger belastbar, es schien ihr, als würde die Welt direkter hineinfließen. Das bereitete ihr manchmal Sorge. Statistisch gesehen blieb ihnen nicht mehr viel. Bedachte man noch mit, dass im Alter die Zeit schneller vergeht, konnte man sich schon streckenweise fragen, wie sinnvoll es war, mit Empfängen und diplomatischem Small-Talk die verbliebene Lebensspanne zu verbringen. Wobei er auch das gut konnte. Wo es ihm möglich schien, wählte er eine Abkürzung weg vom Small Talk in ein Gespräch mit Substanz. Er fragte selbst den Chauffeur, die Kellnerin und den Sekretär nach persönlichen Meinungen und deren Erfahrungen. Er zettelte dort inhaltsvolle Gespräche an, wo es nur möglich war. Allzu oft waren gerade die, die sonst im Eck der Unwichtigkeit unsichtbar erschienen, wie Putzpersonal oder Straßenkehrer, über seine anteilnehmende Neugierde überrascht.

Endlich. Er fuhr hoch. Das Signal. Es könnte wieder nicht klappen und dennoch wusste er, dass es möglich war. Irgendwie erschien es gerade furchterregend, dass er derjenige sein könnte, an dem etwas scheitert. Aber das war's wert. Es fühlte sich richtig an. Wie Schwimmen unter den Sternen, im Freien schlafen oder auf einen Gipfel klettern um endlich, nach all der Mühe und Plagerei den Blick der unendlichen Weite zu genießen. Conny befand sich drüben im Zentrum, um gleich reagieren zu können. Er hier. Sämtliche Kontaktadressen lagen griffbereit vor ihm. Vorgeschriebene Texte waren sicher verwahrt und geschützt in der Cloud, damit sie dann umgehend verschickt werden konnten. Im hochverschlüsselten Posteingang ging ein Mail nach dem anderen ein. Anweisungen, Implementierungspläne, Rückfragen, ob alle bereit waren. Livestreams. Da. Er hatte es bis zum Schluss nicht für möglich gehalten.

Paris, die Wohnung der Außenministerin:
Manchmal konnte sie es immer noch nicht glauben, in was für einen verrückten Zirkus sie sich da begeben hatte. Was für ein Eiertanz zwischen Diplomatie und Dringlichkeit oft notwendig war, um einen kleinen Fortschritt zu erreichen. Sie liebte ihr Amt, keine Frage. Ständig war sie unterwegs, von einer Krise in die nächste reiste sie Woche für Woche. Frankreich war ein verflochtenes Land und daher staunte sie beinahe täglich, wie viele faszinierende Menschen sie kennenlernen durfte und wie viele Beratungen sie mitsteuern durfte. Oft verzweifelte sie schier wegen der Verworrenheit und der Langsamkeit, in der sich Fortschritte bewirken ließen. Und dann spürte sie so etwas wie leise Verzweiflung wegen den Schlangengruben, in denen sie sich bewegen musste, der fortlaufende Müdigkeit und dem Gefühl, dass es nie zu Ende zu sein schien. Sie hatte gestern bis halb zwölf Uhr nachts herumgekramt, ausreichend Schlaf täte ihr gut. Nichts wäre dabei, sich einen weiteren Kaffee zu machen. Sie wuschelte sich durch die widerspenstigen Locken. Ihre Silbersträhnen wurden immer mehr. Sollte die Zeit sich doch einschreiben, wo sie wollte. Sie war nah dran, das Buch, in dem sie ohnehin zu langsam vorankam, zu schnappen und sich eingewickelt in eine Decke ein paar zusätzliche Seiten zu gönnen, bevor der neue Tag begann. Aber was soll's. Seufzend griff sie zu ihrer Jacke, die, die ihr erst letzten Monat von ihrer Nachbarin geschenkt wurde, als sie frierend im Gang stand. »Komm, nimm sie doch. Die Farbe steht dir ohnehin viel besser als mir. Trag sie einmal ins Parlament, dann sieht sie mehr von der Welt als hier, in meinem Kämmerchen.« Die Außenministerin schlüpfte in die Ärmel, schnürte sich die Schuhe und machte sich auf den Weg. Bevor das Rad des Tages sich wieder zu drehen begann, erschien es ihr wichtig, den Kopf ein wenig freizubekommen. Ihre Gedanken wollten ausgeführt werden. Sie schloss die Tür hinter sich und machte sich mit entschlossenen Schritten auf den Weg zu ihrer vertrauten Runde. Rechts saß, wie oft, Charlie, ein Clochard, wie er im Buche steht. Sie legte ihm eine Hand voll Münzen auf seine Decke, daneben ein Stück Baguette, in Papier eingeschlagen. Grüßte ihn wie immer und wechselte ein paar Sätze mit ihm. Nicht zu lange, sie wollte in die Gänge kommen. Dann wechselte sie auf die andere Straßenseite und stand schon vor ihrem Park. Irgendetwas fühlte

sich heute anders an. Sie drehte sich um, aber konnte nichts entdecken. Es fröstelte sie, als würde eine Vorahnung in der Luft hängen. In dem Moment sah sie ihren vertrauten Schatten und grüßte ihn. Henry. Personenschutz war einer der vielen Preise, den sie zahlen musste. Praktisch nie allein zu sein, konnte ungemein nerven, aber heute empfand sie es als beruhigend ihn um sich zu wissen. Etwas lief seltsam. Sie bog doch in die Gasse mit dem Kopfsteinpflaster links von ihr ein. Besser jetzt nicht in den Park. Womöglich war sie nur paranoid wegen der letzten Terrorismusdiskussionen. Sie schritt energisch aus, um die Unsicherheit abzuschütteln. Henry folgte in gewohntem Abstand, damit er einen umfassenderen Blick auf die Umgebung haben konnte. Sie ging ums Eck, vor ihr lag der weite Platz. Vorne aus dem Schatten löste sich ein Mann. Bart, dunkle Kleidung. Jetzt reichte es aber mit den Klischees, schalt sie sich selbst. Bald bewertete sie schon wie die Front National. Etwas unsicher blickte sie sich zu Henry um, er schien alarmiert. Sie wusste nicht recht, ob sie umdrehen oder direkt auf ihn zugehen sollte. Es war ihr, als drehte sich die Welt langsamer und als wären alle Geräusche gedämpft. Ein Ruf, kehlig, düster, bedrohlich. Brennend, stechende, höllische Schmerzen. Es tat weh, so grauenhaft weh. Henry hielt ihren Kopf. Schreie wie von einem getroffenen Tier durchbrachen die Stille. So als wäre das nicht sie, sondern eine Schlucht in ihr, in die sie fiel, fiel und fiel.

Liveeinschaltung aus Frankreich. Er konnte es nicht fassen. Endlich, genau darauf hatte er, hatten sie alle elendiglich lange gewartet. Nun war es an ihnen, auf Sekunden getaktet zu reagieren. Attacke auf die Außenministerin, die sich in letzter Zeit verstärkt für Zuwanderung eingesetzt hatte, die unentwegt herummäkelte, dass die Migrationspolitik der EU nicht mehr tragbar war. Ständig hatte sie sich öffentlich dazu geäußert, wie Menschen aufgenommen und solidarisch aufgeteilt werden müssten. Eine Mittvierzigerin, bei ihr war alles mittig: mittig angepasster Kleidungsstil, eine freundliche, runde Brille, ein Haarschnitt, der ihr weiches Auftreten unterstrich. Sie war politisch geschickt, im Dialog auch mit denjenigen, die eigentlich andere Ansichten vertraten. Eine Sympathieträgerin, die man einfach mögen musste, wenn man nicht genauer hinschaute, was sie anrichtete. Eine Türöffnerin, die hinter einer

lächelnden Fassade kulturelle Prinzipien aufweichte und damit dem Chaos den Boden aufbereitete.
 Sie hatten ganze Arbeit geleistet. Mord auf offener Straße. Der Attentäter hatte laut »Allahu akbar« gerufen, bevor es dazu kam. Ein verwackeltes Handyvideo, das umgehend viral ging. Immer wieder der Ruf, immer wieder das Zoomen auf ihre »mittig« anmutende kuschelige Strickjacke. Wie sie getroffen wird und fällt. Wackeln, laufende Menschen. Der Täter untergetaucht. All die zusätzlichen Nachrichten. Geiselnahme im Parlament, Kindesentführung in einem katholischen Gymnasium, Bilder von brennenden Autos. Gezielt gestreute Falschinformation, die unhinterfragt allerorts geteilt wird und das Gefühl von Schrecken und Chaos verstärkt. Spezialeinsatzkräfte, Hubschrauber. Das volle Programm, immer wieder das Video mit dem Schlachtruf.

Deutschland, Berlin Charlottenburg:
Endlich. Er ist da. »Opa, Opa, schau. Mimi kann neue Kunststücke.« Sie rannte zum Gartenzaun. Er stand schon da, bereit sie aufzufangen, während sie ihm entgegenlief. Nahm sie sanft in seine Arme, als wäre sie zerbrechlich. Sie presste ihre Nase in seinen Mantel. Atmete den Duft von Rasierwasser ein. Quiekte, als er sie hochhob und wie im Karussell herumdrehte. »Opi, du stichst«, beschwerte sie sich, gleichzeitig drückte sie ihm einen dicken Schmatz auf die Wangen. Zappelte, bis er sie runterließ. Sie nahm seine große Hand und zog ihn ungeduldig herein. »Mimi, komm. Opi ist da. Sei eine brave Katze.« Sie holte schnell ein Leckerli und hielt es Mimi vor die Nase, sodass sich diese auf den Hinterbeinen um sich selbst herumdrehte wie ein Tanzbär. Opa bückte sich und sprach mit Mimi, mit der Stimme eines kleinen Jungen: »Oh, Madame Mimi, hocherfreut. Wie geht es Ihnen heute, Hochwohlgeborene? Haben Sie bereits eine Maus verspeist?« Mimi spielte mit, ließ sich auf den Rücken plumpsen und streckte alle viere von sich, um sich von seinen großen Fingern kraulen zu lassen. Da kam Mama. »Willst du einen Kaffee, Vati?« Er drückte auch ihr einen Kuss auf die Wange und meinte: »Nein lass nur, ich habe ein Rendezvous mit dieser jungen Dame hier.« »Juhu, juhu, nur mit mir. Felix bleibt hier«, freute sie sich. In dem Moment kam Felix schon um die Ecke gelaufen, hängte sich ebenfalls an ihn, wie sie vorhin und beschwerte sich: »Was ist mit mir, warum darf ich nicht mit?« Ihr

Opa lachte: »Hey, ihr zwei Rabauken, das habe ich nie behauptet. Mit dir junger Herr habe ich ebenso ein Rendezvous. Aber geht ihr heute auf Socken in den Park? Wer als erstes vollständig angezogen bei der Tür ist, hat gewonnen.« Er küsste Mama nochmal, dieses Mal auf die Stirn. »Wir plaudern nachher beim Kaffee, ja? Mach dir drei feine Stunden, meine Kleine. Haushaltsarbeit ist verboten, verstanden?« Die Kinder kicherten, weil Opa ihre Mama »seine Kleine« nannte und schlüpften, so schnell sie es schafften, in die Schuhe und Jacken. Sie akzeptierten gönnerhaft die Abschiedsumarmungen ihrer Mutter und nickten eifrig zu deren Auftrag, gut auf ihren Opa aufzupassen, dann waren sie wie ein Wirbelwind im Garten. »Na, wo geht's heute hin? Zuerst Eis und dann Schaukeln oder umgekehrt oder mal ganz etwas anderes?« Sie schienen empört, wie konnte er das fragen. Selbstverständlich war es klar, der gleiche Ablauf wie immer. Zuerst musste eine Geschichte am großen Baum erzählt werden. Jeder von ihnen durfte sich vier Figuren oder Wörter, die in dem Märchen vorkommen mussten, aussuchen. Dann schaukeln, rutschen und anschließend so viel Eis, wie sie essen konnten, auch wenn Mama wieder mit Opa schimpfen würde. Er nahm sie beide an der Hand und ging mit ihnen los. Am Zebrastreifen zeigten sie eifrig, wie gut sie Acht geben konnten. Rechts, links, rechts den Kopf gedreht, überquerten sie die Straße. Sie überlegte sich schon die ganze Zeit ihre vier Wörter. Eine Fee musste selbstverständlich wieder vorkommen, sie selbst natürlich, ein verzauberter Wunschbrunnen, der immer alle Wünsche verwechselte und damit alles auf den Kopf stellte. Aber beim vierten war sie sich nicht ganz sicher. Opa konnte wunderbare Geschichten erzählen, die mit echter Geschichte zu tun hatten. Vielleicht wünschte sie sich irgendetwas vom großen Krieg oder von seinen verrückten Kollegen. Von einem großen Zaubertelefon oder etwas, was Opa ein wenig herausforderte, weil es nicht recht reinpasste. Wie zum Beispiel etwas unglaublich Langweiliges wie Zähneputzen vorm Schlafengehen, Hausaufgaben oder Zusammenräumen?

 Gleich erreichten sie den Baum, sie hatten heute Glück. Der breite Ast der waagrecht gewachsen war wie eine Bank, bevor er sich aufrichtete, auf den sie immer kletterten, schien frei. Sie waren die Ersten. Opa hob zuerst Felix hinauf, dann sie. Nachdem er sicher war, dass beide gut saßen, rutschte auch er hoch. Wie immer mit Ächzen und Stöhnen. Jedes Mal sagte er irgendetwas über seine alten, morschen Knochen. Aber dabei tat er nur so. Eigentlich wirkte er wie ein noch recht fitter Opa für das hohe Alter, fand sie. Er schmunzelte, als sie ihm ihre Wunschliste der Dinge, die er in die Geschichte einbauen musste, präsentierten: eine Fee, sie selbst, ein Wunschbrunnen, ein großer Krieg, ein Porsche, ein Kaugummi, der Wünsche erfüllte, Mimi und eine Maus. Kurz schloss er die Augen, um im Kopf die Bestandteile ein wenig zu ordnen, bevor er mit seiner tiefen, brummigen Stimme begann: »Es war einmal vor gar nicht langer Zeit, eine kleine Fee, die sah Mimi irgendwie ähnlich. Es war nämlich eine Katzenfee. Sie liebte die Menschen. Vor allem kleine Menschen, die konnten stundenlang lachen, mit jedem Lachen fühlte sie mehr Licht in dieser Welt ...« Verträumt blickte er erzählend in die Ferne, so sah er den Mann gar nicht. Es war ihr, als würde Voldemort ums Eck biegen oder irgendein anderer der ganz Bösen in den Filmen, die sie eigentlich noch gar nicht sehen durfte. Sie schrie aus vollem Hals auf, lenkte den Blick ihres Opas auf sich. Noch nie hatte sie eine echte Waffe gesehen. Sie sah noch viel schrecklicher aus, als sie es sich vorgestellt hatte. Der Mann rief laut so etwas wie einen Zauberspruch: »Abra kadabra« oder so ähnlich. Es ging schnell. Er drückte ab, es knallte dröhnend. Opa lag hintenüber. Überall Blut, Blut, Blut. Sie schrie, wie sie noch nie geschrien hatte. Opi ...

Nur ein paar Minuten später, die nächste Nachricht. Deutschland, ein Verfassungsrichter. Einer der wenigen, der mit dem Finger auf von ihm ernannte Missstände zeigte, obwohl er doch unabhängig und parteilos sein sollte. Der darauf hinwies, dass sie Unrecht schufen, dort, wo die Genfer Flüchtlingskonvention klar andere Regeln vorgab. Der der AfD Paroli bot. Bewusst hatten sie ein ähnliches Muster gestrickt. »Allahu akbar« in einem belebten Park, er saß mit seinen Enkelkindern am Spielplatz. Den Kindern passierte, bis auf die Spuren auf ihren Seelen, nichts. Der alte Herr hingegen wurde sofort getroffen. Ein wackeliges Handyvideo. Der Ruf, der Schuss, der Fall. Geteilt und geteilt. Auch hier Nachrichten von Geiselnahmen, die nicht stattfanden, aber sich gut verbreiteten, weil sie dazu passten. Von Chaos und aufrückender Polizei. Die Weisung, daheim zu bleiben, bis sich die Situation gelichtet hatte. Vom Täter noch keine Spur. Seine Hände schwitzten.

Er war froh um das Medienzentrum, das er sich aufgebaut hatte: Mehrere Bildschirme nebeneinander, ein starkes Internet, damit es ihm möglich war, die verschiedenen Kanäle gleichzeitig im Blick zu haben. So oft geprobt, so oft besprochen. Es wirkte beinahe gespenstisch, wie ihre Inszenierung griff. Wie alle Beteiligten sich tatsächlich dort befanden, wie sie es über Wochen, nein, während monatelanger Kleinarbeit recherchiert hatten. Dass sie so ein Fenster überhaupt gefunden hatten, in dem die Außenministerin regelmäßig ihre Spaziergänge machte und der Verfassungsrichter immer mit seinen Enkeln auf den Spielplatz ging.

Wien, Präsidentschaftswohnung:
Der Kaffee war ausgetrunken. Der Hund umschwänzelte sie ungeduldig. »Bereit? Komm lass uns gehen.« Der Hund konnte sich kaum halten vor Begeisterung. Endlich ging es los. Auch das machte ihn aus. Ein Hundemensch. Sie zog ihn damit immer wieder auf. Versorgte man Hunde mit Futter und Aufmerksamkeit, dann verehrten sie einen, als wäre man ihr Gott. Katzenbesitzer wissen um diese Relativität. Umsorgt man diese mit Futter, Wasser und Zuneigung, dann ist der unweigerliche Schluss der Katzen daraus, dass sie selbst Götter wären.

Sie hatten darauf verzichtet, in den Präsidentenpalais einzuziehen und waren in ihrer gemütlichen Wohnung geblieben. Sicherheitstechnisch angepasst, aber trotzdem versuchten sie bestmöglich ihren gewohnten Lebensstil beizubehalten und nicht zu sehr im Luxus zu leben. Sie grüßten ihre beiden Leibwächter freundlich, bevor sie sich aufmachten. Auch wenn es nicht den Vorschriften entsprach, ließen sie den Hund von der Leine, der voller Begeisterung lossprintete. Er kannte den Weg. Die Sonne strahlte. Wie gut sie es hatten. Er nahm ihre Hand. Auch das hatten sie nie verloren, egal wie viele Scheinwerfer auf sie gerichtet wurden, wenn es möglich war, gingen sie Hand in Hand. Es war ihr gemeinsamer Weg, den sie hier gingen. Der Hund lief außer Sichtweise. Ein Knall. Die Leibwächter zeigten sich alarmiert, sie sprinteten los. Später würde sie sich immer wieder daran erinnern, dass ihre Personenschützer schon früher einmal gemeint hatten, dass es Situationen gab, in denen sie kaum eine Chance hätten, einzugreifen. Er hatte es wohl auch gemerkt, seine Hand hielt ihre fester als sonst. Vielleicht bildete sie sich das auch nur ein. Vorne war eine Figur hervorgesprungen. Ein Ruf, er klang verzweifelt in ihren Ohren. »Allahu akbar«. Ein Knall, ein Schuss oder mehrere. Ein Schrei. Ihrer? Er war neben ihr zusammengebrochen. Sie war mit ihm gefallen, hielt noch immer seine Hand. Der Schreck, wie eine blutige Schlucht in ihr. Im Nachhinein vermochte sie nicht mehr zu unterscheiden, was zuerst geschehen war, ob sie losgelassen hatte oder er. Zwei weitere Schüsse. Der Vermummte brach nun ebenso vor ihr zusammen. Dann wusste sie nichts mehr.

Bevor Paula ihre Wohnung aufschloss, traf sie den Nachbarn auf dem Gang, den mit dem Hoodie und dem Skinhead-Freund. Er wirkte aufgedreht aber zufrieden. Ein Strahlen als wäre ihm etwas Aufsehenerregendes geglückt. Er grüßte sogar. Sachen gibt's. Paula öffnete die Tür und rief mit einem »Hola« ihrer kleinen WG entgegen. Kein Echo, Angelica und Schmitti waren vermutlich beide nicht da. Auch recht, so bekam sie Raum, ein wenig durchzuatmen. Sie aktivierte die Kaffeemaschine. Da hörte sie den Schlüssel im Schloss. »Angelica? Schmitti? Ich mach grad einen Kaffee. Wollt ihr auch einen?« Keine Antwort. Paula versteifte sich, aber drehte sich nicht um. Das Geräusch von einer schweren Tasche, die abgelegt wurde. Schritte näherten sich ihr. Schritte, die ihr tief vertraut vorkamen. Doch bevor es Paula dämmerte, Arme, die sich von hinten um sie legten. Ein sanfter, zärtlicher Kuss im Nacken. Sie ließ sich drehen. In ihr fühlte sich alles hell und freudig an. Lippen aufeinander. Endlich. Die geliebten Augen, sie wirkten müde, spiegelten all dies wider, was in ihr zeitgleich vorging. Paula hielt weiterhin das Kaffeepulver in der Hand. Elias nahm es ihr sanft ab und zog sie langsam mit sich. Wie gut, dass ich vorhin erst das Bett frisch bezogen habe, kam es Paula in den Sinn. Sie sog den Geruch der unberührten Bettdecke zusammen mit seinem Duft tief ein. Was einem so Seltsames durch den Kopf geht, in Momenten wie diesen, rätselte sie. Gegenseitiges zärtliches Entblättern. Manchmal hakte dort der BH, hier der Hosenknopf, doch dieses Mal nicht. Dann dachte sie nicht mehr viel. Sie fielen ineinander, als wäre zwischen ihnen immer alles vollständig klar gewesen. Als wären diese beiden Körper irgendwann einmal aus einem Gemeinsamen entstanden. Beruhigendes, samtiges Grün. Eine Farbe, wie die Geborgenheit der Wälder, die seit Urzeiten ein Zusammenspiel von unterschiedlichsten Organismen wie in einem Konzert beherbergten. Ein Miteinander, Aneinander, Ineinander. Uneingeschränkt bei sich und gleichseitig so sehr beim anderen, dass die Grenzen des Ichs verschwanden. Schnell, behutsam, innig. Als würden sie nicht genug dafür empfinden können, dass sie sich wieder hatten. Bis ins Grenzenlose.

Danach. Mit den Fingerspitzen den Körper des anderen lesen. Um sich restlos sicher zu sein, dass es echt und real war, dass sie beieinander lagen.

Ein Schuss, ein Ruf, ein Handyvideo. Ein Spaziergang, wie immer an diesem Tag, zu dieser Stunde. Sie hatten es geschafft. Der österreichische Präsident, der Opa der Nation. Freundlich, unverfänglich, professoral, volksnah. Österreich brauchte seinen Kaiser. Dieser kam verfassungsverliebt daher, in Wirklichkeit wirkte er genauso wie die anderen. Hinter einer lieblichen Fassade, ein Schleusenöffner. Sie hatten es vollbracht. »Allahu akbar«. Das Video ging viral. Das gleiche Muster. Nachrichten von sich verbreitendem Chaos. Eine Stadt in Zehntelsekunden in Schockstarre. Der Täter von den Leibwächtern tödlich getroffen.

In dem Moment erschien sie auf seinen unterschiedlichen Bildschirmen, die Parole. Es war ihm immer lächerlich vorgekommen, wie ein Kindergartenmuster. Aber jetzt rührte sie ihn fast an. »Freiheit für alle«. Es ging los, er schickte die Mails und Anweisungen an ihr weit aufgebautes Netzwerk. Der islamistische Terror hatte zugeschlagen. Wir müssen dringend handeln, bitte teilt, bitte postet, bitte nutzt eure Kontakte. Wenn wir uns nicht wehren, greift das Chaos um sich. Wir sind jetzt die Verantwortlichen. Hintergrundmaterial an sämtliche Medien von der dschihadistischen Verbindung, aus der der Täter kommt. Wohl dosiert, damit es nicht auffällig war, dass sie diese Informationen schon aufbereitet hatten. Es funktionierte, wie eine geifernde Masse veröffentlichten sämtliche Nachrichtensender die Neuigkeiten online, die ihnen zugespielt wurden, ohne Ausnahme, genauso die Linken. Schneller, aufsehenerregender, weiter. Die Fakten. Hintergründe. Ein Schreck, der sich hochschaukelte, zuerst Frankreich, dann Deutschland, dann wir. Wir mutmaßten es schon lange, es schien nur eine Frage der Zeit, dass es uns ebenfalls treffen wird, die islamistische Gefahr hat zugeschlagen. Wie sie es vorausgesagt hatten, bekannte sich der IS innerhalb einer Stunde zu den Anschlägen. »Freiheit für alle« wie 9/11.

Paula rückte ein Stück weg und tastete mit ihrem Blick Elias' Gesicht ab. Auf der Suche nach Veränderung. Erschöpft sah er aus. Liebesgesättigt. Mit diesem leichten Leuchten. Sie küsste sanft den Ansatz seiner Augenbrauen. Atmete seinen Duft tief ein. So wie ihre Körper sich unhinterfragt gefunden hatten, zeigte es sich mit den Worten. Sie erzählten sich die großen und kleinen Erlebnisse der letzten Wochen. Wie unfassbar all die Erzählungen sind, wenn für diese Menschen ein manövrierunfähiges

Schlauchboot auf hoher See sicherer ist als der Boden, von dem sie kommen. Er berichtete von den Kindern, die ihr Lachen dennoch nicht verloren hatten. Von diesen Frauen, die durch die Hölle gegangen waren und weiter, aber trotzdem Empathie entwickeln konnten. Vom Miteinander am Schiff, seinen Kollegen und Kolleginnen in der Crew. Dem Wind, den Wellen, dem Weinen und Lachen. Wie unvorstellbar es war, dass er dabei mithelfen konnte, dass Menschen überlebten. Immer wieder wollte Elias stoppen, um Paula zuzuhören, aber sie winkte ab. Diese Welt, aus der er kam, bedeutete ihr viel, sie genoss es, die Erste zu sein, die diese unmittelbaren Erzählungen erlebte. Mit verschränkten Fingern lagen sie da. So viel Haut an Haut wie nur möglich, die Welt landete mitten bei ihnen. Wie sie das genoss. Irgendwann konnte sie seine Fragen aber nicht mehr abwehren, nun schien sie dran zu sein. Sie erzählte von Schmitti, Angelica. Sie schreckt auf: Wo befanden sich die beiden eigentlich? Elias winkte schmunzelnd ab. Er hatte sie vorgewarnt und in Paulas Elternhaus umgeleitet. »Was hast du? Hast du das so geplant und angenommen, dass ich gleich mit dir ins Bett …?«, empörte sich Paula künstlich. Ja, hatte er. Es fiel ihnen erst jetzt auf, wie weit ihre damalige Auseinandersetzung fortgerückt war. Wie klar es sich anfühlte, dass sie zusammengehörten. Keine Spur einer Versöhnung notwendig. Vorsichtig tasteten sie sich ebenso an diese Szene heran. Was damals passiert war. »Weißt Du, ich hatte das Gefühl, du willst, dass ich mich seelisch entblättere. So, als würdest du mir vorwerfen, was in jener Zeit passiert ist und mir alles runterreißt, was ich schützend aufgebaut hatte.« Elias küsste sie sanft auf die Augen, die Lippen, wie gern er sie fühlte. Wie er es vermisst hatte, er küsste ihre Stirn. »Niemand spricht dir irgendeine Schuld zu. Ich am allerwenigsten. Das ist es nicht. Ich weiß nur nicht, wie hilfreich es ist, wenn du ein Bollwerk aus Schweigen um die Geschehnisse von damals baust. Ob das nicht wie ein schwarzes Loch, Energie aus dir raussaugt, die du anders verwenden könntest.« Paula ließ sich auf den Gedanken ein und erzählte: »Ich habe auch mit Angelica lange darüber geredet. Ich habe mir vorgenommen, eine Therapeutin zu kontaktieren, sobald du wieder hier bist und mich vorsichtig auf diese Spur zu begeben. Weißt du, ich habe keine Ahnung. Es ist wie ein Riss. Irgendetwas ist damals passiert bei den *paramilitares*. Ich habe etwas erlebt und dann funktionierte ich plötzlich nicht mehr. Ich nutzte die einzige Möglichkeit zu flüchten, die mir blieb. Ohne Maria. Was nach wie vor schrecklich für mich ist, wie du weißt.« Elias strich ihr über die Haare, während Paula weiterredete: »Es ist so eine Ahnung, dass sie in diesem Spinnennetz der Gewalt nach wie vor leben muss. Dass es sie bis heute gibt, an irgendeinem Ort. Dass diese Träume, die ich von ihr habe, von ihr geschickt werden. Meine große, vernünftige, liebe Schwester fehlt mir so. Es kommt mir alles wie eine enorme Lüge vor. Ich habe das nur der Polizei und der Therapeutin erzählt. Sonst niemandem. Die meinten ebenfalls, es wäre okay, dass ich keine Schuldgefühle haben muss.« Paulas Stimme zitterte leicht, als sie weitersprach: »Ich war ein Kind in jener Zeit, ein lustiges, freches Mädchen. Unendlich naiv. Die *paramilitares* hatten mir damals ein Handy angeboten, sollte ich kooperieren. Das Einzige, was sie wollten, dass ich wöchentlich einen Rucksack aus einem Versteck hole und mit in die Stadt, auf dem Schulweg, trage. Ich dachte mir nichts dabei. Ein leicht verdientes Handy. Kein Gedanke daran, die Weisung zu missachten, dass ich nicht reinschauen darf. Ich vermute Drogen oder Waffen waren darin. Nach einigen solchen Botengängen, lernten sie Maria über mich kennen. Sie war bildhübsch. Maria verliebte sich in einen ihrer Kämpfer. Wie ich jetzt weiß, ist das eine ihrer Rekrutierungsstrategien, junge Mädchen verknallt zu machen. Wir gingen freiwillig mit ihnen. Wir wurden nicht verschleppt, wie alle vermuten. Ich war schuld, ich hatte mich darauf eingelassen. Hätte ich nicht so gehandelt, wäre ihnen Maria nie aufgefallen. Verstehst du jetzt, Elias, warum ich davon nicht rede? Jedes Mal, wenn mich meine Mutter traurig anschaut, sticht es wie ein Messer in mich. Nachdem das, woran ich mich nicht mehr erinnere, passiert war, habe ich das Handy gepackt und weit in das Dickicht geschmissen. Wie unendlich töricht ich doch war.« »Sch…«, Elias hielt Paula fest, wiegte sie wie ein Kind. »Es ist gut, Paula, du warst ein Kind. Nicht du hast unrecht gehandelt. Die *paramilitares* sind die Verbrecher. Ich finde es mutig, stark und gescheit, dass du damit zu einer Therapeutin gehst und über all das redest. Vielleicht überlegst du gemeinsam mit ihr dann auch, ob du diese letzte Wahrheit einmal mit deinen Eltern besprechen solltest. Ich stell mir vor, dass sie das schon längst wissen. So lebensklug wie sie wirken. Ihre Liebe dir gegenüber ist grenzenlos. Dabei geht es nicht um

Vergebung. Aber womöglich tut Ehrlichkeit gut ...« Wie leicht das alles schlagartig schien. Den Deckel aus Beton, den sie auf diese Geschichte gepackt hatte, hochzuheben und etwas Licht der Wahrheit rein zu lassen. Wie froh sie sich fühlte, Elias wieder hier zu haben. Unendlich erleichtert. Sie redeten weiter, über den Kurs, über Angelica, mit der Paula sich an ihrer Seite mit einem Mal vollständiger fühlte. Ihre närrische Eifersucht, als sie vor einigen Tagen noch dachte, Elias habe ein Geheimnis vor ihr. Über Schmitti. All die Sorgen um ihn, seine verrückten Anwandlungen mit dem Online-Dating. Wie er immer alles möglichst naturwissenschaftlich zu lösen versuchte, selbst den Wunsch nach Menschlichkeit und Nähe. Ihre kleine WG hier zu dritt. Wie Angespülte, die sich gegenseitig stützten. Sie redeten, redeten und redeten. So als könnten Worte ebenso dabei helfen, sich nicht mehr loszulassen. Mitten im Reden änderte sich die Vertrautheit. Es war, als beträte Paula eine Kirche oder einen Raum mit einer Tiefe in die Zeiten. Sie rückte näher an Elias, verschloss seinen Mund mit sanften Küssen, ließ ihre Hände, Arme und Beine über ihn wandern. Gab sich dem Spiel der Innigkeit noch einmal hin, nun gelassener, fast andächtig. Fand in einen Rhythmus des Auf-ihn-Hörens, Ihn-Schmeckens, leitete ihn weiter, immer weiter, wie auf einen Berg, hinter dem die Sonne unter den Wolken langsam mehr und mehr strahlte. Bis sie vollständig aufgegangen war und die Hochebene warm umspielte. Außer Atem legte sie ihren Kopf auf seine Schulter.

Er könnte jubeln vor Genugtuung. Fasste es kaum. Ohne Ausnahme. Ihr weit aufgebautes Netz an Lokalpolitikern, Nationalratsparlamentariern, Journalisten, Priestern, Ärzten, Richtern, Influencern, Schriftstellern, Lehrern und Professoren funktionierte. Die vielen, vielen, die sie in den letzten Monaten um sich geschart hatten. Alle reagierten. Nahmen die Welle der Empörung auf, reposteten, was sie ihnen an Material gaben. Schärften das Bild der Bedrohung. Islamistischer Terror. Die Gefahr für unsere Kultur. So geht es nicht weiter. Es braucht geschlossene Grenzen, den Schutz des Eigenen. All diese Länder wie Afghanistan, Tschetschenien, in denen Generation um Generation im Krieg aufwuchs. Importierte Kriminalität. Verrohte Bräuche. Mittelalterliches Frauenbild. Strafe durch Peitschenhiebe. Sollen sie sich doch um den Aufbau ihrer Länder kümmern, statt hierher zu kommen. Vergewaltigungsstatistiken, Zitate von Opferschutzorganisationen. Alles basierend auf Fakten. Ein breiter Film der Empörung breitete sich rasant in den sozialen Medien aus. Ausgehend von ihren Kontakten, wurde es aber ebenso von anderen geteilt, die aus einem gegenteiligen politischen Eck kamen. Dass es just ihren vielgeliebten Präsidenten, den liberalen deutschen Richter und die einnehmende französische Außenministerin traf, regte auf.

Um die Täter hatten sie sich gekümmert. Das war nicht schwer. Alle drei mit afghanischem Hintergrund rekrutiert, alle drei labile Persönlichkeiten und mühelos zu ködern. Alle drei unauffällig entsorgt.

Davon hatte nur der allerinnerste Zirkel Kenntnis. Dass er selbst Conny von diesem genialen Schachzug nicht erzählte, wurmte ihn. Er hatte nicht gern Geheimnisse vor ihr. Aber logischerweise stand und fiel der Plan mit der Geheimhaltung des Sachverhalts, dass der IS hier gar nicht seine Hand im Spiel hatte. Conny war zu weich, um das zu verstehen. Manchmal braucht es Bauernopfer. Die Fakten dahinter stimmten doch: Die Verfasstheit der österreichischen Kultur schien in Gefahr durch Subjekte wie diese. Die in der Folge gestreuten Falschinformationen über Geiselnahmen und Entführungen wirkten, ein größeres Bild von Attentaten war mittlerweile zwar dementiert worden, aber das Gefühl des Schreckens hatte sich einzementiert. Tausende waren in der Innenstadt stecken geblieben, bis es eine Entwarnung gab, dass keine weiteren Verbrechen zu befürchten waren.

»Freiheit für alle«. Nachdem die Parole auf Toms Handy aufleuchtete, fühlte er sich mehr als bereit. Warum so ein Aufsehen um seine Springerstiefel gemacht wurde, hatte er noch nie verstanden. Dennoch war es wie das Anziehen einer Uniform, als er sie zuschnürte und die Tür hinter sich schloss. Aufgestachelt von den auf und ab flimmernden Breaking News, zog er mit in die einschlägigen Parks. Dort, wo sie sich sicher sein konnten, dass sie auf die trafen, die sie zu jagen beabsichtigten. Keine Kinder, keine Frauen war ihm eingedrillt worden. Von Jugendlichen war schon weniger die Rede gewesen. Zu lange hatte er dabei zugeschaut, wie jetzt all die anderen abhingen, dort wo sie Nachmittag für Nachmittag ihre Zeit vertrieben hatten. Ein Park, um den Frauen unterschiedlichen Alters seit jeher einem weiten Bogen machten. Als sie selbst den rauen Ton dort angaben, hatte ihn dieser verruchte Ruf mit Ehrgefühl erfüllt. Die Alten hatten Angst vor ihnen. Tom und seine Freunde gaben sich unempfindlich, unnahbar und beherrschend. Später einmal hatte sich das verschoben, er war dem Parkalter entwachsen, jetzt waren »die« dort. Die Wurzel des Übels. Zur Stunde die Mörder ihres Präsidenten. Dass er genauso nach der Wahl »not my president« gepostet, auf Häuserwände gesprüht und vielfach hinausposaunt hatte, war gegenwärtig nicht wichtig. Was konnte ihm Besseres passieren. Zwei Fliegen mit einer Klappe. Das Staatsoberhaupt weg und der Öffentlichkeit war gleichzeitig die Bedrohung der islamistischen Gefahr gezeigt worden. Springerstiefel, Schlagstöcke, eine Bierfahne. Dort warteten schon die anderen. Genauso bewaffnet, grimmig und entschlossen. »Hey, ihr habt hier nichts zu suchen.« »Wer sagt das?« »Zurück in die Wüste mit euch.« Es brauchte nicht viel, bis ihn der erste Stein auf der Wange traf. Aufgestachelt von dem Schmerz warf er sich seinem Gegenüber entgegen. Bereit, überlegen zuzuschlagen. Es erfüllte ihn mit Genugtuung, den anderen an der Schulter zu packen, die Nase mit der Faust zu treffen. Blut spritzen zu sehen. Fußtritte. Die anderen wirkten trainiert, sie wussten, wo sie zutreten mussten, damit es wehtat. Ihm dröhnte der Schädel. Er merkte, dass es genauso bei den anderen heiß herging. Fast fühlte Tom sich erleichtert, als die Polizeisirene losheulte und die Bullen dazwischen fuhren. Ausweiskontrolle. Die anderen hatten keine mit. Sie wurden abgeführt. Ab aufs Präsidium. Hämisch musste er grinsen. »Freu dich nicht zu früh. Ich kenne dich. Heute kommt ihr einmal davon, aber ein nächstes Mal, nehme ich euch genauso mit«, brummelte der Bulle, den er schon häufiger hier gesehen hatte. »Findet ihr wirklich, dass wir jetzt nichts Besseres zu tun haben, als in eurem Kindergarten Frieden zu stiften?« Der Bulle nahm all ihre Personalien auf, schloss dann die Türen und zog mit den anderen ab.

Nicht nur er war anständig bedient. Natürlich ließ er es sich nichts anmerken, aber er war erleichtert, als sie alle den Rückzug antraten. Nicht ohne die üblichen Siegessprüche. Verabredeten sich für morgen. Da soll es weitergehen.

Die Parole erklang in ihren gesamten internen Netzwerken. »Freiheit für alle«. Häuser wurden besprüht und islamistische Kulturvereine brannten. Endlich konnten die harten Jungs beweisen, was sie draufhatten. Sie mochten Befehle. So führten sie gern diesen aus: Wenn Moslems uns bedrohen, zeigen wir ihnen, wer hier die Leitkultur vorgibt. Verschont Frauen und Kinder, aber zeigt klare Zeichen, wer hier gewollt ist und wer nicht. Macht es lärmend. Die afghanischen, türkisch nationalistischen und all die anderen harten Jungs werden sich das nicht mühelos gefallen lassen. In den ersten Straßen ging es schon laut her. Immer mit dabei waren geschickte Fotografen, die live berichteten, grausame Szenen dokumentierten und diese sofort teilten. So lange sie es in der Hand hatten, konnten sie die Zügel etwas lockerer lassen. Straßenkämpfe wie diese zeigten endlich die wirkliche Fratze hinter all dem liberalen Getue. Dass wir nicht erst seit gestern dort angekommen sind, wovor sie bisher nur gewarnt hatten. Die Straßen gehörten schon lange nicht mehr unseren Leuten hier. Es galt, sie zurückzuerobern. FREIHEIT FÜR ALLE!

Paula öffnete langsam die Augen und tastete nach Elias. Es ist dieser schmale Grat zwischen Schlafen und Wachsein. Paula schmiegte sich an ihn. Froh, dass das alles kein Traum war. Sie waren beide eingeschlummert. Sie beobachtete ihn, bis er ebenso die Augen aufmachte. Zufriedenheit und Glück lagen in seinem Blick. »Weißt du, wie spät es ist?«, fragte sie ihn leise. Er murmelte schlaftrunken: »Keine Ahnung. Warte, ich schalte schnell mein Handy an und schaue nach.« Halt! Wollte sie rufen, sie fühlte sich nicht bereit, an die Welt anzudocken. In dem Moment hatte er schon das Gerät in seiner Hand. Brummeln, wieder und wieder. Paula setzte sich überrascht auf. »Was ist denn los bei dir?« Auch Elias hatte sich hoch gehievt. »23 versäumte Anrufe. Paula, da ist irgendetwas passiert.«

Paula rief ein lautes »Hola« ins Haus. Koriander, Zwiebel, Huhn und Limette – ein vertrauter Duft stieg ihnen in die Nase. Typisch ihre Mama. Wenn es galt zusammenzurücken, kochte sie. Der Geruch von beruhigendem Essen wie Sancocho, der kolumbianische Eintopf, den Paula liebte, legte sich um sie. In dem Moment tauchte schon ihre Mum auf. Nachdem sie Paula lang und kräftig umarmt hatte, schob sie sie in den Gang und schloss Elias mindestens genauso ausgiebig in ihre Arme. Hinter ihr tauchten ihr Pa, Schmitti und Angelica, dahinter Fernando und seine Familie auf. Alle waren da. Wenigstens das. Alle erschienen fahrig. Paula warf einen Seitenblick auf Elias. Sie merkte, wie verschreckt er von Schmittis Anblick war. Sie hatte versucht, ihn darauf vorzubereiten, dass er stärker gezeichnet war als noch vor ein paar Wochen von dem Schrecken, der in ihm wucherte. Schmitti lehnte an der Wand, so als würde ihm jede Bewegung Extraenergie abringen. Der Fernseher, der bei ihren Eltern ohnehin immer lief, war lauter als sonst gestellt. Alle umarmten sich nacheinander. Ihr Paps winkte sie herein: »Kommt – gleich beginnt die nächste Pressekonferenz«. Sie quetschten sich auf und neben dem roten Sofa zusammen, als wäre es längst eingeübt hier zu sitzen und zuzusehen, wie alles langsam auseinanderfiel. Die Besetzung im prunkvollen Pressesaal des Bundeskanzleramts schien eindrucksvoll: der Bundeskanzler, Innenminister, Verteidigungsminister und Erzbischof standen aufgereiht vor den Rednerpulten. »Warum der?«, wunderte sich Paula laut über Letzteren. Der Bundeskanzler begrüßte wieder einmal mit

»liebe Österreicherinnen und Österreicher«. Paula konnte es sich nicht verkneifen, zu kommentieren: »Wir sind demnach nicht gemeint«, was ihr nur einen ermahnenden Blick von Elias einbrachte. Elias fand es schon immer irritierend, wie sie hier fernsahen, so, als würde ein Radiogerät im Hintergrund laufen. Selbst wenn sie sich zum gemeinsamen Abend auf einen Film in ihrer Familie einigten, wurde getratscht, gelacht und häufig völlig unabhängig von der vor ihnen flimmernden Handlung diskutiert. Im Alltag lief der Fernseher meist nicht laut, sondern nur als beruhigende Geräuschkulisse. Paula war damit aufgewachsen, dass der Fernsehton ihr anzeigte, ob jemand daheim war. In ihrer gemeinsamen Wohnung waren große Bildschirme aus dem Wohnzimmer verbannt, was Paula gut so haben konnte. Aber sie teilte nicht die – nach ihrem Gefühl – etwas arrogante Meinung, dass ein laufender Fernseher sämtliche Familienkommunikation und eigenständige Denkleistung unterminierte. Würden Elias' Theorien stimmen, dann wären ganze Landstriche gehirngelähmt. Aus ihrer eigenen Erfahrung mutmaßte Paula eher, dass Menschen, wie sie, die mit einem ununterbrochen laufenden Fernseher aufgewachsen waren, es eingeübt hatten, ihn als freundlichen Wohnungsgenossen zu erleben. Ein Vertrauter, der Hintergrundstimmung lieferte. Auf den man sich kurz einmal beziehen konnte, aber der nicht mehr in den Alltag eingriff als eine Katze, die flüchtig hochsprang, sich streicheln ließ und dann wieder alleine ihr Ding machte. Einen Teil der Kritik konnte Paula verstehen. Es gab zu viele seltsame Fernsehformate. Zu viel Werbung, die wohl auf das Konsumverhalten Einfluss nahm. Dennoch, sie hatte den Verdacht, dass es letztlich eine Klassenfrage war und der Wunsch einer akademisch gebildeten Schicht nach Abgrenzung der eigentliche Grund war, warum über durchgehende Fernsehbeschallung der anderen Gesellschaftsschichten die Nase gerümpft wurde.

Jetzt wirkte das Setting jedoch ungewöhnlich. Kein Familiengeschnatter kam auf – der Raum füllte sich mit gemeinsamer Konzentration.

Der Bundeskanzler sprach weiter: »Gestern wurden wir zum zweiten Mal innerhalb von zwei Jahren Opfer eines terroristischen Anschlags. Kurz nachdem die französische Außenministerin und danach der deutsche Verfassungsrichter ermordet wurden, wurde unser Bundespräsident auf offener Straße getötet. Das Muster wiederholte sich bei allen drei Attentaten. Die Personenschützer des Präsidenten machten den Attentäter an Ort und Stelle unschädlich. Die gerufenen Notfallhelfer reagierten mit großer Schnelligkeit und Mut. Unsere Gedanken und Gebete sind bei den Angehörigen und Freunden der drei Verstorbenen. Eindrücklich zeigten die letzten Stunden, wie tief die Trauer in unserem Land um unseren Herrn Bundespräsidenten empfunden wird. Kofi Annan, der während 9/11 Generalsekretär der Vereinten Nationen war, rief damals die Völkergemeinschaft auf, nicht nur zu bezeugen, wofür sie stehen, sondern vielmehr, wogegen sie gemeinsame Stärke zeigen würden. Es gilt zusammenzuhalten. Terrorismus will die Grundfeste unserer Werte angreifen. Wir werden dem Extremismus keinen Millimeter Raum geben. Wenn sie uns entzweien können, haben sie gewonnen. Wir sind aktuell aber ebenfalls unter Zugzwang.« Paula horchte auf, Zugzwang, was für ein Wort. »Wir werden sämtliche rechtsstaatlichen Möglichkeiten ergreifen, um uns alle zu schützen.«

Anschließend trat der Innenminister ans Mikrofon: »Terrorismus zieht Terrorismus nach sich. Wir dürfen nicht so weitermachen wie bisher. In vier wichtigen Punkten gilt es, entschlossen vorzugehen, damit Einzeltäter, die sich durch langjähriges Training, inspiriert vom Beispiel anderer, nicht hinleiten lassen, einander zu kopieren. Erstens zeigt das gemeinsame Tatmuster klar, dass diese abscheulichen Verbrechen durch ein internationales Netzwerk verbunden sind. Sie sind durch niederträchtige Geisteshaltungen mit muslimischem Hintergrund entwickelt, mit dem Ziel Spaltung zu sähen und Hass zu verbreiten. Eine Ideologie, die behauptet, dass Islam und europäische Ideale wie Freiheit, Demokratie und Menschenrechte miteinander unvereinbar sind. Wir sind nun aufgerufen diese Menschen von der Gewalt abzubringen, ihnen klar zu zeigen, dass die pluralistischen, österreichischen, westlichen Werte dem überlegen sind, was dschihadistische Kreise ihren Anhängern anbieten.

Zweitens haben wir, in den letzten Jahren viel zu sehr extremistische islamische Tendenzen toleriert. Hier ist es unumgänglich, mehr Entschiedenheit zu zeigen und eindringlich zu verdeutlichen, wer bei uns willkommen ist und wer nicht. Es ist notwendig, den Terror dazu in internationaler Allianz zu bekämpfen.

Drittens müssen wir den islamistischen Verflechtungen ihren unbewachten sicheren Raum im Internet beschneiden. Es gilt, entschlossen vorzugehen, um diesem bedrohlichen Wildwuchs ein Ende zu bereiten.

Viertens ist es ein Gebot der Stunde, unsere Terrorstrategie angesichts der immer größer werdenden Netzwerke anzupassen. Wir müssen rasch handeln, um Hintermänner zu identifizieren.

In Zeiten der Krise werden wir tätig werden, wie es schon allzeit unsere Stärke war. Wir werden zusammenstehen, an einem Strang ziehen und unseren Feind bekämpfen, damit hier alle in ihrer Würde gleichermaßen ohne Angst und Schrecken leben können. Wie die vier strategischen Punkte umgesetzt werden, wird ihnen der Verteidigungsminister darlegen.«

Der Schreiberling des Bundeskanzlers hatte Material von ihnen verwendet und das nicht zu knapp. Islamischer Hintergrund, 9/11, zu massig Toleranz in den letzten Jahren. Es war kaum zu fassen. Selbst den Erzbischof hatten sie angekarrt, wie von ihnen geraten. Was für ein kräftiges Zeichen, dass die Leitkultur hier die christliche sein und bleiben muss. Es nahm an Fahrt auf. Ihre Ohren und Augen schienen überall. »Hydra Islamismus« das Bild dieses schleimigen, schlangenähnlichen Fabelwesens mit den vielen Köpfen, das überall Gift, Zwietracht und Unfrieden verbreitete war ihm schon immer als treffend erschienen. Schlug man einen Kopf ab, entstanden im gleichen Augenblick an anderer Stelle zwei neue. Der Vergleich wirkte. Er war nicht weit hergeholt. Die allerorts aufpoppenden Postings bezogen sich ebenso auf das Phantasiegeschöpf und brachten den Terror und die Bedrohung mit islamischen Netzwerken in Verbindung. Jetzt mitten unter uns. Die Meldungen holten aber auch weiter aus, berichteten von dem giftigen dogmatisierenden Atem, der Weltengegenden durchdringt. Jeder Sieg gegen radikalmuslimische Gruppen, sei es in Syrien, Pakistan, Irak, brachte neue Krieger hervor. Radikalisierung passierte mitten unter uns. Die Vermischung der Kulturen kreierte dieses Monster. Zählte man die antimuslimischen Ausschreitungen der letzten Stunden, so schienen das nicht mehr nur ihre Leute zu sein. Sie kamen aus Regionen, in denen sie zu wenig präsent waren. Er könnte jubeln. Es funktionierte. Nicht nur sie mobilisierten in ihren Reihen, all die wütenden gewaltbereiten islamistischen Männer riefen zur Gegenwehr auf. Es sei an der

Zeit, sich nicht mehr alles gefallen zu lassen. Muselmännische Gebetshäuser mobilisierten. Hier, aber ebenso in Frankreich und Deutschland. Die Stimmung wandelte sich. Autos brannten, Straßenkämpfe lieferten eindrucksvolle Bilder. Endlich fiel es der Allgemeinheit wie Schuppen von den Augen, wozu sie sich all die Jahre verschaukeln lassen hatten. In allerkürzester Zeit werde ein Notstandsgesetz in einem Eilverfahren des Parlaments verabschiedet. Ha, er rieb sich genüsslich die Hände, als er diese Neuigkeit las. In dieser Atmosphäre werden sich die Linken niemals trauen, Protest einzulegen. Verstärkte Überwachung muslimischer Gruppen war angeordnet worden. Eine strenge Abschiebepraxis bei einschlägigen Aktionen wurde gefordert. Ausgangssperre war umgehend verhängt worden. Die Grenzen waren dicht, damit Hintermänner nicht ausreisen können. Die Maßnahmen sollen zunächst zwei Wochen gelten, bis Ruhe und Stabilität wiederhergestellt werden könne und der Bundespräsident beerdigt werde. Farewell, Presidente. Was fühlte er sich froh, ihn los zu sein. Zwei Wochen hatten sie Zeit gewonnen, damit es zu einer tatsächlichen nachhaltigen gesellschaftlichen Wende kommen konnte.

Paula hatte genug gehört. All diese weichen Worte von Zusammenhalt und Verteidigung des Friedens erschienen ihr unheimlich. Der Erzbischof sprach nur kurz und schloss mit folgender Erzählung: »Vor gar nicht langer Zeit war Südafrika im schrecklichen Griff der Apartheid gefesselt und seine Bürger von Gewalt heimgesucht. Als der dunkelhäutige Erzbischof Desmond Tutu dazu interviewt wurde, wie er in dieser aussichtslosen Lage aktiv sein konnte, antwortete er: ›Als Christ bin ich ein Gefangener der Hoffnung.‹ Lassen sie uns in der Hoffnung zusammenstehen, dass wir diesen Schrecken gemeinsam überwinden können.«

Was daraufhin kam, war Paula vollständig neu. Ihre Mutter stand auf, fragte niemanden, sie schaltete den Fernseher einfach aus. Alle, die nicht zu ihrer Familie gehörten, bekamen die Dramatik dieser Handlung nicht mit, aber Fernando und Paula wussten Bescheid. Sie hatte genug davon. Es war Zeit, den Sancocho wirken zu lassen.

»Ihr habt ungelogen gar nichts von all dem mitbekommen die letzten Stunden?«, fragte Fernando ungläubig. Amüsierte Blicke wurden gewechselt. Paula stieg die Röte ins Gesicht, während Elias versonnen, fast stolz, schmunzelte. Auch hier unterschieden sie sich. Aufklärung hatte bei Paula unter Gleichaltrigen stattgefunden. Allen in ihrer Familie schien vollkommen klar, dass das Thema zu intim war, um flapsig darüber miteinander zu reden. Anders bei Elias. Zweideutige Anspielungen waren bei ihm an der Tagesordnung, egal ob Verwandte ebenso anwesend waren oder nicht. Paula wusste dann nie recht, ob sie amüsiert oder unbeteiligt schauen sollte. So, als hätte das alles nichts mit ihr zu tun. An und für sich mochte sie diesen freieren Umgang und musste oftmals innerlich grinsen, weil hinter der großen Klappe, die Elias nach außen zeigte, dann in tatsächlichen intimen Situationen eine sprachliche Schüchternheit steckte, das zu benennen, was zwischen ihnen passiert. Soweit sie sich erinnern konnte, gab es nur eine einzige Szene, in der sich ihre Mutter ihr gegenüber offen zu Sexualität geäußert hatte. Auf dem Weg nach Hause von der Kirche. Der Priester hatte einen Hirtenbrief des Papstes verlesen, in dem es um moralische Werte in der Beziehung ging. Ihr konservativer Priester hatte sich dazu verstiegen, Intimität außerhalb der Ehe in allen Nuancen zu verteufeln. Ihre Mutter war hin und her gewetzt, hatte sich dann Paula und Fernando zur Seite genommen und anschließend eindringlich gemeint, dass vermutlich jeder andere kompetenter wäre über Sexualität und Beziehung zu reden, als der Papst und all diese Männer, die sich in hochgeschraubten Zeremonien von genau diesem Teil des Lebens verabschiedet hatten. Paula stand damals der Mund offen. Später mutmaßte Fernando, dass ihre Mutter das Thema mit Maria verbunden hatte. Womöglich, so seine Theorie, warf sie sich vor, sie alle zu wenig ermuntert zu haben, freimütig und ehrlich daheim davon zu reden, wer ihnen gefiel und mit wem sie Kontakt hatten. Vermutlich eine der zahlreichen verzweifelten Versuch zu verstehen, was da passiert war, als die *paramilitares* Zugriff zu ihren Töchtern bekommen hatten. Jetzt, diesen Gedanken weiterdenkend, fiel Paula auf, dass Elias vermutlich recht hatte. Offenbar wussten ihre Eltern schon längst mehr, als sie sich dachte. Ahnten, dass sie nicht gewaltsam verschleppt, sondern durch Begehren verführt worden waren, diesen Weg zu gehen. Paula schüttelte die Besorgnis weg. Jetzt war genug Dringliches im Raum. Elias fragte: »Ist euch aufgefallen, dass sie ständig von islamisch statt islamistisch gesprochen haben, vorher bei der PK? Als würden sie Salz in die Wunden streuen wollen, die draußen ohnehin aufklaffen?« Er und Paula hatten rasch das Internet durchwühlt, um sich einen Überblick zu verschaffen. Die vielen Nachrichten, die über unterschiedliche Gruppen bei ihnen eingingen, waren aber nach wie vor ungeöffnet. In Spanisch und Deutsch flogen die Sätze durch den Raum. Mittlerweile konnten alle Beteiligten beide Sprachen so mühelos, dass dieses Kauderwelsch funktionierte. »Auf dem Weg hierher bin ich auf eine dieser vermummten, männlichen Horden gestoßen. Viele hatten nur einen Flaum im Gesicht, sie waren eher noch Kinder. Türkisch- oder arabischstämmig. Wenn die auf eine dieser rechten Banden treffen, kann ich mir vorstellen, dass es heiß hergeht. Seltsam, dass die Polizei nicht präsenter ist. So, als wäre es ihnen recht, dass die sich gegenseitig verprügeln«, erzählte Fernando. Das Wort »Flaum« war Paula noch neu. Sie notierte es innerlich. Elias führte seinen Gedanken weiter: »Manchmal denke ich mir, es ist wie ein Schneebrett, dass sich aus der Masse löst, mehr und mehr Schnee mit sich nimmt, bis es irgendwann eine Lawine ist. Ich meine damit nicht nur die Grauen Wölfe, oder wie die islamistischen Gruppen heißen, mindestens genauso verhalten sich all die rechten Bewegungen, die jetzt so tun, als müsste man Österreich verteidigen. Wenn das hier in Österreich dermaßen anschlägt, könnt ihr euch vorstellen, wie es in Deutschland oder Frankreich rundgeht? Mitten in den benachteiligten Banlieues beziehungsweise den Landstrichen, wo sich der rechte Gedanke festgesetzt hat?«, ergänzte Elias. Fernando setzte dagegen: »Aber all diese Unruhe, selbst die Attentate. Geht es nicht darum, sich auszuliefern? Dorthin zu gehen und zuzuhören, was genau die jetzt wütend macht, die übereinander herfallen? Die jungen muslimischen Männer, wie oft sie es seit ihrer Kindheit gehört haben, dass sie nicht hierhergehören würden, keine echten Österreicher sind und als nicht intelligent genug angesehen werden. Letztlich genauso viele der Rechten. Es wäre wichtig, zu verstehen, wie es angefangen hat und was sie anheizt. Gewalt ist die Sprache der Ungehörten. Österreich hat lange darauf aufgebaut, Ruhe und gesellschaftliche Unbeweglichkeit zu überliefern. Wie schwer es hier ist, den sozialen Status der Herkunft abzuschütteln. Irgendwen gibt's immer im Hintergrund, der davon profitiert.« Bevor das zu einem marxistisch-sozialistischen Redewettbewerb der beiden verkam, stand Paula auf, um die Teller abzuräumen. Elias gesellte sich zu ihr.

Ihre Mum, die aufsprang, um einzugreifen, wurde sanft zurück in den Sessel gedrückt. Zu zweit in der Küche berührte Paula ihn am Oberarm: »Elias?« »Mh?« »Macht dir das alles Angst?« »Ich fühle mich wie in einem anderen Film. Eben am Schiff, wollte ich hierher in den sicheren Hafen einlaufen, um einmal all das zu verarbeiten. Aber die wankenden Planken im Sturm habe ich offenkundig nicht abschütteln können. Was passiert mit unserem Land?« Sie liebte ihn dafür, dass er »unser Land« sagte. Ihm fiel es vermutlich gar nicht auf, ihr war es jedoch wichtig, mitgemeint zu werden. Vor allem jetzt. »Du, Elias?« »Mh?« »Ganz was anderes, ich habe vergessen, dir etwas zu sagen.« »Hast du dich in jemand anderen verliebt in der Zwischenzeit?« »Depp.« Sie warf das Geschirrtuch nach ihm. »Ich habe die Pille abgesetzt.« Elias drehte sich um, nahm sie fest in den Arm und drückte ihr einen Kuss auf die Nasenspitze. Leuchtende Augen. Das reichte als Antwort.

Paula notierte in ihrem Heft

Flaum bedeutet kleiner, zarter Haarwuchs. Wird oft in Verbindungen mit Babyhaaren oder erstem Bartwuchs verwendet. Kommt von althochdeutsch phluma – Flaumfeder. Klingt so zart, wie das, was es beschreibt.

Zugzwang bedeutet, unter Druck gekommen zu sein, dass man handeln muss. Es war ursprünglich ein Schachfachbegriff für eine Position aus der jeder mögliche Zug den Spielenden in eine schlechtere Lage bringt. Von dem her aufschlussreich für die Rede über Terrorismus. Sich von Angst zum Handeln gezwungen fühlen, ist nicht gut. Zugzwang kann schwer übersetzt werden, daher wird es zum Beispiel im Englischen ebenso als zugzwang verwendet.

Paula schrieb an die Kursteilnehmenden eine Nachricht als Versuchsballon: »Wie geht es euch in dieser grausamen Zeit? Könnt ihr zum Kurs morgen kommen?« Die Frage löste eine WhatsApp-Lawine aus, als würden alle schon auf diese Nachricht warten. »Liebe Frau Paula. Ich nicht kommen. Ich Angst. Besser zu Hause bleiben jetzt, meine Tochter von fremder Frau Ohrfeige bekommen wegen Kopftuch. Alles Gute!« »Liebe Frau Paula – ich auch nicht. Hier nix gut, Bruder untergetaucht. War dabei bei Schlägereien. Vielleicht bald abgeschoben. Ich auch große Angst. Ich euch vermissen. Schade, ich hoffe komme bald wieder zu Kurs. Alle passen gut auf euch jetzt, ja?« »Liebe Paula, traurig um den guten Bundespräsidenten. Mir geht es wie den anderen. Ich komme lieber auch nicht.« »Paula, querida, ich wollte schon kommen, aber nur zu zweit? Vielleicht telefonieren wir? Vielleicht können wir den anderen helfen?« »Liebe Frau Paula, ich würde sehr gern kommen, aber ich schaue zu Arabisch aus. Ich bleibe jetzt lieber zu Hause bei den Büchern.« »Liebe Frau Paula, ich habe als Inderin bis jetzt noch keine Probleme auf der Straße. Trotzdem Angst. Ich vielleicht komme, wenn Kinder Zeit haben, mich begleiten, ich melde mich.« So ging's dahin. Einige sagten zu, mehrere waren sich nicht sicher. Die Beklemmung, die Paula fühlte, seit sie das erste Mal die Nachricht erreicht hatte, dass der Bundespräsident ermordet worden war, steigerte sich mit dem Echo aus ihrer Deutschgruppe. Sie hatte sich mit einer Tasse Tee hingesetzt und eine Kerze angezündet. Sie nahm sich die Ruhe, um allen zu antworten und Mut zuzusprechen. Das Hin und Her der Meldungen schien nicht enden zu wollen. Aber sie hatte Zeit. Ihre Teilnehmenden brauchten sie und sich untereinander ebenso. Ihr ging es nicht anders. Obwohl sie mittlerweile verwurzelter schien in diesem Land, ihre Familie hier hatte, und nicht um die, die dortgeblieben waren, bangen musste – bis auf Maria – so konnte sie mühelos das Gefühl der Nicht-Zugehörigen nachvollziehen, dass sich in dieser gesellschaftlichen Brüchigkeit mit einer noch drastischeren Fratze zeigte. Wie seltsam es wirkte, dass sie als Latina zur »beliebten« Schicht der »Fremden« gehörte. In den Vereinigten Staaten wäre das anders. »Elias, Angelica, Schmitti, habt ihr kurz Zeit?«, rief sie ihre kleine neue Familie aus ihren Löchern. Jeder von ihnen hing am Handy, Computer oder sonst einem Gerät und verfolgte fieberhaft die Medien. Sie tauchten wie aus einem Strudel der Ungewissheit auf. Die Anspannung war allen anzumerken Paula las eine der Nachrichten ihrer Truppe vor, die von Angst, Übergriffen und Verstörung erzählte. »Was denkt ihr? Soll ich absagen? Drei haben bisher zugesagt. Paolo, Dayita und Marc, die drei, die wegen ihrem Aussehen offensichtlich nichts zu befürchten haben.« Wie düster das klang. Wie wahnsinnig, dass sich innerhalb weniger Tage weite Bevölkerungsgruppen offenkundig nicht mehr auf die Straße trauten. Zwei der Attentäter waren tot. Der »Österreichische« war an Ort und Stelle getötet worden, der »Deutsche« wurde mysteriöserweise vergiftet im Wald versteckt aufgefunden. Man ging von Selbstmord aus. Der »Französische« war schon längst identifiziert, aber bisher noch nicht gestellt worden. Von diesen jungen Männern sprach niemand als Individuen, die selbst Träume, Hoffnungen und geliebte Menschen um sich gehabt hatten. Die Ausschreitungen brannten in allen Regionen des Landes. Todesopfer im Rahmen der Tumulte gab es erst eines. Ein junger Moslem, der an einem Haus geklingelt hatte, weil er sich verfahren hatte. Er war als Essensbote so sorglos gewesen, seine Uniform im Auto zu lassen. Genaueres wusste man nicht, aber der Mann schlug ihm die Tür vor der Nase zu. Eine vorbeiziehende rechte Horde hatte das beobachtet und ihm vorgeworfen, Nachbarn zu belästigen. Sie hatten ihn so unglücklich weggestoßen, dass sein Kopf gegen einen Pflasterstein prallte und er vor Ort verstarb. Das Gefühl sich um vermeintliche Sicherheit bemühen zu müssen, schien exponentiell gestiegen zu sein. Jedes Jahr wurde in Österreich mehr für Schutz ausgegeben. Es war eher die Angst vor Bedrohung als eine faktische, die diese Spirale der Aufrüstung von Sicherheitssystemen schneller drehen ließ. Niemand stellte dabei die Frage, was all diese Ängste auslöste und wie sie gesamtgesellschaftlich am besten zu lösen seien.

Aber darum ging es jetzt nicht. Paula beriet mit ihrer Wohngemeinschaft, wie der Kurs trotzdem stattfinden könnte. So austauschbedürftig, wie sie sich zurzeit über WhatsApp gezeigt haben, wäre es gut und wichtig, alle zusammenzubringen.

Schmitti – trotz des von Müdigkeit gezeichneten Gesichts – sprach das aus, was sich alle dachten: »Das geht nicht, die dürfen nicht in ihren Miniwohnungen hocken und sich bedroht fühlen. Die gehören zusammen. Wie wäre es, wenn wir sie hierher einladen. Alle gemeinsam? Jeder bringt etwas mit. Wir machen eine Party.« Sie setzten sich daran, einen Plan zu entwickeln, wer wen begleiten könnte, damit alle sicher und ohne Belästigung hierherkamen. Fertig geplant, brauchte es nicht viel Überzeugungsarbeit, bis das Wichtigste geregelt war.

Er genoss diese Lagebesprechungen. 200 Blitzabschiebungen von muslimischen Schlägertypen. Gemeinsam arbeiteten sie weiter am Mapping, welche Bezirke bereits involviert waren und wo es galt, nachzuheizen. Der Blick auf die interaktive Landkarte wirkte eindrucksvoll. 57 % grün – definiert durch Schlägereien, außerdem waren die Medienberichte in ihrem Sinn gestaltet und wahrscheinlich würden Verurteilungen passieren, die mindestens ein Abschiebeverfahren auslösen werden. 30 % orange, in diesen Bereichen passierte eines davon und rot, Bezirke, in denen es bisher verhältnismäßig still war. Medienclippings und Analyse der sozialen Netzwerke ergaben, dass ihre aufgebauten Kontakte sich allesamt in ihrem Sinne geäußert hatten. Praktisch sämtliche Sympathisanten dieses Netzwerkes übernahmen ihre Textfragmente eins zu eins. Die Stimmung, die sich aufbaute in ihrem Land, schien überzeugend genug. Es hätte die Dokumentation persönlicher Schwachstellen gar nicht gebraucht, um diejenigen unter Druck zu setzen, die nicht mitzogen. Sie waren gut beraten gewesen, so breitflächig Gleichgesonnene anzuwerben. Kirche, Gewerkschaft, Politik, Kunst, Medien, Influencer – überall saßen ihre Schlüsselpersonen und zogen einen breiten Teppich der negativen Stimmung über das Land. Der gemeinsame Ton schien klar: Empörung über die Ermordung des Bundespräsidenten, Wut auf muslimische Gruppen, die uns in diese Situation brachten und Ruf nach strengeren Konsequenzen. Die in den letzten Jahren gestärkte Allianz von Volksvertretern und Medien, die sie jahrelang angefüttert hatten, konnten sie ebenso nutzen. Umfragewerte wurden mit dramatischen Geschichten, eindeutigen Analysen und berührenden Porträts ergänzt. Alles von ihnen vorbereitet, zum Teil sogar geschrieben. Es flutschte. Was immer sie anboten, wurde widerstandslos geschluckt. Getragen von der Welle der Zustimmung, schafften sie ein geeintes Auftreten. Die sonst üblichen Machtstreitigkeiten, die in ihren Reihen nicht fremd waren, blieben bisher aus. Österreich, Deutschland und Frankreich waren empfindlich getroffen worden. Die Schlägereien liefen nach Plan und breiteten sich aus. Bisher hatten sie Glück, sie riefen die Polizei immer knapp, bevor es eskalierte, wenn sie merkten, dass die anderen kräftemäßig oder in der Zahl zu überlegen waren. Trotz des Blutrausches auf beiden Seiten konnten sie verhindern, dass es zum Äußersten kam. Die intensiven Ausbildungscamps hatten sich ausgezahlt. Tricks, wie sie verletzten, erniedrigten, aber nicht töteten, konnten ihre Trupps jetzt überzeugend anwenden. Sie wollten Stimmung erzeugen und Abschiebungen *provozieren, aber nicht mehr Gewalt auslösen, als nötig. Schwieriger wirkte es mit den Autonomen und all den Gruppen, die sich selbstständig formiert hatten und untrainiert und unkoordiniert agierten. Dort schleusten sie ihre Kontakte ein, aber mussten dabei auf der Hut sein. In den vom Parlament im Eilverfahren beschlossenen Notfallgesetzen konnten sie ebenso erste Erfolge feiern. Ihre Juristen schienen fähig und wirkungsvoll vernetzt. Sie hatten Geschichte gelernt. Logischerweise ging es nicht so weit, wie damals, aber ihre Juristen berieten sich mit Gesellschaftsforschern, was die verschmerzbare Grenze sein könnte, was sie an Hürden für muslimische Gruppen einbauen könnten und wie diese Trennlinie verschiebbar wäre, ohne großes Aufsehen zu erregen. Die Diskretion funktionierte ebenso in ihren Reihen. So ungeduldig er gewesen war, musste er ihnen jetzt Recht geben. Die lange Aufbauarbeit von Strukturen, Netzwerken und Abläufen machte sich bezahlt. Die ersten islamischen Familien verließen aus freien Stücken das Land, weil sie sich nicht mehr geschützt fühlten. So mühelos es hier lief, wirkte es in Deutschland und Frankreich nicht anders. Im Gegenteil. Es galt von den Interventionen der Kollegen dort zu lernen. Lauter, gewaltvoller, durchdringender empfand er das gesellschaftliche Echo beider Staaten. Die regelmäßigen Austauschtreffen in sicheren Online-Kanälen mit den internationalen Vertrauten ließen ihn jedes Mal siegesgewiss zurück. Er war Teil hiervon. Er konnte früher oder später sagen, er war dabei, als dieses Land und dann im Zuge davon einmal ganz Europa von der muslimischen Gefahr gerettet worden war.*

Paula hatte ihn nicht gekannt. Verständlicherweise nicht. Obwohl es einige in ihrem Bekanntenkreis gab, die mit ihm in seinen unterschiedlichen Wegen des Engagements zusammengearbeitet hatten, bis zu diesem Amt. Dem höchsten im Staat. Trotzdem trauerte sie um diesen Menschen, seine Rolle und ein Land, das sich so einen Präsidenten geleistet hatte. Paula hatte Erfahrung im Trauern.

Angelica packte mit an, sie schoben die Couch ans Ende des Raumes, trugen den Couchtisch raus, sammelten Polster und Sessel und verteilten sämtliche weitere möglichen Sitzgelegenheiten im Wohnzimmer. Sie machten Platz für Schalen, Schüsseln und Krüge. Schmitti hatte schon recht gehabt. Auch das durfte sein, neben dem freudlosen Dunkelgrau der Trauer, eine bunte, vorfreudige Feierstimmung zu schaffen. Bald würden sie hier sein.

Sie hatten sich Autos ausgeborgt und fuhren in Staffeln, so schien es nicht nötig, mehrfache Begleitungen zu organisieren. Dayita kam als Erste, sie brachte einen Krug heißen, dampfenden Chai mit: Schwarztee gekocht mit Milch und Gewürzen wie Zimt, Nelken, Pfeffer, Ingwer und Kardamom, duftend, gezuckert und kräftig. Außerdem einen riesigen Berg Pakora, in Teig gebratenes Gemüse mit Mango- und Kokoschutney. Dayitas einzige Sorge war gewesen, wie sie das Pakora und den Chai heiß transportieren konnte. Diese dampfende Kombination aus süß-aromatisch und pikant-würzig hatte schon öfter Seelen wieder zusammengestückelt. Wenn es tagelang regnete, sich die gesamte Welt in Fluten auflöste, war es keine Frage, wofür die Familie sich am Tisch sammelte, einmal schnupperte, kaute und vor Genuss seufzte. Hinter ihr stiegen Anzor und Karina die Stufen herauf. Paula hob verwundert die Augenbrauen – die beiden kamen miteinander? Karina trug ein Tablet mit Kartoffelpuffer, Anzor einen großen Topf Borschtsch. Nachdem sie die Schuhe ausgezogen hatten, ging er zielstrebig zum Herd und setzte den Topf darauf, um den Borschtsch nochmal aufzuwärmen. Ein schwerer, erdiger und karamelliger Geruch breitete sich aus. Rote Rübe war für Paula schon immer ein Gemüse voller Rätsel gewesen. Satt rot und aufwendig zum Kochen. Hinter ihnen tauchte Samira auf, sie brachte einen Riesenteller sorgsam aufgestapelter Blätterteigröllchen gefüllt mit Schlag, Pistazien, Mandeln und ein Duft von Kardamom mit. Angelica warf Paula einen amüsierten

Blick zu. Sie hatte das vorhergesagt: Wenn jeder etwas mitbringt, ufert das aus und wir haben viel zu viel. Gut, dass sie das auf einem großen Tisch anordnen konnten und ausreichend Behälter besaßen, damit danach alle für ihre Familien und Freunde die Reste einpacken konnten.

Das Bild der Hydra bewahrheitete sich auf den Straßen des Landes. Verglühte ein Krawall an einem Ort, flammte gleichzeitig woanders der Tumult zwischen muslimischen und österreichisch nationalistischen Gruppen auf. Polnischstämmige, russische, kroatische und andere junge Männer mischten sich in diese Handgreiflichkeiten ein. Aufgestaute Wut gab es augenscheinlich allerorts. Und nun entlud sie sich. Was denkst du? Hatte Conny ihn gefragt. Haben wir das alles noch einigermaßen im Griff? Und wie, hatte er innerlich gejubelt. Falls nicht, ist es doch gut, wenn es sich weiter ausbreitet, als wir zu träumen gewagt hatten. Aber er wusste, so durfte er ihr nicht kommen. Sie teilte die Einschätzung, dass es gut war, wenn sich endlich etwas bewegte und die Menschen auf die Missstände aufmerksam wurden, wenn ihre Leute die Chance hatten, aufzuräumen. Sie begrüßte all die Hausdurchsuchungen, die zurzeit durchgeführt wurden und unangekündigten Razzien in muslimischen Gebetshäusern. Sie freute sich, wie die Regierung bemüht war, ein überzeugtes, hartes Vorgehen gegen Islamismus auf sämtlichen Ebenen zu demonstrieren. All das erschien ihnen beiden dringend notwendig. Die Kollateralschäden, dass Kinder, Frauen und alte Menschen manchmal nicht verschont wurden, den Vandalismus und andere Willkür lehnte Conny hingegen entschieden ab.

Sie hatten sich in Schale geworfen. Schmitti schaffte es nicht mehr so lange zu stehen, aber hasste es gleichzeitig, wenn jeder besorgt um ihn herumschlich, darum hatte er sich vorab einen gemütlichen Platz gesichert. Dayita führte das Kommando schon jetzt. Sie hatte schwere farbenfrohe Stoffe, die mit Goldfäden durchzogen waren, auf den Tisch gelegt und die Schüsseln darauf so arrangiert, dass genug Platz blieb für die weiteren Speisen. Alle umarmten sich nach und nach fest und aufmunternd. Die Sorge hatte sich in der kurzen Zeit in ihre Gesichter gegraben. Es wurde von den leichten, unverfänglichen Ereignissen geredet, vom Deutschlernen, den jeweiligen Berufen, den Kindern und dem mitgebrachten Essen. Hasib hatte Falafeln und Hummus gestiftet. Paula hätte das gewettet, sie kannte die Erzählungen von anderen Palästinensern, die schworen, dass niemand sich so gut auf dem Gebiet der Falafel- und Hummuszubereitung auskannte, wie Palästinenser. Dazu legte er eine Riesenpackung dunkler, salziger Oliven. Abdelali brachte Koshari. Ohne im Detail danach gefragt worden zu sein, erzählte er Karina ausführlich von dem ägyptische Nationalgericht: Reis, Linsen, Kichererbsen und Nudeln werden einzeln gekocht, dann zusammengemischt und abschließend mit einer nach Kreuzkümmel duftenden Tomatensauce, Knoblauch, Essig und einer würzig-scharfen Sauce vermengt. Knusprige Röstzwiebeln kommen erst als allerletztes dazu. Koshari war ein Wunderwerk, es kostete wenig, füllte ägyptische Bäuche und nährte nicht nur den Körper. Jeder Haushalt hatte sein eigenes Geheimrezept. Azra brachte Sesamringe und Salep: Ein Milchgetränk, das wie flüssiger Milchreis roch. Azra hatte es aus einem fertigen Pulver mit Milch zusammengerührt und aufgekocht. Dieses wird aus in Wäldern wild wachsenden Orchideenwurzeln des Salepkrautes hergestellt. Azra fügte dem noch Zucker, Haselnüsse, Zimt und Pistazien bei. Marc erfüllte das amerikanische Klischee: Er kam mit riesigen Chipspackungen. Paolo brachte Tamales – in Bananenblätter eingepackter Maisteig mit einer Füllung aus Käse, Bohnen, Tomaten und Chili. Paula liebte sie, sie nahm sich vor, Paolo später zu fragen, wo er denn die Bananenblätter herhatte. Als letztes kamen Amanuel und Mary – wie immer im Doppelpack. Es schien kein Zufall, dass nur mehr die Erinnerungsgeschichten der beiden fehlte, mit ihrer unbekümmert offenen Art, war jeder von ihnen im Kurs präsent, sie stellten sich aber gern in den Hintergrund. Paula war neugierig, ob die beiden erzählen konnten, wie sie die momentane Stimmung wahrnahmen. Ob sie als diejenigen mit der dunkelsten Hautfarbe in ihrem Kurs, seltener Anfeindungen erlebten, als zuvor, weil sich die Feindlichkeit vor allem auf Moslems konzentrierte. Die meisten Menschen in Österreich, so erschien es zumindest Paula, assoziierten den Islam mit dem Nahen Osten und weniger mit den weiten Bevölkerungsteilen Afrikas, die ebenfalls muslimischen Glaubens waren. Amanuel brachte – wie sollte es anders sein – das äthiopische Nationalgericht Injera: Dünne, großflächige, weiche Fladen, zubereitet aus leicht gegorenem Teffbrei, einem hirseartigen Getreide, das nur in den Hochebenen Äthiopiens wuchs. Dazu hatte er in kleine Schüsseln verschiedenste Saucen mitgenommen: Eine Kartoffelsauce, Tomaten-, Fisolen- und Rindfleischsauce. Alles war intensiv gewürzt. Paula knurrte der Magen. Mary brachte einen Topf Ful – einen Bohneneintopf, der nach Kreuzkümmel, Zitronen, Zwiebeln, Knoblauch, Petersilie und Tomaten duftete. Abdelali verwickelte sie sogleich in eine Debatte über die Unterschiede beziehungsweise Gemeinsamkeiten eines ägyptischen und südsudanesischen Fuls. Abdelali schien es in den Fingerspitzen zu jucken, zu kosten, Mary gab sich jedoch streng. So lange sie nicht alle aßen, war nichts zu machen.

Paula staunte, wie unkompliziert sich alle in ihrer gemeinsamen, zu kleinen Wohnung bewegten, sich bei Elias vorstellten, mit diesem berauschenden Geruchskonzert im Hintergrund miteinander lachten und tratschten. Im Grunde genommen hätte sie auf das Deutschlernen gepfiffen, selbst wenn das vordergründig der Anlass gewesen war, um zusammenzukommen. Aber ihre Gäste sahen das entschieden anders. Zumal sie sich extra vorbereitet hatten. Mary und Amanuel waren begierig darauf, ihre Erinnerungsgeschichten ebenso zu teilen. Dass das viele Essen inzwischen kalt wurde, ließen sie als Argument gegen das Deutschlernen nicht gelten. Nachdem es geklärt war, dass jetzt erst einmal geübt und erst dann gegessen und getratscht werden sollte, hatte die stille unauffällige Karina das Kommando übernommen. Sie hatte durch ihre Hinterhofküche und Ausspeisung Erfahrung mit beengten Verhältnissen und Improvisation. Im Handumdrehen hatte sie sich einen Überblick verschafft, was heiß genug war. Diese Töpfe wickelte sie in dicke Decken. Die restlichen Speisen stellte sie in den Ofen oder auf die Herdplatten mit niedriger Temperatur. Schmitti, Angelica und Elias hatten sich mit Bedauern in den Gesichtern aus dem Wohnzimmer getrollt, um in einer Stunde wiederzukommen. Paula begann mit der üblichen Frage, wie es ihnen ging und was sie in den letzten Tagen gemacht hatten. Eine Frage, die Schleusen öffnete. Praktisch alle erzählten von Angst, beobachteten Übergriffen und dem Gefühl, dass der Raum um sie schrumpfte. Sie berichteten von Kindern, die sich nicht mehr in die Schule trauten, von Fratzen und provozierenden Zeichnungen unweit von Gebetshäusern und von Klingelstreichen mitten in der Nacht, Jugendliche, die »Polizei, Polizei« in die Gegensprechanlage riefen und tatsächlichen Razzien – vorrangig um zwei, drei Uhr in der Früh. Sie erzählten, wie es sich anfühlte, wenn Terrorkommandos mit voller Montur bestehend aus Einsatzkräften, die nur Deutsch konnten, in die Wohnung eindrangen, wenn Kinder an die Wand gestellt und abgesucht wurden und Waffen auf sie alle gerichtet, Schrecken verbreiteten, wie sie dann versuchten in der von Staatsgewalt beschmutzten Wohnung sich vom Schock zu erholen. Sie erzählten von jungen Erwachsenen, Kindern von Bekannten, die in Schlägereien gerieten. Wie diese Familien zitterten, ob ihre Kinder verurteilt oder sogar abgeschoben wurden, obwohl sie trotz türkischer, ägyptischer, irakischer oder afghanischer Staatsbürgerschaft hier geboren waren. Es waren Erzählungen voller Kälte. Irgendwann wollten sie dann nicht mehr berichten und forderten ein, Vokabeln und Grammatik abgefragt zu bekommen. Paula merkte, dass alle Fortschritte gemacht hatten, womöglich, weil es ihnen Sicherheit gab, sich an dem Üben der Sprache anzuhalten, vermutlich aber ebenfalls, weil sie sich nicht so wie sonst hinaustrauten. Die Übungsbögen boten ein wenig Abwechslung.

Mary und Amanuel hatten ihre Erinnerungstexte vor sich liegen. Mary wollte anfangen. Obwohl Dinka ihre Muttersprache war, hatte sie den Text auf Arabisch abgefasst. Möglicherweise, weil sie sich dann Unterstützung bei der Übersetzung ins Deutsche von ihren Sprachkollegen erhoffte.

Sie begann mit ihrer einnehmenden Stimme auf Arabisch: »Im Südsudan hört man oft die Phrase: ›Lass mich dir eine Geschichte erzählen.‹ Alle lieben Legenden und Sprichwörter. Man entkommt kaum einer Unterredung, ohne die eine oder andere Erzählung mitbekommen zu haben, egal, ob es ums Wetter geht, um Fragen der Kindererziehung, um Kochrezepte beziehungsweise täglichen Tratsch. Meine Großmutter war eine unvergleichliche Geschichtenerzählerin. Am schönsten fand ich es am Feuer, aber auch beim Zwiebelschneiden, Hofkehren, dem Weg zum Wasser, wann auch immer, erzählte sie Geschichte um Geschichte. Ich kann mich erinnern, dass der nächste Brunnen bei uns tief war. Ich liebte es, mich über den Rand zu lehnen und hineinzuspähen, sobald der Deckel weggeschoben wurde. Das war wegen der Gefahr, hineinzufallen, strengstens verboten. Trotzdem gab es für mich nichts Schöneres, als dem Kübel zuzuschauen, wie er tiefer und immer tiefer hinuntergelassen wurde. Insgeheim fühlte ich mich jedes Mal etwas enttäuscht, sobald ich das Platschen hörte, wenn er weit unten am Wasser aufschlug. Das war närrisch von mir, denn eines Tages erlebten wir den Moment, in dem das Seil nicht reichte. Der Wasserstand war zu niedrig und unten nur mehr breiiger Sand. Wir mussten uns ein neues Wasserloch suchen, das wollte ich dann auch nicht. Mir war es in meiner Fantasie nur darum gegangen, dass der Brunnen ein Weg in eine andere Welt sein sollte, mir vorzustellen, dass es da niemals aufhört. Auf jeden Fall erzählte mir meine Großmutter auf dem Weg zum Brunnen die Geschichte, von einer Zeit, in der eine ewig gespannte Schnur den Himmel und die Erde verband. Himmelswesen zeigten sich dem Erdboden nah. Sie halfen in Not und Angst, Erdenwesen waren dem Äther nah. Die Kommunikation funktionierte. Jeder wechselte mühelos über die Schnur von hier nach da. Genau diese Verbundenheit wirkte wie ein innerer Kompass, um so zu handeln, wie es dieser Leichtigkeit entsprach. Eines Tages kletterte eine Frau auf die Schnur, obwohl es strengstens verboten war – wie es jetzt verboten ist, sich über den Brunnenrand zu beugen –, nahm sie ein Messer mit auf dem Weg nach oben. Aus Unachtsamkeit rutschte ihr das Messer aus der Hand. Es durchschnitt die Schnur und damit die Verbindung zwischen Himmel und Erde. Seither gibt es keinen Austausch zwischen diesen beiden Dimensionen mehr. Weil keine Geschichten mehr zwischen Himmel und Erde erzählt werden konnten, versickerte diese Kommunikation.

Ich habe mir diese Fabel vermutlich deshalb gemerkt, weil es in mir dieses Verständnis weckte, dass das Sammeln und Erzählen von Geschichten eine Bedeutung hatte. Als ich groß wurde, suchte eine Forscherin Menschen, die ihr halfen Geschichten zu sammeln Ich machte gern mit und zog eifrig mit ihrem Aufnahmegerät und dem Mikrofon los. Ich genoss es, wenn die Ältesten aber ebenso junge Menschen mir ihre Geschichten berichteten. Die Frau stellte ein Buch daraus zusammen und erzählte davon im Radio. Als die Kämpfe verstärkt zu uns kamen, versuchte sie diese Geschichten in Friedensverhandlungen einzubringen. Mein Dorf wurde niedergebrannt und wir mussten flüchten. Ein Weg, der mich Jahre später bis hierher führte. Es ist ein kleiner Trost, dass, obwohl mein Dorf mit seinen Lehmhütten nicht mehr existiert, zumindest seine Geschichten überdauern.« Sowohl Abdalalis wie auch Hasibs Gesichtszüge waren weicher geworden, als sie Mary zuhörten. Mary übersetzte, wenn ihr ein Wort fehlte, sprangen die anderen ein.

Nun war es nur noch an Amanuel seine Erinnerungsgeschichte zu teilen, dann hatten sie den Reigen voll. So hatte es fast etwas Feierliches, als Amanuel als Letzter seinen Text auf Amharisch zu lesen begann. Vorher meinte er: »Viel zu viele denken bei Äthiopien zuerst an Hungerbäuche, arme Kinder und Elend. Es ist ein gebeuteltes Land, in diesem Augenblick fällt wieder einiges durch Kampf in Asche zusammen. Am liebsten würde ich euch an die Hand nehmen, um euch auch das andere Äthiopien zu zeigen. Mehr Menschen reden auf dieser Welt unsere Sprache – Amharisch – als Deutsch. Vieles in der äthiopischen Geschichte ist von Legenden durchrankt. Äthiopische Kaiser sollen direkte Nachfahren des Königs Salomon sein und die originale Bundeslade – also die Steintafeln mit den zehn Geboten und dem Allerheiligsten des Judentums – in einer kleinen Kapelle in Äthiopien aufbewahrt werden. Die äthiopische orthodoxe Kirche stammt aus dem vierten Jahrhundert – einer Zeit der Hochkultur, als Äthiopien mit Indien, Persien und Rom handelte und hunderte Obelisken aufstellte, mit einer Höhe von bis zu 33 Metern. Niemand kann sich erklären, wie das bewerkstelligt wurde. Höher als alles, was in Ägypten steht. Selbst wenn Italien schreckliche Gewalttaten in Äthiopien verantwortete, so wurde das Land offiziell nie kolonialisiert. Die Äthiopier sind stolz auf ihre Kaffeekultur. Kaffee hat seinen Ursprung in unserem Land, er wurde nicht durch irgendeinen Kolonialkontakt eingeführt, sondern er stammt von hier. Kaffee wird häufig im Wald geerntet, wo er zwischen all den anderen Pflanzen wächst, die nebeneinander wuchern. Das gemeinsame Kaffeetrinken ist eine meiner schönsten Erinnerungen und gehört zu allen wichtigen sozialen Ereignissen, wie Hochzeiten, Begräbnisse und Taufen. Eine Kaffeezeremonie liegt in Frauenhand. Zuerst wird in einem kleinen Ofen mit Kohle Feuer gemacht. Dort werden die grünen Bohnen geröstet. In das Feuer wird außerdem Weihrauch gestreut und gleichzeitig Popcorn zubereitet. Wenn ich in einer katholischen Kirche Weihrauch rieche, löst das bei mir daher Kaffeegusto aus.

Aber davon will ich Euch eigentlich gar nicht erzählen. Eine meiner schönsten Erinnerungen sind die Tage mit meiner Schwester. Sie ist unsere Prinzessin, sie hat eine sehr schmerzhafte Krankheit, Sichelzellenanämie. Immer wenn es ihr schlecht ging und sie deshalb nicht in die Schule gehen konnte, blieb ich bei ihr daheim. Wenn es einigermaßen auszuhalten war, bauten wir uns aus Decken, Schachteln und was wir so fanden unsere Traumlandschaften und ich versuchte sie, so gut es ging, auf andere Gedanken zu bringen. Sie ritt auf meinem Rücken herum wie ein Pferd, und ich konnte nicht aufhören, bis sie »Stopp« sagte. Aber das hat mich nicht gestört. Was immer sie wollte, hat sie bekommen. Diese Krankheit ist nicht heilbar und hat unsere Eltern sehr belastet. Wir waren keine wohlhabende Familie. Meine Eltern mussten beide viel arbeiten, um die Krankenhausrechnungen zu bezahlen und die Situation in unserem Land war nicht gut. Als ich dreizehn wurde, gab es eine besonders hitzige Wahl. Die Politiker schürten die Wut der Menschen und die Gewalt entlud sich auf den Straßen. Mein Vater ist ein sehr gebildeter Mann. Während dieser Zeit schickte er mich nach Ägypten, um einige Freunde zu besuchen, die er während seines Studiums dort kennen gelernt hatte. Es sollte eine kurze Reise werden, nur ein paar Wochen, bis sich die Lage abgekühlt hatte. Aber mein Vater rief mich eine Woche vor meiner Abreise an. Er hatte ein Gerücht gehört, dass er verhaftet werden sollte. Er hatte beschlossen, das Land für ein paar Monate zu verlassen und er dachte, es wäre am sichersten, wenn ich nicht nach Hause käme. Als ich den Hörer auflegte, war ich nervös. Aber ich war auch aufgeregt. Ich dachte: ›Dies ist das großartigste Land der Welt. Hier gibt es so viele Möglichkeiten. Ich werde studieren und einen guten Job finden. Und ich werde endlich meiner Schwester helfen können.‹ Ich hatte keine Ahnung, was auf mich zukommt. Ich war noch ein Kind. Die Freunde meines Vaters nahmen mich dauerhaft auf, sie ließen mich zur Schule gehen und nebenbei auch etwas arbeiten um Geld heimzuschicken. Als ich dann Jahre später heimkam, um meine Familie zu besuchen, wurde gleich Kaffee geröstet und ich trank das erste Mal mit. Ich wusste, jetzt gehöre ich zu den Erwachsenen. Danach verzog ich mich, wie früher, mit meiner Schwester auf Polster und Decken und wir erzählten uns stundenlang von all dem, was wir in der Zwischenzeit erlebt hatten. Zuerst schreckte ich mich, sie wieder zu sehen und zu beobachten, wie die Krankheit in der Zwischenzeit fortgeschritten war. Aber dann war mir das auch Ansporn, um mich wieder aufzumachen, dieses Mal hierher nach Deutschland, um Geld zu verdienen und sie irgendwann her holen zu können, wo sie eine bessere medizinische Behandlung bekommen würde.«

Paula hatte zuvor nicht recht einschätzen können, wie mühelos Amanuel schon Deutsch sprach und war daher positiv überrascht, wie klar er seine Erinnerungsgeschichte übersetzte. Die Zeit war verflogen. Jedem persönlich drückte sie einen dicken Packen Übungsblätter in die Hand, am liebsten hätte sie einen Segen dazu gesetzt mit den Worten: »Passt auf euch auf, meldet euch gern jederzeit, wenn es etwas gibt, das wir tun können, gebt Bescheid.« Sie hatte Angst um ihre eingeschworene Gruppe.

Es blieben drei Stunden bis zur Ausgangssperre, die sie tunlichst einzuhalten gedachten. Alle hatten mit angepackt, schnell war das Essen wieder auf die Tische verfrachtet und angerichtet worden. Angelica, Schmitti und Elias wurden hereingerufen. Alle erklärten kurz, was sie mitgebracht hatten. Marc fabulierte etwas von der imperialen Bedeutung der Kartoffel, die von Peru aus, über die Vereinigten Staaten zum nationalen Gemüse in Österreich avancierte, um sich für seine Chipsbeigabe nicht zu schämen. Azra spielte Zeitwächterin. Nicht mehr als zwei Minuten durfte die Ausführung dauern, sonst kamen sie nie zum Essen, bei all diesen grandiosen Speisen und ihren verwinkelten Bedeutungen. Paula nahm sich als letzte etwas zu essen. Sie genoss es, zu beobachten und nicht gleich selbst zu tief in Gespräche verwickelt zu werden, sondern ihre Ohren zu spitzen. Witze und Lachen hatten genauso Platz wie Sorgen. Gemeinsam mit Angelica zogen einige Schmitti und Elias über die österreichischen Eigenheiten auf, die sie beobachtet hatten. Sie schilderten wie seltsam sie es empfanden, dass niemand in Österreich »The Sound of Music« gesehen hatte, das Musical über die Familie Trapp mit dem Österreich international am meisten verbunden wurde. Wie befremdend die Sonntage hier auf viele wirkten, wenn alle Supermärkte zu und viele Straßen leergefegt waren. Die vielen eingezäunten Gärten und die unzähligen, unterschiedlichen Titel, die Menschen vor ihrem Namen stehen hatten, wie seltsam es schien, dass im Gasthaus jeder sein eigenes Essen bestellte, aß und bezahlte. Nichts, was gemeinsam auf den Tisch gestellt und dann gemeinschaftlich beglichen wurde. Rasch kamen sie aber ebenso auf all das zu sprechen, was sie hier genossen. Dass es bis vor einer Woche noch egal war, wann man nach Hause ging. Man selbst durch den dunkelsten Park konnte, ohne sich fürchten zu müssen. Wie lustig, wenn die Menschen an der Straßenbahn jammerten, wenn sie erst in sieben Minuten kam, wo sie es doch in ihren Herkunftsregionen gewohnt waren, keine Ahnung zu haben, wann und ob bei ihnen daheim überhaupt der Bus fuhr, wie geplant. Samira suchte sich unauffällig einen Platz bei Paula. Mit leiser Stimme berichtete sie, dass sie die Familie des afghanischen jungen Mannes kannte, dem als Attentäter ein kläglicher Ruhm zuteil kam. Es gäbe große Ungereimtheiten. Der junge Mann wäre ein psychisch kränkelnder, unglücklicher junger Erwachsener gewesen, der in keinster Weise mit dem Dschihad in Verbindung gebracht werden konnte. Fast nichts, was in den Medien von ihm berichtet wurde, konnte stimmen. Die Familie zerbrach schier an ihrem Leid. Niemand konnte sich erklären wie, wann und wo der IS mit ihm Kontakt aufbauen hätte können. Bis vor kurzem war er stationär betreut worden. Selbst zuletzt hatte er von einem bedeutsamen Geheimnis berichtet mit einem großen blonden Österreicher. So wie er ihn beschrieb, eher ein Rechtsnationaler, kein Muslim. Die Familie hatte das schon oft der Polizei dargelegt, immer und immer wieder, aber niemand vertraute ihnen.

Paula runzelte die Stirn. Wie ein Puzzlestein fiel dieses Rätsel in eine Reihe von Widersprüchen, die sie in ihrer kleinen Wohngemeinschaft diskutiert hatten. Paula versprach Samira, diesen Bericht ernst zu nehmen und dem nachzugehen. Außerdem sagte sie ihr zu, gemeinsam mit der Sozialarbeiterin ihres Vereins, die Familie aufzusuchen, um auszuloten, ob es was gab, um das Leid zu lindern.

Mist. Es hätte ihn mit ausgemachter Genugtuung erfüllt, hätten sie die Ausgangssperre missachtet und er hätte ihnen die Polizei auf den Hals hetzen können. Was fiel ihnen eigentlich ein, in einer Zeit der Staatstrauer, die Wohnung voller Gesindel zu füllen und unbekümmert eine Party zu feiern? Den Geruch nach Curry, Knoblauch, all den anderen fremdländischen Gewürzen würden sie wochenlang nicht aus dem Haus bekommen. Was wusste man, was die oben miteinander trieben? Jetzt, da viele islamische Gebetshäuser geschlossen waren, verlagerten sie womöglich ihre Zusammenkünfte in Wohnungen wie in jene dieses naiven gefährlichen Pärchens, in der vier

Leute wohnten, obwohl sicher nur zwei Miete zahlten. Hätte Conny ihn nicht daran gehindert, hätte er schon viel früher die Polizei zur Ausweiskontrolle oder einen ihrer Trupps zum Einheizen nach oben geschickt. Aber er wollte nicht unnötig Zwietracht säen.

Vermutlich war es zur Tarnung nicht einmal von Nachteil, dass Conny eine andere Position einnahm als er. Bevor er den Computer für heute runterfuhr, klickte er noch einmal auf die Karte. Das sich öffnende Bild gefiel ihm. Die meisten Regionen waren von Rot auf Orange oder Grün gewechselt. Die Medien hatten sich im Thema festgebissen wie ein Kläffer in eine Wade. Die Schlägereien hielten noch immer an. Wie eine Welle des Erfolgs oder ein positiver Flächenbrand verbreitete sich die Stimmung, dass hier kein Platz mehr war für Subjekte, die stärker an den Halbmond glaubten als an die westlichen Werte.

All die Zeit fühlte sich Paula mit Elias verbunden wie durch eine dehnbare Schnur, nein, eher eine Pulsader. Hätte sie die Augen geschlossen während all des Trubels, hätte sie genau zu ihm deuten können, egal mit wem er in diesem Moment sprach, ob er aß oder lachte. So, als wenn ihre Körper noch immer in dauernder Berührung wären. Wie ein Tanz, des Nähens und wieder-neue-Kreise-Ziehens suchte sie im Vorbeigehen einen flüchtigen Kontakt, wechselte einen Blick oder ein Wort. Erschöpft und zufrieden wollte sie nichts, als abermals von ihm gehalten zu werden. Wie konnte man bloß so unverschämt glücklich sein, während die Welt rundherum zerbröselte? Glücksfäden in den überschlagenden Wogen.

»Genug für heute, lassen wir alles stehen. Morgen ist auch noch ein Tag zum Wegräumen«, schlug sie den anderen vor, was alle kurioserweise ohne Widerspruch annahmen. Schmitti war ohnehin über seine Grenzen gegangen. Dennoch strahlte er, trotz der grauen Furchen der Erschöpfung in seinem Gesicht.

»Du, läuft zwischen Angelica und Schmitti was?«, fragte Elias, als er dann endlich neben ihr ins Bett schlüpfte. »Was? Wie kommst du darauf? Die teilen sich nur das Gästezimmer, weil du wieder hier bist.« Vollkommen überzeugt schien Elias nicht. »Schau dir die zwei doch mal an. Ich wäre mir nicht sicher.« Paula küsste ihn auf seine Wangenknochen, die feinen Härchen auf der Stirn. Seit sich die Ereignisse überschlugen, hatte sie kaum ein Wort alleine mit Angelica gewechselt. Sie ließ die Gedanken langsam fortrinnen, fuhr mit ihren Fingern die Nackenlinie von Elias nach. Wanderte zu den Schulterblättern, ertastete ihn, als müsste sie immer wieder fühlen, dass er sich wirklich und wahrhaftig hier befand. So nah bei ihr, wie es nur ging. Elias küsste sie, wanderte mit seinen Lippen knapp über ihren Bauchnabel, dort, wo es sich anfühlte, als würden ihre Nerven ihren Ausgang nehmen. Er schob die Decke zurück, umfasste ihre Beine, wanderte langsam zu ihrer Mitte. Paula und Elias. Die Welt drehte sich endlos, aber kurz, in diesem Moment, waren sie uneingeschränkt sie beide. Sie fühlte sich so sehr bei Elias wie es nur ging, gleichzeitig ganz sie selbst. Jetzt war jetzt. Sonst nichts.

»Was rechnest du da?«, fragte Conny ihn. »Ach nichts, lass mal.« »Wie viele Geheimnisse hast du momentan vor mir?«, legte sie nach. Die Falten zwischen ihren Augenbrauen, schlugen immer dann ihre Gräben ein, wenn sie sich ärgerte. »Ich glaube, du bist nicht so begeistert von diesen Parallelen. Versprichst du mir zuzuhören, ohne gleich zu verurteilen, dann zeig ich es dir«, ruderte er zurück. »Großes Pfadfinderinnenehrenwort«, hob sie in gespielter Dramatik beide Finger hoch. »Komm, setz dich kurz her.« Er deutete auf die unterschiedlichen Tabellen »Also, schau. Das sind die absoluten Zahlen. 2019 wurden in Wien 195.000 Muslime gezählt, bei einer Gesamtbevölkerung von 1.910.000, demnach fast zweihunderttausend bei zwei Millionen, 10 Prozent. Hier die Zahlen derjenigen, die zur Stunde freiwillig abreisen.« Conny unterbrach ihn: »Woher hast du die?« »Ach, du weißt, da kennt wieder wer wen bei irgendeiner Magistratsabteilung. Keine Ahnung. Ich weiß das nie, wo was genau herkommt, zur Sicherheit von allen.« Sie schaute zweifelnd: »Du denkst, das ist verlässlich?« »Ja, das glaube ich in der Tat. Vermutlich wollten die alle ohnehin schon länger weg und die Erlebnisse gaben den letzten Impuls, es tatsächlich zu tun.« Sie schien fürs erste überzeugt: »Gut, bis jetzt sehe ich nicht, was mich daran ärgern soll. Ist doch sinnvoll. Das Beste für uns, aber auch für die, dort wieder hinzukommen, wo sie daheim sind. Diese Nummern da unten?« Sie deutete zur nächsten Tabelle. Er erklärte: »Das sind Zahlen von 1938.« »Was für Zahlen?« Hier war sie wieder, die Furche zwischen ihren Augenbrauen. »1938 hatte Wien etwas weniger Einwohner als heute 1.770.000.« »Und die andere Zahl?« »Damals lebten in Wien

201.000 Juden – folglich mehr als die 195.000 Muslime heute. Das Ziel, Wien judenfrei zu bekommen, hatten sie einst fast erreicht.« Er hatte richtig vermutet. Conny wurde laut: »Ihr seid unmöglich. Wie kann man das nur vergleichen? Vergasung, Ermordung, Folter, Verleumdung, Terror und Kinder, die von ihren Eltern getrennt wurden. Ein Millionenkrieg. Habt ihr alle miteinander so gar keine Geschichte gelernt? Ich weiß schon, auch bei meinen Gruppen sind diese braunen Deppen dabei. Wenn man sie im Zaum hält, dann kann man mit denen trotzdem zusammenarbeiten, es sind nur ein paar extreme Trolle. Im Grunde haben die meisten jedoch einen guten Kern und wollen nichts als das Beste für alle. Kulturen, die sich dort frei und lebendig entfalten können, wo sie hingehören. Aber ehrlich. Judenfrei. Wenn ich das nur höre. Wollt ihr jetzt vom islamfreien Wien reden und auf die Erfolge des Naziterrors verweisen? Als glorreiches Beispiel?« Er ruderte zurück: »Ich wusste ja, dass es hinkt. Trotzdem ist es wissenswert. Findest du nicht? Dass die Dimensionen etwa die gleichen waren, es wurde schon einmal geschafft«, setzte er dagegen. Conny ließ das nicht gelten: »Auf abscheuliche Art und Weise. Das kann nicht das Ziel sein. Ehrlich, wenn ich solche Vergleiche öfter höre, bin ich raus.«

In der kleinen Wohnung wurde Paula wahnsinnig, aber sie nahm sich zurück. Elias war die ganze Zeit auf- und abgelaufen. Wie ein eingesperrter Leopard.

»Da, da, da und da.« Schmitti stach mit dem Zeigefinger auf seinen Bildschirm, als wollte er ihn wiederholt aufspießen. »Hört mal zu. Hannes W., Bürgermeister von Steinershausen twittert um 10:13 Uhr. ›Islamischer Terror in Frankreich, Deutschland und Österreich. Wir lassen uns nicht kleinkriegen. Ein Schulterschluss ist augenblicklich gefragt.‹, eine Minute nach der ersten Meldung. Der Pfarrer Dieter M. postet zur gleichen Zeit in Oberskirchen: ›Terroranschlag von islamischem Staat. Wir müssen zusammenhalten. Mit Gottes Hilfe.‹. Zehn Zeitungen gehen mit Meldungen und Hintergrundinformationen online, als die ersten Nachrichten von einem Anschlag veröffentlicht wurden. Hier, schaut mal, ich habe die Wörter all dieser Stellungnahmen, Tweets und Postings ausgewertet. Zeitlich zum Teil sogar überschneidend. 80 % gemeinsame Formulierungen.«

Paula erzählte von Samira und den Ungereimtheiten rund um den österreichischen Attentäter, dass es der Familie erschien, als würden sie nicht ernst genommen werden. Elias blieb stehen. Er hatte seinen Laptop geholt und ein Skype-Meeting gestartet. Er ließ den Ton über den Lautsprecher laufen, damit alle mithören konnten. Kurzes Klingeln, schon waren seine Seenotrettungsfreunde aus Deutschland und Frankreich dran. Zuerst begannen sie mit lautem Hallo und stakkatoartigem Zuwerfen von Insiderbemerkungen. Elias' Gesichtsausdruck hatte sich verändert. Ein schelmisch verschmitzter Blick, den Paula an ihm liebte, ließ ihn wie einen kleinen Jungen erscheinen, der seinen Sandkastenfreunden entgegenlief. Nachdem dieses Wiedersehenspingpong sich langsam beruhigt hatte, stellte Elias seine Wohnungskollegen und -kolleginnen vor und eröffnete den Reigen eines Austausches, wie sie die momentane Stimmung in ihren Ländern wahrnahmen. Die Erzählungen wirkten erschreckend ähnlich. Alle berichteten von aufgeheizter Atmosphäre, Straßenkämpfen zwischen muslimischen und rechtsradikalen Gruppen, Ausgangssperren und Grenzschließung. In allen drei Ländern schien die Regierung mit ihren Entscheidungen eher zur Eskalation beizutragen als zu beruhigen. So wie Paula und Elias, erzählten ebenso der Franzose und Deutsche von islamischen Freunden, die ernsthaft überlegten, ihre Zelte abzubrechen, weil sie sich nicht mehr aus dem Haus trauten. Die Ungereimtheiten rund um die Täter schienen vergleichbar. Wie ein klebriges Netz der Ungleichheit wurde an einem eindeutigen Narrativ festgehalten, das bei genauerem Hinschauen keinen Sinn ergab. So als würden sich sämtliche Machthaber selbst einreden, dass all dieser Terror schneller vorbeiging, wenn man an dem Bild des islamistischen Sündenbocks mit aller Kraft festhalten würde.

»Merkt ihr was?«, schaltete Schmitti sich auf seine ureigenste Art ein. Wenn er intensiv grübelte, hörte man die Rädchen in seinem Kopf förmlich arbeiten, so wie jetzt. Er ließ sie an seinen Überlegungen teilhaben: »Wir sind nicht mehr weit weg von einer Verschwörungstheorie. Das ist verführerisch. Konspiration hat immer dann Hochkonjunktur, wenn eine Gesellschaft von Furcht, Schwermut und Angst getrieben ist. Wenn etwas Altes geht, aber das Neue noch nicht fertig ist. Das gab's immer. Du kannst das sicher aus der französischen Geschichte bekräftigen«, sprach er den französischen Freund von Elias direkt an: »Während der französischen Revolution verbreiteten sich Glaube an das Wirken finsterer Mächte wie eines Virus. Die ungewohnten Gesellschaftsverhältnisse schienen bis dato nicht etabliert, alles musste sich erst verändern. Aber wir kennen es ebenso in Deutschland und Österreich, das NS-Regime gründete sich darauf. Ebenfalls hier waren Monarchien anfangs abgedankt und die Mächtelandkarte frisch aufgemischt. Ein Vakuum war entstanden. Wenn das Alte tot und das Neue noch nicht geboren ist, dann kommt die Zeit der Zombies. Dass unsere Gesellschaften mit der wachsenden Ungleichheit und einer Demokratie, die auf tönernen Füßen der Einzelpersoneninszenierung aufbaut, so nicht mehr funktioniert, hat letztlich die Pandemie gezeigt. Es ist reizvoll eher groß gespannte Verschwörungen zu vermuten, als das was augenblicklich passiert in logische analytische Bilder zu zerlegen.« Elias nahm wieder die Moderation an sich. »Du hast Recht, Schmitti. Lass uns das Denken in neue Bahnen lenken. Angenommen wir liegen richtig mit der Annahme, das Ganze hat System, wer könnte dahinterstecken? Tatsächlich der IS? Oder ist es nicht immer so, dass sie sich allzu bereitwillig zu sämtlichen Anschlägen bekennen? Wenn es aber nicht System hat, wie können wir es dann verstehen? Und noch wichtiger:

Was können wir zur Stabilisierung und der Wahrung von Freiheit und Demokratie beitragen?«

Paula notierte nach dem Gespräch in ihrem Heft, die beiden Begriffe, die ihr aufgefallen waren:

Schwermut: Das Wort gibt's im Deutschen seit dem 16. Jahrhundert, vereinzelt gab es schon im 13. Jahrhundert swaermueti – bedeutet »gedrückt, melancholisch«. Klingt wie ein schwerer Stein, der den Mut niederdrückt.

Hoffnungsschimmer: Wie ein Lichtblick am Horizont, fügt zwei positive Wörter zusammen, Hoffnung und den funkelnden Schimmer. Schimmer kommt vom mittelhochdeutschen schemen, was so viel wie »blinken« bedeutet. Martin Luther verwendete das Wort in seiner Bibelübersetzung, so kam es in der deutschen Hochsprache an.

Paulas Vater wirkte am Handy wie ein anderer Mensch. Kurz angebunden meldete er sich, so als wäre er in einer Zeit verhaftet geblieben, als jede Minute noch ein Vermögen kostete: »Könnt ihr heute Nachmittag kommen? Wir haben ein Telefonat mit Kolumbien. Wir hätten euch gerne dabei.« Mehr konnte sie aus ihm nicht rauskriegen. Eine flüchtige Verabschiedung. Auch das war immer das Gleiche. Als würde Zärtlichkeit telefonierend am Weg zum anderen in der Luft hängen bleiben. Ihr Vater, der große Umarmer, der stets und jederzeit Geschenke zusteckte. Am Telefon wirkte er wie handlungsamputiert. Irgendetwas gab es über Maria.

Mittlerweile schien es schon zur Routine geworden zu sein. Sie holten alle mit dem Auto ab. Ihre kleine Wohnung mutierte dann zwei, drei Stunden zur Welt in der Nussschale. Das Essen konnten sie sich nicht komplett vom Leib halten, aber allen war klar, dass sie so nicht weiterkamen. Sie hatten eine Abfolge entwickelt, wer etwas mitbringen konnte, gerade so viel, dass die Deutschstunde nicht zum Gelage wurde. Elias, Schmitti und Angelica, die ihren Rückflug schon wieder verschoben hatte, waren gern gesehene Gäste. Paula sah das nicht so eng. Die Teilnehmerinnen achteten selbst darauf, Grammatik, Wortschatz und Sprachstruktur auszubauen. Ein wenig Zeit ging aber auch in Diskussionen über die momentane Situation drauf, oder in sogenannten Sonnenübungen, wie Paula die Hausaufgaben für sich nannte. Sie setzte Impulse, in denen sie sich über das Gute und Bewahrende austauschen konnten, mit so Fragen wie: »Was tröstet dich am besten? (Antworten, die kamen: Meine Schwester, der Geruch meiner Kinder, Wärme aus dem Ofen, Bücher, lachende Kinder, meine Frau …) Was ist dein Lieblingsgeruch? (hier bekam sie: Zitronenschale, frisch geschlagenes Holz, Sommerregen, Lagerfeuer, Kaffeeduft, Salzluft am Meer, Quitten …) Welche Superkraft hättest du gern? (Auch hier sprudelte es los: Die Zeit immer wieder mal zurückdrehen können, mit einem Fingerschnippen meine Kinder zum Schlafen bringen, alle Grenzen aus Köpfen und Hirnen rauspusten, Unsichtbarkeit, fliegen können, mich mit Tieren unterhalten, heilen, alle Menschen, die mir lieb sind um mich versammeln, alle Kriege und Konflikte lösen …« Die Welt zeigte sich ohnedies rau genug. Wenn es seine Zeit erlaubte, genoss es Elias in dem Gewusel im Hintergrund zu sitzen, um vor allem Paula zu beobachten. Die uneitle moderierende Art, wie sie bestätigte, wo noch zu viel Unsicherheit war und drosselte, wo sich einzelne zu viel Raum nahmen, schmiedete die Verlässlichkeit dieses Gefüges. »Genau so jemanden wie du, sollte in die Politik gehen«, meinte er nach dem Kurs zu ihr. Paula zeigte ihm nur den Vogel. »Genau ich, die vom leisesten Widerspruch umgepustet wird, würde in all diesem Geklüngel sämtliches Selbstbewusstsein verlieren.« Aber Elias war sich seiner Einschätzung sicher: »Mach dich nicht kleiner als du bist, Paula. Du dirigierst deine Gruppe und nimmst dich selbst nicht wichtig, du hast ein Ziel vor Augen. Du kannst ganz schön zäh bei Widerspruch werden und lässt dich nicht von jedem hanebüchenen Unsinn ablenken, der dir in den Weg gelegt wird.« Paula winkte nur ab, dabei ließ sie sich die Freude über das Lob jedoch gern ansehen.

Sie notierte in ihrem Heft:

hanebüchen: bedeutet absurd, abwegig. Entstand im 15. Jahrhundert aus dem Begriff »hanbuchen« und leitet sich vom Holz der Hainbuche ab. Ein Baum, der besonders knorrig, verwachsen und klobig, schwer zu schnitzen war. Im Laufe der Zeit entwickelte es sich von derb, schwer zu bewegen zu dem jetzigen Begriff für Unsinn. Eigentlich interessant, wie gerade aus gedanklicher Unbeweglichkeit Unsinn entstehen kann.

Den meisten von ihnen schien es mittlerweile eher egal zu sein, ob der Islamische Staat hinter den Anschlägen steckte oder nicht. Sicher war, dass nationalistische, faschistische Bewegungen den Anlass gewinnbringend genutzt hatten, um zu erstarken und öffentlich sichtbar aufzutreten. Was bis jetzt nur vorsichtig unter dem Tisch verhandelt worden war, konnte nunmehr selbstbewusst hervorgeholt und vor aller Welt kundgetan werden. Tag für Tag schien sich die Grenze des Tolerierbaren zu verschieben. Sprach man zuerst nur von Einzelstatements, so zeigten sich antimuslimische Kommentare nun an der Tagesordnung. Umfragen zeigten, dass der Großteil der Bevölkerung zufrieden damit wäre, muslimische Gruppen aus dem Land zu jagen. Schmitti forschte und suchte verbissen die Zusammenhänge dieser gesellschaftlichen Wende. Mit einer unmenschlichen Energie, trotz seines Zustandes, entwickelte er

Theorie um Theorie, die er mit Datenmaterial zu unterstützen oder wieder auszuschließen versuchte, um weiter zu verstehen, was hier abging. Das Begräbnis des Bundespräsidenten, das wegen polizeilicher Ermittlungen nach hinten verschoben wurde, sollte nächste Woche stattfinden. In der Folge hatte »die Meute«, wie Schmitti sie nannte, zum Freiheitsmarsch aufgerufen, um ein Zeichen der Freiheit gegen islamischen Terror – wie sie es nannten – zu setzten.

Paula brauchte Anzor gar nicht ins Gesicht zu blicken, um zu wissen, was er von Abdelalis lyrischen Worten dachte. »Wir dürfen nicht weggehen. Es ist so anders jetzt. Es ist eng jetzt. Wir brauchen Flügel, Träume, nicht jetzt aufgeben und abhauen.« Auch wenn sie es anders ausgedrückt hätte, hatte Abdelali recht. Sie durften nicht klein beigeben. Schmitti und Angelica hatten Ähnliches eingefordert. Es galt, Alternativen zu entwickeln, statt sich mit eingezogenem Kopf zu ducken. Angelica und Schmitti steckten ständig zusammen. Schmitti brauchte immer mehr Pausen, häufig schlief er im Sitzen ein und wurde dünner und dünner. Medikamentös schien er aber gut eingestellt zu sein. Selbst wenn er sich auffällig oft erbrechen musste, so bewegten sich zumindest die Schmerzen in einem scheinbar aushaltbaren Maß. Elias schien mit seiner Vermutung, dass die beiden sich näher kamen, richtig zu liegen. Unter anderen Bedingungen hätte Paula gejubelt, was konnte ihr Besseres passieren, als dass ihre beste Freundin und Elias' engster Freund sich wie zwei Magnete anzogen? Die Begrenztheit dieser Beziehung warf jedoch weite Schatten voraus. Nicht genug damit, dass die beiden nur mehr kurz Zeit bis zu Angelicas Abreise hatten, heckten sie noch was anderes aus. Sie diskutierten unentwegt. So wie zwei, die etwas Neues erfanden. So ganz war Paula das gemeinsame Projekt der beiden nicht klar, an dem sie unentwegt tüftelten. Es ging um das Aufdecken der Zusammenhänge und die Entwicklung von gesellschaftlichen Gegenentwürfen, in denen Muslime wieder in Frieden in dieser Gesellschaft leben konnten. Angelica und Schmitti ergänzten sich mühelos. Schmitti, der analytische, mathematische Kopf, der alles nach Mustern und Unregelmäßigkeiten absuchte und Angelica, die grundsätzlich immer vom Guten in den Menschen ausging. Sie las gesellschaftliche Störungen wie diese rechtsradikalen oder muslimisch-nationalistischen Bewegungen eher als Ergebnis von Leid und Schmerz.

Paula machte sich allein auf den Weg. Als sie die Haustür ihrer Eltern aufsperrte, hielt sie schnuppernd ihre Nase in die Luft. Kein einhüllender Geruch drang aus der Küche, ebenso wenig war Geschirrklappern zu hören. Womöglich war das ein Hinweis auf eher schlechte Nachrichten, ihre Mutter hatte nichts für ihre Zusammenkunft aus der Küche gezaubert, Paula sank das Herz etwas tiefer. Eine Hiobsbotschaft in ihrem sicheren

Zufluchtsort wäre jetzt eindeutig zu viel. »Lass uns keine schlechten Nachrichten empfangen«, schickte sie innerlich ein Stoßgebet los. »Hola!«, rief sie laut in den Gang, schlüpfte schnell aus Schuhen und Jacke und ging zum Wohnzimmer. Alle waren versammelt, ihr Paps, ihre Mum und Fernando. Paula wusste, ihre Heimat kreiste nicht um einen Ort, es waren für sie Menschen. Sie hatte Glück, diese Geschöpfe hier zeigten ihr mit sämtlichen Gesten, dass sie sich dafür verantwortlich fühlten, sie zu umarmen und auf sie aufzupassen. Manchmal empfand sie das als einengend. Aber in Wirklichkeit eröffnete sich hier ein Schatz, den kein Geld und kein Erfolg der Welt aufwiegen konnte. Mit einer aufklaffenden Lücke: Ihrer Schwester und Gefährtin, mit der sie alt werden sollte, mit der sie sich messen, zerstreiten und wieder versöhnen sollte und um die es jetzt ging.

»Hola, Liebes, komm rein«, deutete ihr Paps auf den freien Platz auf der Couch. Sie hatten sich vor dem großen Bildschirm versammelt. Diese Aufstellung praktizierten sie öfter, wenn es galt, irgendeine Cousine oder einen Verwandten in Kolumbien gemeinsam anzurufen. Jetzt schien es anders. Das vertraute Geräusch der anläutenden Online-Verbindung startete. Paula griff nach der Hand ihrer Mutter. Diese war ähnlich schweißnass, wie ihre eigene. Valentina am gegenüberliegenden Ende, kannten sie schon. Paula versuchte, an ihrem Gesichtsausdruck zu ergründen, welche Nachrichten sie für sie hatte. Das schien nicht leicht, weil dieses offene Gesicht mit der hohen Stirn immer sonnig wirkte. »Fein, dass ihr es alle geschafft habt. Ich glaube, wir haben einen Durchbruch. Soll ich gleich davon erzählen?«, kam Valentina sofort zum Punkt. »Ja, ich bitte darum«, antwortet ihre Mutter. Sie musste sich zuvor räuspern, ihre Stimme gehorchte nicht recht. »Gut. Wie ihr wisst, hatten wir schon länger das Gefühl, einer heißen Spur zu folgen. Wir bekamen von unterschiedlichen Seiten Berichte über eine Frau, die dem Alter und auch ihrem äußeren Erscheinungsbild nach, Maria sein könnte. Sie lebt im Nordcauca und engagiert sich in der Rehabilitation von Kriegstraumatisierten. Sie scheint eifrig dabei zu sein, und ist wohl sehr mutig. Sie durchlief selbst ein Programm zur Bearbeitung ihrer Traumata. Wenn es Maria ist, dann hat sie eine neue Identität angenommen. Der Akzent, die Länge ihres eigenen Einsatzes bei den *paramilitares* und andere Anzeichen, lassen darauf hindeuten, dass es tatsächlich Maria sein könnte.« Ihre Mutter saß kerzengerade auf der Couch. Es schien ihr nicht bewusst, wie fest sie Paulas Hand drückte. Ein Strahlen war in ihrem Gesicht aufgegangen. »Sie lebt, ich wusste immer, dass sie lebt. Aber wenn sie das wirklich ist, warum hat sie sich nicht bei uns gemeldet?« »Das sind alles Fragen, die wir noch klären müssen. Es kann sein, dass sie die Erlebnisse bisher nicht überwunden hat, sich dafür schämt und daher vollständig neu anfangen wollte.« »Nicht mein Mädchen. Sie schien uns allen immer nah«, entgegnete ihre Mum energisch. Valentina hielt dagegen: »Du musst dir denken, dass wir uns nicht vorstellen können, durch welche Höllen sie gegangen ist und wozu sie gezwungen wurde. Wir wissen genauso wenig, was sie selbst zu verantworten hat. Es kann aber ebenfalls sein, dass sie enge Bande zu den *paramilitares* kappen musste. Möglicherweise hat sie geheimes Wissen oder sie befand sich in einer Beziehung mit einem ranghohen Commandante. Vermutlich gibt es gute Gründe, warum sie keinen Kontakt mit euch sucht, um euch nicht zu gefährden oder selbst aufs Spiel zu setzen, zurück in die Zwänge der *paramilitares* zu kommen.« »Danke, für all die Erklärungen«, mischte sich Fernando – ungeduldig wie immer – ein. »Was heißt das jetzt? Wie geht ihr normalerweise vor?« »Wir haben unsere geschützten Kommunikationswege. Wir werden, sobald die Sicherheitserfordernisse erfüllt sind, zuerst Vertrauen aufbauen und uns dann mit Maria treffen, wenn sie es denn ist. Wir werden ihr von euch erzählen und ihr Wege anbieten, wie sie euch treffen kann, ohne ihre neue Identität zu gefährden. Es hilft, dass ihr in Österreich seid. Selbst wenn ihr damit von den Einflusskreisen der *paramilitares* weit genug weg seid, muss ich euch vermutlich nicht daran erinnern, dass ihr diese Neuigkeiten mit niemandem außer den allerengsten Vertrauten teilen dürft. Auch unter den Exilkolumbianern sind einflussreiche Menschen. Ihr müsst wissen, es ist ihre Entscheidung, ob sie weiter vollständig abgetaucht leben will oder ob sie den Kontakt mit euch aufnimmt. Entscheidet sie sich dagegen, müssen wir das akzeptieren.« »Selbstverständlich, das ist uns klar«, antwortete jetzt Paulas Vater. »Was wir euch auf jeden Fall zusichern können ist, dass wir euch Bescheid geben, sobald wir wissen, ob es sich tatsächlich um Maria handelt. Aber genauso gilt, dass es sein kann, dass wir gar nicht so weit kommen. Wir werden alle Schritte mit Trauma-Therapeutinnen vorbereiten, um sie nicht in irgendeine Erinnerung zu ziehen, die ihre seelische Stabilität gefährden könnte. Von den Erzählungen, die ich bis jetzt bekam, scheint sie ohnehin resilient und gefestigt zu sein. Es kommt oft vor, dass sich gerettete Ex-Kämpferinnen für diejenigen einsetzen, die durch ähnliche Höllen gegangen waren. Alle, die ich bisher getroffen habe, wirkten wie erstaunlich reife Persönlichkeiten.« Paula fühlte sich gelöst und leichter. Wie sehr sie sich nach all diesen Jahren noch immer nach Maria sehnte. »Könnt ihr eine Einschätzung geben wann wir wieder von euch hören werden?«, fragte sie. »Das kann jetzt schnell gehen. Rechnet in ungefähr drei Wochen mit Neuigkeiten. Falls es sich aus irgendeinem Grund verzögert, geben wir euch Bescheid. Wir wissen ja, wie emotional das für euch sein muss. Wünscht uns Glück.« »Liebes, ich würde dich am liebsten umarmen und auf ein Festmahl einladen«, meinte ihre Mutter. »Wie können wir euch bloß danken?« Valentina machte eine wegwischende Handbewegung. »Nicht so schnell. Dankt uns erst, wenn wir etwas erreicht haben. Außerdem braucht es keinen Dank. Wir im Team haben doch alle selbst erlebt, was es heißt, als Familie auseinandergerissen zu werden.« Das Personal der Hilfsorganisation bestand zur Gänze aus Menschen, die Ähnliches durchgestanden hatten. »Hier Brücken aufzubauen, ist uns Dank genug. Wir zittern doch schon die längste Zeit gemeinsam mit Maria und euch mit. Wenn ihr keine Fragen habt, dann würden wir uns für heute von euch verabschieden. Das nächste Mal, wenn wir uns hören, wissen wir mehr. Es kann immer anders verlaufen, aber mein Instinkt sagt mir, dieses Mal liegen wir richtig.« Fernando und ihr Paps setzten schon zu abschließenden Dankessätzen und Verabschiedungen an. Ihre Mum schob sich dringlich dazwischen. »Valentina, eins noch.« »Ja?« »Bitte unternehmt nichts, was diese Frau in irgendeiner Weise gefährden könnte. Selbstverständlich ist es für uns wichtig, über Maria Bescheid zu wissen. Aber viel, viel wichtiger ist es, dass unsere Neugierde niemanden bedroht. Besser mit der Ungewissheit weiterleben als jemanden wie diese Frau, die es rausgeschafft hat und mit ihrer Arbeit andere befreit, unnötig in jegliche Gefahr zu bringen.« »Du Liebe, ja, sicherlich. Das ist unser Grundsatz. Aber es ist wohltuend, dass dir das ebenfalls klar ist. Passt auf euch auf!« »Ihr ebenso. Viele Umarmungen.« Weg war sie. Ihr Vater ging zu ihrer Mum, nahm ihr Gesicht in die Hände und drückte ihr einen sanften, zärtlichen Kuss auf die Stirn.

Ein wenig verklärte Angelica ihre Arbeit bei Benposta aus der Entfernung wohl, aber Paula konnte nachvollziehen, was sie meinte, als sie sagte: »Ich verstand die Kollegen und Kolleginnen nie, die über die Mühsal des Unterrichtens klagten. Wo sonst hat man die Chance, so nah an Menschen dranzukommen und einen Gedanken zum Leben erwecken zu lassen. Mir kommt das vor wie Erde, Samen und Wasser oder Photosynthese. Lernen kann nur miteinander passieren. Wenn ich nicht ebenso klüger werde, während ich lehre, dann hat es nicht geklappt. Das beste Unterrichten passiert mitten im Leben, nebenbei, indem wir etwas Imponierendes erleben, als ob wir uns an dem Farbenspiel der aufgehenden Sonne nicht sattsehen können. Wenn Neues sich auftut, nicht weil ich es einbringe, sondern der eine Gedanke den anderen nährt. Kinder und Jugendliche lachen viel mehr als Erwachsene, wo sonst hätte ich Zugang zu dieser unbeschwerten Energie, als im Miteinander-Dinge-Entwickeln.«

Angelica hatte recht. Es ging um das Miteinander-denken und -lernen. Daher schien es naheliegend, die Vielperspektivität ihrer Gruppe zu nutzen, um die brüchige soziale Situation weiterzudenken. Angelica und Paula machten sich an die Sache. Sie informierten alle von ihrer Idee und luden obendrein Ruth Rosenblum und ihren Enkel ein. Wer, wenn nicht sie, die schon durch einen drastischeren Zusammenbruch der gesellschaftlichen Werte gegangen war, konnte alle anderen aus der Geschichte lehren?

Forsches Hämmern an der Tür. Die Klingel funktionierte wieder mal nicht. Er öffnete und ließ die drei herein. Conny stand am Ende des Ganges. Ihr Collie schlug in einer Vehemenz an, wie es sonst nicht zu ihm passte. Irgendetwas schien ihm nicht zu gefallen. »Kommt rein«, bat er sie weiter, verwundert, dass sie gemeinsam auftraten und ihre Deckung verließen, gerade jetzt, da sie scheinbar nichts aufhalten konnte. »Setzt euch«, wies er auf die Küchensessel. Der Einladung folgten sie nicht. Sie blieben stehen, alle drei und nahmen ihn in ihre Mitte. »Worüber weiß sie Bescheid?«, deutete der mit dem Schmiss auf der Wange auf Conny, als wäre sie nicht anwesend und könnte selbst für sich sprechen. »Haltet doch endlich den Kläffer zurück.« Der Ton und die Mimik waren wie Schläge, die unausgesprochen in der Luft lagen. Er fuhr fort »M. wird nervös. Es breiten sich Gerüchte im Netz aus. Gerüchte, die unserer Operation schaden oder sie zerstören könnten. Du weißt, wir verlangen unbedingten Gehorsam und höchste Verschwiegenheit, besonders in unseren eigenen Reihen.« Sahen sie nicht, wie kontraproduktiv sie vorgingen? Conny war doch eine der ihren. Er verbarg seinen Ärger nur schlecht. Mit diesen Typen brauchte er sich nicht anzulegen. »Kein Grund zur Sorge. Ich halte mich an die Vereinbarungen, das müsstet ihr wissen.« Der mit dem Schmiss schien nicht zuzuhören und sprach weiter: »Wir haben einen Maulwurf. Anders kann das nicht passieren. Wenn unser Konstrukt zusammenbricht, würde uns das um Lichtjahre zurückkatapultieren. Ich hoffe, das ist dir klar?« »Völlig klar. Aber alles läuft doch gut, genau wie geplant«, wagte er, zumindest leise, zu widersprechen. »Wer hoch hinaufkommt, kann auch tief fallen. Stimmungen können schwanken. Du müsstest das wissen«, sagte der mit dem Schmiss auf der Wange. »Das Begräbnis wird unser Tag. Wir rechnen mit 100.000 Menschen bei der Demo. Was denkst du wäre los, wenn die wüssten?« »Was wüssten?«, warf Conny von hinten ein. Er zuckte zusammen. Er liebte ihren Mut, aber das war jetzt kein günstiges Timing. Der Narbige ging nicht einmal darauf ein. »Du wirst sehen, viele in der Regierung, Polizei, aber auch viele unter den Richtern sind sowieso auf unserer Seite. Nach der Großdemo können wir auch die abservieren, die Gegenwind zeigen. Es ist nicht mehr aufzuhalten. Bald ist die Ordnung wieder zurechtgerückt.« Der Kleinere von ihnen setzte dazu: »Du warst immer ein Ankerpunkt. Wir rechnen auf deine Treue und Verschwiegenheit. Gerade jetzt müssen wir hart vorgehen bei denjenigen, die nicht spuren. Das verstehst du doch, oder?« Wie hätte er was anderes sagen können. Ein eisiger Blick, von allen dreien und weg waren sie. Conny war zu ihm gelaufen: »Haben die dir gerade gedroht?«

Paula war überrascht, dass gerade Anzor damit anfing, sein Bild einer besseren Gesellschaft zu beschreiben. Er antwortete auf die Frage, was gut war in seinem Herkunftsland und er gern auch hier erleben würde: »Zusammenhalt. Wenn die Nachbarin angeschlagen ist, dann ist das keine Frage, dass alle übernehmen. Kochen und das Dach reparieren, wenn's reintropft. Wenn ein Fremder den Berg hinaufkommt, dann kann er sich nicht vor Essenseinladungen drücken«, erklärte Anzor auf tschetschenisch, woraufhin ihm Karina übersetzend beistand und dabei das eine oder andere Wort einflocht. »Schön und gut. Aber wie passt das zu den Sittenwächtern? Zu der Tradition, dass Frauen geraubt werden und nicht wählen dürfen, ob sie denjenigen heiraten, der sie ohne ihre Zustimmung mitnimmt?« Paula biss sich auf die Lippen. Sie hatte Karina Verschwiegenheit zugesagt. Wieder mal hatte sie zu schnell gesprochen, ohne vorher nachzudenken, das war jetzt wohl kontraproduktiv. Es ging darum, Visionen zu entwickeln, wie diese Gesellschaft besser funktionieren könnte. Angelica hatte in ihrer unvergleichlichen Art, dieses Gemeinsam-Träumen und -Denken angeleitet. Anzor wischte sich über die Augen, als müsste er eine schlechte Erinnerung wegwischen. Dann setzte er auf tschetschenisch an: »Das ist falsch. Alles beides. Ich war dabei. Ich habe niemanden entführt, aber ich habe auch hier geholfen, Mädchen in Schach zu halten. Ich dachte tatsächlich, es wäre gut und wichtig unsere Frauen hier in der Fremde zurück auf die richtige Bahn zu drängen, bevor sie hier in Gefahr kommen. Bis es entgleist ist. Die Drohungen wurden immer härter, dann kam es zu einem Kampf. Der österreichische Freund eines tschetschenischen Mädchens wurde krankenhausreif geprügelt. Er wird sein Leben lang Schäden davontragen. Seine Eltern waren so mutig, dass sie sich uns gestellt haben. Sie verteilten Fotos der Verletzungen und baten um ein Gespräch auf neutralem Boden. Mir dröhnt noch immer die Stille in den Ohren, als sie fragten, was sie denn hätten tun sollen. Warum Liebe verboten sei? Was ihr Sohn diesem feinen Mädel angetan habe? Ein gebrochener, verzweifelter Vater, dem die Tränen die Wangen runterliefen. Da saßen wir dann alle, die wir uns im Recht geglaubt hatten. Seither besuchen wir den Jungen und wechseln uns ab, wenn er Hilfe braucht für seine Trainingsrunden, um wieder gehen zu lernen. Das alles war falsch. Aber das ist nicht der Kern der tschetschenischen Stärke. Wir können lachen, lieben und feiern. Inbrünstiger, als es mir hier vorkommt. Möglicherweise geht es auch nur darum, miteinander zu reden, wie der Vater es getan hat.« Karina wirkte zunächst still, bevor sie langsam und berührt Anzor half, die Essenz ins Deutsche zu übertragen.

Ruth Rosenblum saß neben Hasib und reichte ihm ständig Leckereien vom Tisch. Dabei schien Paula völlig falsch gelegen zu haben. Nachdem sie Hasib als engagierten Kämpfer für palästinensische Rechte erlebt hatte, befürchtete sie einen ausgeprägten Antisemitismus und scheute sich fast davor, die jüdische alte Dame und den jungen Hitzkopf zusammen einzuladen. Sie warnte Ruth Rosenblum vor, was deren Begeisterung von der Idee des Treffens aber keinen Abbruch tat. »Ach Kindchen, was glauben sie, wie viele Anfeindungen ich im Laufe meines langen Lebens über mich ergehen lassen musste. Dagegen ist eine hitzige Diskussion aus doch berechtigter Perspektive dieses Jungen eine Erfrischung.« Ruth suchte sich sofort Hasib heraus und setzte sich zu ihm. Sie erkundigte sich nach dem Warum und Wieso seiner Flucht und über seine Familie. Warmes Mitgefühl lag in ihrem Gesichtsausdruck. Hasib war ebenso wissensdurstig und fragte zurück. Sie erzählte von ihren Erlebnissen in ihrer Kindheit und Jugend ohne eine Spur von Feindseligkeit. Hasib zollte dem hohen Alter Respekt und hing förmlich an ihren Lippen. Im gesellschaftlichen Visionieren schienen sie sich ähnlich. Sie suchten nach Wegen Mut, sozialen Zusammenhalt und frühe Vorwarnungsmechanismen gegen Ausgrenzung zu entwickeln, damit dem gegengesteuert werden kann. Beide rangen um die richtigen Worte, um das zu beschreiben, was sie gesellschaftlich erträumten. Hasib wirkte bedachter. Als würde sich eine Unwucht, die schon die längste Zeit in ihm eierte, lösen und etwas wieder runder für ihn laufen.

Dieses Mal hatte der Collie ihn gerettet. Als wäre die Welt eine unendliche Ansammlung von Möglichkeiten, in der jeder beliebige Tag ein Fest war, so kam ihm der Collie vor, der mit jedem Haar seines langzotteligen Fells Begeisterung ausdrückte. Eine Energie, die, wenn es diametral zur eigenen Verfasstheit stand, anstrengend sein konnte. Vermutlich wären die drei gröber mit ihm umgesprungen, hätte der Collie nicht im Hintergrund gewacht und gebellt. Die Diskussion mit Conny danach ließ sich dadurch abkürzen, dass der Collie dringend nach draußen zog. Das Restschwelen eines Donnerwetters hing in der Luft. Zumindest jetzt hatte ihn mal das Versprechen, ihr alles zu sagen, wenn das hier überstanden war, den Kopf aus der Schlinge ziehen lassen. Als Friedensangebot gingen sie gemeinsam die Runde, bevor er wieder zum Computer musste. Vor der nächsten Strategiesession heute sollte er mit seinem Teil des Konzepts weitergekommen sein. Die angepeilten 100.000 würden sie erreichen. Die Ausnahmegenehmigungen, dass anlässlich des Begräbnisses die Grenzen für Solidaritätsgruppen geöffnet wurden, hatten sie in der Tasche. Das Line-up des Freiheitskonzerts, wie sie es nannten, schien bemerkenswert. Bands, die sich selbst als eher unpolitisch, auf jeden Fall aber nicht rechts einschätzten, hatten zugesagt. Gruppen, für die man normalerweise nicht leicht Karten bekam, würden wohl zum zusätzlichen Magnet werden. Ein anderer geschickter Schachzug war, dass sie es mit dem Begräbnis verbanden. Zuerst das, dann der Freiheitsmarsch vom Friedhof, wohin, das mussten sie ausdiskutieren. Der Heldenplatz wäre das ideale Ziel aus seiner Sicht. Aber genau deshalb brandgefährlich, weil es nicht viel brauchen würde um eins und eins zusammenzuzählen. Ein starkes Zeichen, dort wo Österreichs Bevölkerung Hitler nach dem Einmarsch zugejubelt hatte. Das war zum einen problematisch, weil es zu direkt eine historische Verbindung legte. Zum anderen wollten sie aber eine ähnliche Begeisterung erreichen und der Platz hatte da schon etwas ganz Besonderes zu bieten, eingebettet zwischen all diesen prunkvollen Gebäuden, wäre ein klares Zeichen von Gegenmacht gesetzt. Ähnliches schien beim Line Up gefragt. Sie würden riesige Bildschirme und Lautsprecher haben, das Bühnenprogramm würde im Hauptprogramm und vielen Fernsehstationen national wie auch international übertragen werden. Den Großteil machten Unterhaltung und Klamauk aus, um die Leute an der Stange zu halten. Dazwischen würden sie ihre Botschaften gezielt und effektiv einflechten. So praktisch und greifbar, dass sie überzeugten, so verschlüsselt, dass alle dazu jubeln und applaudieren konnten, auch diejenigen, die sich nicht dem rechten Lager zuordneten und gleichzeitig so unbestreitbar, dass sie diese Veranstaltung weiterkatapultierte. Nie hätte er zu träumen gewagt, dass dieser windelweiche Präsident ihm posthum den Gefallen tun würde, mithilfe seines eigenen Begräbnisses übrige Mauern zum Einstürzen zu bringen.

Wie Paula ihnen angeboten hatte, führte Dayita ihre Überlegungen zuerst auf Hindi aus. Alle lauschten dennoch und brachten die Geduld auf zu warten, dass sie zumindest das Wichtigste auf Deutsch wiederholte, damit sie ihr folgen konnten.

»Wir überlegen in Kreisläufen. Alles ist ein Geben und Nehmen, ein Werden und Vergehen. Sieht man jetzt einmal vom nationalistisch motivierten politischen Hinduismus ab, bietet unsere Religion einen Hintergrund für Toleranz. ›Wer stets Gutes tut, wird gut. Wer stets Schlechtes tut, wird schlecht‹, heißt es in den hinduistischen Schriften. Gandhi hat für die Christen und Muslime gebetet, welcher religiösen Überzeugung jemand folgt, schien für ihn unerheblich. Nachdem wir nicht wissen, ob wir als Ameise oder Brahmane wiedergeboren werden, könnte die Kakerlake genauso wie der Papagei am Baum unsere Großmutter sein, dementsprechend müssen wir uns jedem und allen gegenüber gütig zeigen. Ein möglichst redliches Leben zu führen, lässt uns der Negativspirale entrinnen. Es gibt Millionen Gottheiten mit unzähligen, schillernden Geschichten, darunter ein paar Superhelden, die ungeheuer viele Anhänger haben, aber auch die Unscheinbaren, die nur eine gewisse Gruppe Menschen verehrt. Der Grundgedanke ist aber gleich: Das Göttliche ist in sämtlichen Dingen. Das ist ein Auftrag, von dem man für ein gutherziges gesellschaftliches Miteinander jede Menge ableiten kann.«

Die blauen Federn des Papageis, tschetschenische schroffe Berge mit Dörfern, die sich in Mulden schmiegten, umkränzt von dem Grün der Bäume, Gandhis Brille, zentrale Stichwörter. Während in einer ersten Runde, Einzelne ihre Vision einer gerechteren Welt zu spinnen begannen, hatten die beiden Zeichnerinnen alle Hände voll zu tun, um wesentliche Aussagen zeichnend aufs Papier zu bringen. In passende Stichworte gepackt entwickelten sie miteinander Visionen einer Gesellschaft, die sich gegenseitig unterstützte, half und Menschenrechte verwirklichte. Dazu kamen Ideen wie für gemeinschaftliches Gärtnern, ein aneinander gestückelter Mittagstisch in zentralen Straßen, die einen kochten und die anderen aßen, in wechselnder Verantwortung. Nach und nach entspann sich ein buntes, vielfältiges Bild skizziert auf einer Papierbahn, die entlang aller Mauern des Zimmers aufgezogen war. Elias hatte die Idee gehabt, er liebte das zeichnerische Protokollieren, das Gedanken gleich wieder auf neue Spuren schickte. Wie Bienen schwärmten Einzelne zusammen, tauschten ihre Visionen und Erinnerungen von dem Erlebten aus, was im Miteinander gelingen konnte. Sie erzählten, dokumentierten und wechselten zu den Nächsten, um das Entwickelte zu fundieren. Sie forderten sich gegenseitig heraus mit Fragen wie: Wo könnten die Fallstricke sein? Dann in einem folgenden Schritt diskutierten sie, wen sie noch kannten. Wer könnte begeistert werden? Wer hatte Einfluss, wer war leicht zu involvieren? Welche Fähigkeiten brauchte es, wer fiel ihnen dazu ein? Wie konnten sie die Suche nach dem Guten, fundiert mit menschenrechtlicher Überzeugung, auf möglichst viele Schultern hieven? Elias hielt sich im Hintergrund, reichte Getränke und Essen, lüftete und achtete auf Pausen. Er kannte so eine Art des Entwickelns aus der Projektarbeit. Hier schien es anders. Hier arbeiteten sie mit Menschen, die nicht schon immer so dachten. Daher waren die Diskussionen frischer, unverblümter und roher. Wurde etwas als Quatsch abgetan, wurde nicht lange herumgefackelt, es ging in eine neue Richtung weiter. Am liebsten würde er auf Zehenspitzen durch den Raum huschen, um niemanden davon abzuhalten, einen Gedanken fertig zu spinnen. Man konnte förmlich das Ringen um mit passenden Wörtern auf den Punkt zu kommen, der weiterführte, spüren. Ob es damals in den Kaffeehäusern des Fin-des-Siècle, in denen über Verfassung und Rechtsmodelle diskutiert wurde, ähnlich zuging? Als der letzte weiße Raum der Papierbahn von den Zeichnerinnen gefüllt war, mischte Angelica sich ein. Sie fand, es war genug für heute. Protokollierende wurden ernannt, die sich zutrauten, die wichtigsten Eckpunkte in eine interaktive Online-Seite zu speisen, nächste Schritte definiert und ein nächstes Treffen wurde vereinbart. An der Tür läutete es schon, Essen wurde geliefert. Angelica wirkte überzeugt: Feiern musste mindestens so viel Raum haben wie das Visionieren. Vor allem jetzt. Vergaß man auf Feste, konnte das Feuer allzu leicht erlöschen. Zufrieden blickten sie auf das in Bildern gebannte Werk. Kinderlachen, Musiknoten, jede Menge Blumen und Tiere. Wenn sie so eine Welt zeichnen konnten, dann schien vieles möglich.

Sie hatten einen breiten Kommunikationsberaterstab engagiert, sämtliche Minuten im Protokoll würden von vielen Seiten abgeklopft werden. Jeder brachte seine Ideen ein. Vor ihm auf dem Tisch lag ein fesselnder eingereichter Input. Sebastian Huber. Der Name sagte ihm nichts. Das Präsentationsvideo schien überzeugend. Irgendetwas an dem Gestus kam ihm bekannt vor, er würde die anderen umgehend fragen, ob er diesen Sebastian Huber nicht doch von irgendeiner Sitzung kannte. Dieser hatte drei namhafte Empfehlungen mitgeschickt, die würde er gleich anrufen. Es war kein Fehler, mit unbekannten Rednern zu hantieren. Sie hatten eine seltsame Sammlung von Mitmarschierenden aktiviert. Die einschlägig Rechten, all die aufgestörten Islamkritischen, aber ebenso die Grünlinge, rückgratlose Opportunisten, die sich wegen der Trauer um ihren Präsidenten zu diesem gemeinsamen Marsch überzeugen ließen. Es zeigte sich als hilfreich, wenn Sprecher den Ton angaben, die nicht eindeutig zuordenbar waren.

Paula schaute erstaunt auf, als Elias sie ansprach: »Komm, lass es für heute gut sein. Ich führe dich aus.« So ganz war ihr das nicht recht. Schon lange wartete der Stapel mit Korrekturen, außerdem wollte sie weitere Übungsblätter zusammenstellen, um Normalität aufrecht zu erhalten. Sie versuchte, nicht zum Flaschenhals zu werden, an dem der Eifer ihrer Truppe ins Stocken geriet. Elias ließ nicht locker. »Du bist ständig am Tun, gerade in letzter Zeit. Wenn man zu belegt ist, verliert man das Leuchten.« Er gab ihr noch Zeit zum Umziehen und zog sie dann mit sich. Seit der Ausgangssperre hatte sich alles verschoben. Zuerst gab es keine Kulturveranstaltungen, jetzt endeten sie einfach früher. Auch wenn Wien mit klassischen Meistern wie Mozart, Haydn oder Strauß assoziiert wird und dementsprechend die Nase in Bezug auf Kultur eher hochträgt, so gab es eine große Menge an anderen Räumen, die einiges zu bieten hatten. Wie das hier. Schon als sie die Schwingtür öffneten, schien es Paula, als würden sie in ein Reich mit vielen guten Erinnerungen treten. Ein Haus, das mit unzähligen Geschichten aufgeladen war. Theater, Kino, Varieté, Rotlicht-Etablissement. Durch die Zeiten ging hier eine beachtliche Anzahl an Musikschaffenden ein und aus. Vielfalt war die einzige Konstante. Wenn man die Stufen runterstieg, landete man in dem Keller, in dem sich ein Minikonzertsaal mit dem noch immer roten plüschigen

Gestühl auftat und vielen kleinen Tischen. Eine Bühne, zu der man fast greifen konnte und Künstler und Künstlerinnen von sämtlichen Weltengegenden. Heute hatten sie mit einer Cellistin, einer Pianistin und einer Sängerin die Ehre. Das Licht wurde gedimmt. Paula suchte Elias' Hand, bevor sie überrollt wurde von Tönen, die zuerst fremd daherkamen, sich dann wie leise Fäden in einer Melodie verspannen, die sie forttrug. So als wäre nur mehr Weite, Raum und Staunen. Die Musikerinnen schienen einen unsichtbaren Ball in der Luft zu halten, der von einer zur anderen geworfen wurde. Mal tönte das Cello, mal das Klavier und dann die tiefe, volle Stimme. Sie fanden wieder zusammen. Energie, Lachen und Leben. Paula empfand sich mitten drinnen. Jedes Mal, wenn ein Solo oder Stück ausklang, wollte sie Elias' Hand fast nicht loslassen, um zu applaudieren. Lieber den Tönen nachlauschen, die noch irgendwo waren. Die Musikerinnen probierten Neues aus und strahlten, wenn es aufging. Keine versuchte ihre Virtuosität zu beweisen und Applaus nur für sich abzuholen, sondern man spürte, wie sie den Musikfäden folgten, die sich entwickelten. Wie fühlte Paula sich froh, dass die Musikerinnen von dem, was hier entstand, ebenso gefesselt schienen und eine Zugabe nach der anderen gaben. Sie spielten bis knapp zur erlaubten Zeit, wo dann alle hastig aufbrachen, um rechtzeitig vor der Ausgangssperre daheim zu sein. Ein wenig traumwandlerisch lenkte sie ihr Rad bis nach Hause, wo ihr die Realität entgegenschlug. Schmitti war im Klo verbarrikadiert, er erbrach sich wieder einmal. Nachdem Schmitti unwirsch klarstellte, dass er keine Hilfe brauche, verzogen sie sich. Hand in Hand.

Frisch aus der Dusche suchte Paula Elias' Nähe. Irgendwo fühlte sie noch diese Töne. Bedächtig verflocht sie ihre Finger mit seinen und begann langsam einen anderen Tanz. Einen Tanz der Nähe, der das Geheimnis kleiner Körperstellen aufspürte und durch Berührung Weite eröffnete. Ein Geben und Nehmen. Im leisen Licht des Mondes tastete sie Elias' Gesicht mit ihrem Blick ab. Ihn ganz zu erleben, wie er ihr immer näher und näher wurde. Sie lockte ihn mit sanften, aufmerksamen Berührungen. Langsam schloss sie die Augen und gab sich diesem Spiel der Wellen ebenso hin bis alles in ihr weißgelb wurde. Das Licht der Sonne, das sich zögerlich in die Welt wagte und den Horizont in den Tag zu hüllen begann.

Paula raffte ihre Sachen zusammen, holte den Helm und sprang aufs Rad, nachdem sie der Anruf erreicht hatte: »Paula, du musst kommen. Schnell. Sie haben sie.« Sie stieg in die Pedale und glühte über die Straße. Nahm sich kurz zurück, als sie die erste rote Ampel übersehen hatte. Niemandem war damit geholfen, wenn sie in Stücken dort ankam. Endlich, die vertraute letzte Ecke. Sie sperrte ihr Rad ab und stürmte ins Haus. »Mama, Papa, da bin ich!« Sie stutzte. Genau so war sie als kleines Mädchen nach der Schule heim gerannt. Damals, als die Welt noch rund lief. »Ich auch«, sprang Fernando ihr entgegen, in dem Versuch sie zu erschrecken. »Loco«, quiekte Paula auf, aber ließ sich voller Begeisterung herumwirbeln. Sie fragte gleich: »Erzähl, was ist los?« »Keine Zeit«, mischte sich ihr Paps ein, nachdem er sie fest umarmt hatte. »Es geht gleich los.« Wieder saßen alle auf dem Sofa aufgereiht, als der vertraute Klang des Einwahlgeräuschs ertönte. Paula drückte ihrer Mum einen Schmatz auf die Wange. So hatte sie sie bisher nie gesehen. Bange und gleichzeitig selig waren sämtliche Gesichtszüge vermischt, als wäre hier ein scheuer Vogel des Glücks, dem sie nicht recht traute, ob er landen würde, falls sie ihm die offene Handfläche hinhielten. Die Verbindung baute sich auf. Großaufnahme. Es schien wirklich und wahrhaftig sie zu sein. Wie eine faltigere Version ihrer Schwester. Die buschigen Brauen, die in der Mitte fast zusammenwuchsen. Paula fand das immer wunderschön und beneidete sie darum. Sie nannte das die Frida-Kahlo-Augenbrauen. Maria hatte hingegen wie ein Rohrspatz über ihre »Monobraue« geschimpft, wie sie es immer betitelte.

»Maria«, riefen Paps wie auch Mama gleichzeitig aus. Tränen strömten beiden über die Wangen. Genauso dieser Frau im Bildschirm. »Mama, Paps, Paula, Fernando. Ihr seid alle da!« »Mi amor – wie schön du bist.« Mums Stimme vibrierte voller Freude: »Ich habe es immer gewusst. Du lebst.« Was für Worte für einen Gesprächsbeginn. Maria hob ihre Hand, sie hielt die Handfläche in die Kamera. Paula verstand auf der Stelle. Sie stand auf und tat es ihr gleich. Handfläche an Handfläche, das war ihr Schwesternding gewesen, wenn sie sich zusammengehörig gefühlt hatten und Verbundenheit zeigen wollten. Paula setzte an: »Maria, ich weiß gar nicht, wo ich zu fragen anfangen soll. Wie geht's dir? Was machst du? Warum ist das jetzt so schnell gegangen?« Ihre Schwester hob belustigt ihre prägnanten Augenbrauen: »Sch, langsam Kleines. Eins nach dem anderen. Lass mich kurz noch den Moment fassen. Ich fühle mich, als müsste ich gerade platzen. Es ist unvorstellbar, euch alle versammelt zu sehen. Was würde ich dafür geben, mich durch diese Kamera zu quetschen. Außerdem will ich alles von euch wissen. Was treibt euch bitte nach Österreich? Wie geht's euch? Wie lebt ihr? Wovon träumt ihr?« »Von dir meine Große. Von jetzt an, werden das wunderschöne Träume werden«, meldete sich ihr Vater zu Wort. »Magst du nicht doch du zu erzählen anfangen, Maria?« »Also gut, dann fang ich an. Gleich zu Beginn ist was wichtig: Ich heiße jetzt Ana. Es wäre gut, wenn ihr euch das auch einübt. Mir wurde gesagt, ich soll ganz konsequent bei dem Namen bleiben, damit nichts auffällig ist.« »Schön, Ana, die Mutter von Maria«, kommentierte ihre Mum. Maria, jetzt Ana setzte fort: »Ich wanderte vor vielen Jahren mal in der Nacht versteckt durch unser Dorf. Ich wollte euch suchen, aber mittlerweile wohnte dort ein anderer. Ich durfte mich nicht zeigen und sah daher keine Möglichkeit mich nach euch zu erkundigen. Ich befürchtete, euch wäre auch etwas passiert. Vielleicht als Rache für Paulas Befreiung, dachte ich mir. Als ich dann freikam und untertauchen musste, wechselte ich meine Identität und wollte mich endlich vergewissern, was mit euch passiert war. Dabei wurde mir aber geraten, erst einmal eine längere Zeit zu warten. Sämtliche Suchaktivitäten hätten meine neue Identität gefährdet.« »Liebes, bringst du dich mit diesem Anruf in Gefahr?«, rief ihre Mutter gleich erschrocken. »Nein, nein, alles gut. Das hier ist ein sicheres Haus. Es wurde vielfach überprüft und diese Videochat-Software, mit der wir hier telefonieren, ist auf Sicherheit spezialisiert. Keine Sorge. Na, auf jeden Fall, als ich von Valentina hörte, dass ihr mich sucht, wollte ich sofort mit euch reden. Darum ging es so schnell.« »Und dich sehen? Wird das irgendwann gehen, ohne dich in Gefahr zu bringen?«, setzte ihre Mum kurz nach mit einem bangen Ton. »Ja, sicher. Es gibt eine Taskforce, die genau für solche Fälle von der Organisation, die mich gesucht hat, zur Verfügung gestellt wird. Sie werden eine Risikoanalyse machen, uns dann das sicherste Szenario skizzieren, damit wir es entscheiden können. Es hängt wohl vieles an meinen Papieren. Die Aktivisten hier sind gut und irre lieb. Sie richten draußen schon ein Fest aus. Wir werden gleich nach eurem Anruf alle vom Dorf zum Feiern einladen. Ich höre draußen, wie alle schon auf und ab laufen, um etwas beizutragen. Offiziell zelebrieren wir meinen Geburtstag, den haben wir heute für heute bestimmt. Stimmt auch irgendwie.« »Gute Idee, das machen wir auch. Ein Spontanstraßenfest. Ein guter Grund dazu wird uns schon noch einfallen, ohne den echten zu verraten«, meinte ihr Vater. Von nun an ging es rund. Wahrscheinlich fühlte sich nicht nur Paula an früher erinnert, als beim Essen alle durcheinander geredet hatten und Fernando, Paula und Maria sich abwechselten mit der Beschwerde, dass sie nie erzählen dürften und immer nur die anderen drankamen. Klagen gab es heute keine. Im Gegenteil. Maria, jetzt Ana, erfuhr, dass sie Tante war. Sie erzählte von ihrem Dorf und ihrem Beruf. Ein bisschen auch von der schrecklichen Zeit dazwischen. Ihre Eltern berichteten von ihrer Trafik, Paula von den Deutschkursen, Elias und ihrer momentanen WG. Irgendwann mittendrinnen nahm sich Paula nochmal das Wort. »Ana?« Es schien gar nicht schwer, sie nicht mehr Maria zu nennen. »Ja, Kleine?« »Ich kann dir nicht sagen, wie unendlich leid es mir tut, dich damals der Truppe vorgestellt zu haben. Ich fühlte mich schuldig, dass sie dich verliebt gemacht haben. Dann bin ich dort auch noch allein abgehauen. Ich wollte das nicht, ich wollte dich so sehr mitnehmen. Als ich dann frei war, habe ich ewig um dich geweint. Aber damals in dem Moment, eröffnete sich mir das als Chance. Ich dachte, du würdest gleich nachkommen, weißt du. Ich dachte …« Ihr Gesicht glänzte tränennass. »Paula, Paula. Langsam, langsam. Alles gut, es ist alles gut. Du bist nicht schuld. Ich bin nicht schuld. Schuld sind diese Verbrecher. Es gibt jetzt Untersuchungen, vielleicht müssen sie eines Tages dafür geradestehen. Wir kämpfen darum. Hey. Weißt du wie sehr du mir geholfen hast mit deiner Flucht?« »Geholfen? Warum? Ich dachte sie werden dich ganz fürchterlich bestrafen.« »Ja, das auch. Aber durch dich fühlte ich mich ständig erpressbar. Wenn ich etwas nicht tun wollte, drohten sie mir, dir etwas zu tun. Zumindest das fiel weg.« Wie leicht sich plötzlich alles anfühlte. Ihr schrecklicher Abgrund durfte Licht sehen. Ihre Mum war aufgestanden, sie zog Paula an sich, wiegte sie langsam. Summte ihr altes Wiegenlied. Küsste ihren Scheitel. »Liebes. Ich wusste immer, dass du ein Geheimnis mit dir mitschleppst. Ana hat recht. Du bist nicht schuld. Sie ist nicht schuld. Ihr alle drei seid das größte Glück, das uns passieren konnte. Jetzt haben wir euch alle drei wieder.«

Angelica lag auf dem Rücken und schaute in den Himmel: »Findest du das nicht auch komisch? Vorgestern noch war ein Sturm, die Blätter krallten sich fest an den Bäumen, und jetzt hier, ein leichter Hauch. Sie lassen los und lassen sich wie in einem Tanz wegwirbeln.« »Oh, die Muse hat sie geküsst. Lauscht, lauscht«, lachte Paula ihr ins Gesicht. Sie lagen auf einer Picknickdecke in dem nahezu unendlich großen Park. Wie ein Wald wuchs hier alles kreuz und quer, es war kaum zu ahnen, dass dieses Stück grün so nah am Stadtzentrum lag. Es stieg schon ein wenig Kälte vom Boden auf. Paula seufzte wohlig: »Wie gut, dass wir die letzte Woche ein paar Momente gehabt haben. Wir hatten kaum mehr Zeit, seit Schmitti dich gekrallt hatte. Wie lang konntest du denn noch verlängern?« Angelica drehte den Kopf zu ihr »Nochmal drei Wochen. Aber das ist aktuell wirklich die letzte Möglichkeit. Ewig zieht diese Geschichte mit einem krebskranken Lover, der bald stirbt, auch nicht.« Angelica gab sich stärker, als sie womöglich war. Schmitti schmiss sie jetzt regelmäßig aus der Wohnung, was eine gewonnene Zeit für die beiden Freundinnen bedeutete. Schmitti arbeitete entweder verbissen am Computer an seiner Plattform zur Vernetzung von demokratischen Gruppen oder schlief. Je nach Lage. Paula strich Angelica über den Arm: »Ach, du. Du hattest immer schon ein Händchen für dramatische Situationen. Dann, nach den drei Wochen?« »Ich weiß nicht. Dann muss ich wohl überlegen, ob ich bei Benposta aufhöre und hierbleibe, um die letzte Zeit noch da zu sein, oder eben nicht. Aber lassen wir das. Ich dreh mich viel zu viel selbst in diesen Grübeleien. Erzähl mir noch ein wenig mehr über Ana Schrägstrich Maria.« Paula nahm das gern auf. Seit sie ihre Schwester wiedergefunden hatten, hatte sich ein lebhafter Dialog zwischen ihnen entwickelt. Sie fotografierten ihre jeweiligen Welten, schickten Gedankenfetzen auf speziell verschlüsselten Kanälen hin und her, Sprachnachrichten und Links zu Lieblingsliedern. Dieses Ping-Pong an Nachrichten erinnerte Paula daran, wie sie damals mit Maria kichernd unter der Bettdecke lag und nicht zu tratschen aufhören konnten, obwohl ihre Mutter sie schon längst streng ermahnt hatte, doch endlich zu schlafen. Paula schaute den Baum hoch. In diesen kurzen Monaten hatte die Natur ihre Farbpalette hervorgeholt. Flirrendes Orange, tiefdunkles Weinrot, dazwischen Grün und strahlendes Gelb wechselten sich ab. Es war wie ein bezauberndes, aber auch melancholisches Lied, das mit Herbstfarben komponiert wurde. Herbst verhieß Abschied. Abschied von der Wärme, von der unbeschwerten Leichtigkeit und davon Sonne auf der nackten Haut zu spüren. Jedes Mal wieder fürchtete Paula die Zeiten der Kälte und Dunkelheit, irgendwie ahnte sie, der diesjährige Herbst würde besonders abschiedslastig werden.

»Schmitti? Wir sind wieder da!«, rief Angelica in die Wohnung, nachdem sie aufgesperrt hatten. »Schmitti?« »Sch, leise, wahrscheinlich schläft er doch«, hielt Paula sie zurück, aber Angelica war schon in ihr Zimmer geplatzt. Das Bett war leer. »Angelica, schau!« Paula war aschfahl im Gesicht. Auf dem Küchentisch lag ein Kuvert. »Angelica« stand mit Schmittis typischer krackseliger Handschrift auf der Rückseite.

Dieses Mal musste der Collie daheimbleiben. Er nahm Conny an der Hand, zog sie raus, sperrte die Tür auf und sie machten sich gemeinsam auf den Weg. Er war in Feierlaune. Es war ihm nur recht, dass er fast die ganze Verantwortung hatte abgeben können. All die Vorbereitungen, die letzten Absprachen und Planungen hatten die Eventprofis übernommen, die abschließenden Checks verantworteten andere. Das hier war nicht sein Verantwortungsbereich. »Genieß es einfach. Genieß die Masse und Wucht. Dann, ab morgen wird es genug für jeden von uns zu tun geben, um all den Veränderungen, die hier starten werden, nachzukommen.« Ganz leise hatte in ihm das Misstrauen genagt. Ob sie ihn aufs Abschiedsgleis verschoben, weil sie ihm nicht mehr hundertprozentig trauten? Aber diesen Sebastian Huber hatten sie als einen der Hauptsprecher organisiert. Das war ein gutes Zeichen. Der Tipp kam letztlich von ihm, also so schlecht konnte es mit seinem internen Ruf nicht stehen. Die Backgroundchecks hatten sie schon selbst durchgeführt.

Endstation. Die Straßenbahnen fuhren nicht mehr weiter – wegen der Demo. Sie lagen gut in der Zeit. Von allen Seiten strömten die Menschen herbei. Hubschrauber kreisten. Es wurden mehr und mehr. Dabei befanden sie sich noch gar nicht am Platz. Sie hatten sich nicht verschätzt. Das Ganze würde enorm werden. Überall waren Leinwände und Lautsprecher befestigt, damit alle das Programm auf der Bühne sehen konnten über die Masse der Köpfe hinweg. Fast wäre er in eine Art Galopp verfallen. Nie hätte er sich zu erträumen gewagt, wie sehr ihre Rechnung aufgehen würde. Wäre er Magier, würde er liebend gerne die Welt in fünf Jahren anschauen. Er könnte wetten, dass dann alles schon ganz anders aussah. Klarer, geordneter, positiv. Das gute alte Abendland würde wieder aufblühen, auf eine neue, bessere Art.

»Liebes,

Dass Du mir in dieser letzten Runde noch passiert bist, Angelica, empfinde ich als ein schier unverschämtes Glück. Was würde ich dafür geben, mit Dir an der Hand durch Wüsten, Wälder und Weiten zu reisen; Dich zu erleben, in Deiner Schule, dort, wo Du daheim bist und ein gemeinsames Leben erträumen. Was tut es mir leid, dass ich Dir das nicht bieten kann.

Danke für die letzten Tage, für all die Zeit, für das Gefühl, diese Welt weiterdenken zu können und dafür, dass Du Dich mitreißen ließest. All die Gespräche. Deine Geduld mit meinem Dickkopf. Dieses so sehr Du-sein, das ich liebe mit jeder Faser von mir.

Was würde ich darum geben, dass es Diesen Brief nicht bräuchte. Wenn alles gut geht, komme ich vor Dir heim. Alles hat geklappt, ich kann Dir von meinen Heldentaten berichten. Du schimpfst mich ein wenig über die Gefahr, in die ich mich begeben habe. ›And they live happy ever after.‹ Unser Happy-Ever-After eben. Ein Begrenztes. Wärest Du nicht, wäre das ein Kürzeres. So aber habe ich mich gerade erst in die Therapieberatung eingeschrieben. Ich will doch noch herausfinden, was sich durch Chemo und all den medizinischen Schrott vielleicht an Lebenszeit rausschlagen lässt.

Geht alles schief, wie es eben auch passieren kann, dann dreht sich das Rad weiter. Macht, um Himmels willen, keinen Märtyrer aus mir. Es darf nicht um mich gehen. Die Medienpakete sind terminiert zum Ausschicken bereit. Sie gehen heute noch an die meisten Redaktionen dieses Landes. P. und sein Team schafften es tatsächlich, sich einzuhacken. Wir haben alle Beweise, dass das ein abgekartetes Spiel war. Alle drei ›Terroristen‹ waren von rechten Gruppen angeheuert worden. Die Strategie dahinter ist tatsächlich aufgegangen. Sie wollten einen islamistischen Terroranschlag und haben ihn eben inszeniert, das belegen wir mit klaren Fakten und Beweisen. Wir haben auch viele berührende Fallgeschichten, was das alles seither an Leid und Unrecht ausgelöst hat, gesammelt und schicken diese in den Pressedossiers an ein weites Netz von Medien. Wir haben

Erzählungen von Familien zusammengetragen, die ihre Zelte abbrachen unter dem unmenschlichen Druck, obwohl sie hier gut integriert schienen. Erzählungen von all dem Verlust der Einzelnen aber auch unserer Gesellschaft seither. Wir haben Belege für das breite rechte Netzwerk, dass sie aufgebaut haben. All die Namen. All die Schwachstellen, mit denen sie erpressbar wirkten. P. und sein Team hatten ganze Arbeit geleistet. Zu jedem ihrer prominenten Kontakte hatten sie ein Minidossier angelegt, wo diese unsauber gehandelt hatten. Zweiteres werde ich nicht weitergeben. Aber auch an diese Namen des Netzwerks geht jetzt gleich ein Mailing raus. Ich vermute, sie wissen nicht um das Ausmaß des Komplotts Bescheid, für das sie sich hergegeben haben. Wahrscheinlich treten sie von selbst zurück, wenn ihnen das nachgewiesen wird. Ist dem nicht so, dann habe ich einem Freund, der sehr integer ist, das ganze kompromittierende Material übergeben, damit er einschätzt, wie er noch etwas Nachdruck schaffen kann, ohne verwerflich zu handeln. Bricht dadurch die Regierungskoalition, weil auch viele Abgeordnete, Minister und Parlamentarier in all diesen Prozessen involviert waren, wird wohl eine Expertenregierung geschaffen. Dann kommt unsere Webseite ins Spiel. Sie ist schon jetzt wunderschön, mit all den Illustrationen, all den Visionen und den konkreten Handlungsplänen. Wie du weißt, haben wir versucht ganz konkrete Handlungsempfehlungen und Netzwerke zu erarbeiten, wie unsere Gesellschaft demokratisch gestärkt werden kann. Lasst diese Initiativen wachsen und wuchern. Findet die richtigen Worte, die berühren und für viele verständlich sind. Wir müssen Mehrheiten gewinnen. Bindet ein, wer sich auch immer interessiert dafür zeigt. Hört auf Menschen am Rand aber auch von der Mitte. Involviert Konservative, Besorgte, Frische, Freche, Schüchterne, Bedächtige, Integrierende und Polarisierende. Wir brauchen Muslime, Christen, Glaubende und Nichtgläubige. Macht ein Fest daraus, unsere Gesellschaft wieder frei und demokratisch weiterzuentwickeln!

Genug meiner Ideen. Wie gerne wäre ich dabei.

Eins noch, Angelica. Beim Notar Weber ist mein Testament. Du weißt, ich besitze nicht viel. Das Wenige an Besitz, das ich habe, verteile großzügig. Das Elternhaus, das ich geerbt habe, geht an dich. Verkaufe es. Die Hälfte nehmt für unsere Initiativen zur demokratischen Stärkung. Sucht euch einen Beratungskreis, der entscheidet, für was Geld gebraucht wird. ›Zuerst kommt das Fressen, dann die Moral.‹ Nehmt es, um diejenigen zu unterstützen, die sich palavern nicht leisten können, damit auch diese mitreden können.

Die andere Hälfte ist für Dich, meine Liebste. Ich habe verfügt, dass die mobilisierende Hälfte nur dann ausgezahlt werden kann, wenn sichergestellt ist, dass Du Dein Geld auch wirklich annimmst. Ich weiß, Du wirst Dich winden und wenden und das Gefühl haben, es steht Dir nicht zu. Nimm es, um das zu erleben, was wir nicht gemeinsam tun konnten: Für regelmäßige Reisen zu Paula, für all das, was Dir guttut. Geh wieder zurück – die Kinder brauchen Dich und wie Du erzählst, brauchst auch Du sie. Es ist kein Entweder-oder. Es geht auch ein sowohl als auch, Geld schadet dabei nicht.

Ich suche jetzt mal ein Taschentuch, sonst wird der Brief noch ganz nass und unleserlich. Letzte Worte sind nicht meins. Mir tut vieles leid. Am meisten, dass Du hier jetzt durchmusst. Ich auch.

Wenn ich noch einen letzten Wunsch hätte, dann würde ich ihn dafür hergeben, Dich noch einmal zu küssen. Ganz lang.« Unterzeichnet mit Schmittis typischem unleserlichen Gekrakel und einem lachenden Smiley.

Paula hatte Angelica inzwischen auf einen Stuhl gedrückt, ihr und sich selbst einen Whiskey eingeschenkt. »Ist es das, was ich glaube?«, fragte sie kaum hörbar. »Nein, ja, nein. Kein direkter Abschiedsbrief, aber so etwas in der Art. Wir müssen ihn suchen. Jetzt, sofort«, sagte Angelica mit belegter Stimme. Sie wirkte als habe sie eine Riesenangst. »Ja, das müssen wir. Ich habe Elias schon alarmiert, während du gelesen hast. Er müsste fast hier sein. Hast du eine Ahnung, wo wir mit der Suche beginnen können?« »Ja, ich denke, ich weiß es, er ist bei der Demo.« Es läutete an der Tür. »Los geht's.«

Er *fühlte sich wie im Rausch. Die Menschenmengen schoben sich durch die Stadt. Skandierten Parolen. Conny und er hatten schon viele getroffen, die sie kannten. Alle schienen auf einer ähnlichen Welle zu surfen. Sie waren unfassbar viele. Dann sah man noch all die anderen. Diejenigen, die den verstorbenen Präsidenten betrauerten und dementsprechend gegenteilige Parolen riefen. Aber wer weiß, vielleicht waren auch die irgendwie zu gewinnen. Diese geballte menschliche Kraft erlebend, konnte er es gar nicht erwarten, morgen wieder in die nächste Strategiesitzung zu kommen. Zu analysieren, was sie mit diesem historischen Moment tun konnten und wie sie ihn bestmöglich nutzen werden. Er wollte so rasch wie irgend möglich mit der Planung beginnen, wie die nächste Wahl vorzubereiten war, damit sie mit demokratischen Mitteln ihre Ziele legitimiert bekamen. Die ersten Bands und Reden hatten stattgefunden. Er war wie im Rausch dieser Festival-Atmosphäre. Fast überall gab es gute Sicht auf Bildschirme und alles überschallenden Ton. Sie hatten sie in der Tasche. Gleich kam Sebastian Huber. Die Rede kannte er. Er war neugierig, wie sie dann tatsächlich live wirken würde, wenn Menschen applaudieren und dieser Huber die zentralen Botschaften rüberbringen wollte. Ein Erfolg schien schon mehr als absehbar. Ihm war in diesem langen Zug von tausenden Menschen noch keine einzige Kopftuchträgerin untergekommen. Viele waren bereits abgereist, andere trauten sich nicht raus oder eben ohne erkennbare Zeichen. Alles, was in die richtige Richtung führte, wirkte gut. Sebastian Huber wurde jetzt angekündigt. Er zog Conny mit sich, um noch näher am Bildschirm zu sein. Derjenige, der in dem Moment kam, sah anders aus als im Video. Keine Perücke, keine Brille. Kein Wunder, dass er ihm bekannt vorgekommen war, wie Schuppen fiel es ihm von den Augen: Er erkannte diesen fürchterlichen Mitbewohner der Nachbarn oben. Er holte hektisch sein Handy raus, rief die Katastrophennummer aus ihren Reihen. Das Telefon läutete und läutete auf der anderen Seite. Der falsche Sebastian Huber fing zu reden an und begann vollständig anderes als vereinbart. Niemand hob ab. Er packte Conny am Arm und versuchte sich mit dem Einsatz seiner Kraft und Ellbogen in Richtung Bühne durchzuschieben.*

Schmitti hielt das Mikrofon mit festem Griff ganz nah am Mund. Was für eine riesige Bühne, wie tief der Abgrund nach unten. Er wusste, warum er hier war. Er war im Bilde darüber, dass er womöglich nur ganz kurz

Zeit hatte. Einmal holte er noch tief Luft. Dann legte er los. Er hoffte, dass ihm die teuflische Angst nicht allzu sehr anzumerken war.

»Stellt euch vor, ihr springt aus einem Flugzeug und der Fallschirm öffnet sich nicht, welche Erinnerungen würden euch gerade jetzt durch den Kopf rasen?« Er ließ seine Worte nachklingen. Setzte eine Pause ein, bevor er weiterredete. Die Stimme schien ihm gut zu gehorchen. »Oder stellt euch vor, der Rettungsschirm öffnet sich dann doch. Würdet ihr anders leben?« Wieder setzte er eine Pause, bevor er mit bewusst tieferer Tonlage weitersprach.

»Wir befinden uns nun schon seit vier Wochen in freiem Fall. Was wollt ihr bewahren? An welche guten Sachen erinnert ihr euch? Trotz allem? Oder wenn die Ausnahmesituation sich allmählich wieder beruhigt. Was soll dann anders sein als vorher?« Pause.

»Wir sind aus den unterschiedlichsten Winkeln hier. Einige trauern um unseren Präsidenten, die anderen stehen aus anderen Gründen hier. Hergerufen wurden wir von dem Ruf nach Freiheit. Was uns eint, ist, dass wir das Beste wollen. Für diese Welt, für unsere Lieben, für uns. Jeder auf seine Weise. Wir wollen für das Gute kämpfen.«

Schmitti fragte sich schon die ganze Zeit, wie lange sie ihn noch reden ließen. Nun war es wohl so weit. Sein Puls schnellte hinauf. Die Security versuchten unauffällig vorzugehen. Er hatte das Mikrofon fest gepackt und ging immer weiter nach vorne.

»Was, wenn der Fallschirm, unser Wissen, was passiert ist, uns nicht trägt? Was, wenn ich euch viele Beweise zeigen kann, dass die terroristischen Anschläge, die unsere Länder erschütterten, nicht von islamischer Hand geplant waren, sondern von rechten Gruppierungen hier vor Ort? Was, wenn sich herausstellt, dass sie uns zu Marionetten gemacht haben, um nach ihrer Pfeife zu tanzen? Ihr werdet in den nächsten Tagen Medienberichte lesen. Macht euch ein Bild, bildet euch eine eigene Meinung, lebt nach dem, was in jedem von uns eingepflanzt ist: dem Streben nach dem Guten, für uns, für unsere Lieben, für alle.«

Elias beugte sich zu Paula: »Wie hat sie es bloß nach vorne geschafft?« Sie waren mit den Rädern her gerast, mussten dann aber bald aufgeben, weil sie bei den Menschenmassen nicht mehr vorbeikamen. Angelica musste ihr Rad einfach auf die Seite geschleudert und sich durchgeboxt haben. Trotzdem unglaublich, dass sie sich da vorne befand, wie sie es gerade durch den Schwenk der Kamera bemerkt hatten.

Schmitti hatte sich zu dem Security-Personal umgedreht, wich mit dem Rücken zum Publikum vor ihnen Schritt für Schritt weg. Nun gab es kein Zurück. Er stand am Rand der Bühne. Einer der Securities griff vor und versuchte, ihn zu erwischen, doch Schmitti konnte ausweichen. In dem Moment packte der Sicherheitsmann nicht mehr nach ihm selbst, sondern entriss ihm das Mikrofon. Seltsam, dass sie ihm nicht schon längst den Saft abgedreht hatten, schoss es Schmitti noch durch den Kopf. Dann ging es schnell, der eine wollte ihn packen, Schmitti entwand sich, dann wollte der andere ihn am Arm fassen und mit sich ziehen, er griff nach ihm. Schmitti riss sich los. Der Security-Mann stieß ihn. Schmitti fiel rücklinks von der hohen Bühne. Es schien ihm, als fiele er ewig, als würde die Zeit stehen bleiben. Dabei stürzte er zu schnell, um mit Händen und Füßen zu reagieren. Ein stechender Schmerz. Der scharfe Ton, als sein Hinterkopf am Beton aufschlug. Ein gellender Schrei. Nicht seiner. Dunkelheit.

Angelica schrie wie ein verwundetes Tier, als sie Schmitti fallen sah. Sie rannte zu ihm, zog ihn zu sich und hielt ihn fest, unbeeindruckt davon, dass das Blut an ihr hinunterrann. Sein Blut. Umschloss ihn mit ihren Armen, bedeckte ihn mit Küssen. Sein Blut, ihre Tränen, alles eins.

Eine Bildersequenz, die in den nächsten Tagen immer wieder durch sämtliche Nachrichtenkanäle laufen würde.

Er kannte das. Wenn es eng wurde, konnte er kontrolliert und rationell reagieren. Alles was relevant schien, hatte er auf seinem Laptop. Es half nichts, sich nun von Panik wegspülen zu lassen. Nach dem Zwischenfall war er nach Hause gerast, hatte das Gerät hochgefahren und formatierte die Festplatte. Dann ging er zum Werkzeugkasten, suchte die passenden Schraubenzieher und den Hammer. Er baute die Festplatte aus und zerstörte sie mit aller Kraft, so gut es eben ging. Dann packte er den Rechner samt Festplattenreste zusammen und fuhr aus der Stadt raus, hinauf zu den Bergen. Auf dem Weg in die nächste Klamm, nahm er einen Pfad, der wenig begangen wurde. Am passenden Platz angekommen, packte er den Elektroschrott aus dem Rucksack, warf den Laptop in eine Schlucht, die ihm kaum zugänglich erschien. Von hier oben aus, schien nichts von den Resten sichtbar. Sollten Regen, Schnee und Witterung ihr übriges tun, für den unwahrscheinlichen Fall, dass irgendjemand dort unten mal hinkam. Zu viel hatte er gelesen von unzerstörbaren Datenträgern. Da ging er lieber auf Nummer sicher. Ohne Mobiltelefon, gründlich darauf achtend, keinen Kameras auf dem Weg in der Stadt mit seinem Rucksack unterzukommen. Conny war nicht mitgefahren. Sie hatte das alles nicht einordnen können und er hatte den Tumult genützt, um sich auch von ihr abzusondern. Nun setzte er sich auf einen Stein und blickte in die Weite. Langsam konnte er wieder klarer denken. Würde das Schlimmste eintreten, dass alles wie ein Kartenhaus zusammenfiel, blieb er dennoch zuversichtlich. Statt ihnen würden andere kommen. Viele Muslime hatten bereits das Land verlassen. Er konnte sich gut vorstellen, dass jetzt erst einmal Chaos und die Suche nach Schuldigen losgehen würde. Vielleicht konnte er Conny überreden, drei Wochen irgendwo in einen Urlaub abzutauchen, während der heißesten Phase nicht ins Kreuzfeuer der anderen zu kommen. Dann würden sie sehen. Was sie erreicht hatten, konnte nicht alles zerstört werden. Mit solchen Prozessen war es wie mit einem Pendel. Manchmal gab es den einen oder anderen vehementeren Rückschlag, aber einige Eckpfeiler hatten sie gesetzt, die auch in Zukunft weitertragen würden.

Paula blickte durch den Raum, der sonst nur Frauen gehörte. Gedämpftes Licht umgab sie ebenso wie angenehme Musik, eine freundliche Assistentin hatte ihre Daten aufgenommen. Sah man im seltenen Fall einen Mann in Begleitung, dann wusste man, warum und lächelte diesem unweigerlich zu. Sie nahmen Platz. Ein wenig mussten sie wohl noch warten. Auf dem Tisch lagen Tageszeitungen. Paula nahm eine, drehte sie aber sogleich um, um die Titelseite nicht ständig sehen zu müssen. Wie so oft zurzeit, prangte Schmittis Bild darauf. Sein Wunsch, nicht als Märtyrer gefeiert zu werden, ging nicht recht auf. Noch schien er omnipräsent. Auch wenn das alles nun einige Zeit vorbei war. Vielleicht trieb das schlechte Gewissen, damals unreflektiert die allgemeine Stimmung gefüttert zu haben, die Medien dazu, Schmitti wieder und wieder überall auftauchen zu lassen. Seine vielfältige Persönlichkeit schien genug Berichtenswertes herzugeben. Seine interaktive Webpage wuchs und wuchs. Die unterschiedlichsten Menschen und Gruppen entwickelten ihre Ideen weiter. Viele knüpften Allianzen. Mittendrinnen war auch Paulas Deutschkurs aktiv mit ihren zahlreichen Kontakten und Einfällen. Farbenfroh sprühte Schmittis Seite vor Utopien und möglichen Realisierungsplänen. Sie wurde, wie es Schmittis Wunsch gewesen war, von einer Steuerungsgruppe sanft redigiert, die allzu Schräges ins Archiv schaufelten. Mitbestimmung, Menschenrechte, Realisierbarkeit und Transparenz waren ihre Kriterien, ob einzelne Initiativen gefördert und vernetzt wurden oder nicht. Nach seinem Tod hatten sämtliche Bands die Weiterführung des Programms verweigert. Einzelne Redner hatten noch zu beruhigen versucht, sahen dann jedoch recht rasch ein, dass es sich als notwendig erwies, die Demonstration aufzulösen. Zu viele antirechte Parolen wurden spontan gerufen. Schmittis Medienkontakte leisteten ganze Arbeit. Ausführliche Analysen fanden in der Öffentlichkeit statt. Betroffene Stellungnahmen zeigten, dass genau das, was er in dieser kurzen Rede vor seinem Tod aufgezeigt hatte, der Wahrheit entsprach. In Podiumsdiskussionen kamen all diejenigen ins Kreuzfeuer der Kritik, die allzu rasch die Theorie des islamistischen Anschlags bekräftigt hatten. Eine Stimmung der Empörung und Solidarität mit alldenjenigen, die in den letzten Tagen Angst und Schrecken erlebt hatten, machte sich breit. Nachdem die fundierte Recherche praktisch jedem Minister und jeder

Ministerin eklatantes Fehlverhalten in dieser Staatskrise nachwies, blieb der Regierung nichts anderes über, als zurückzutreten. Die Expertenregierung war vereidigt worden. Dabei war es gelungen, tatsächlich sämtliche Ministerien mit Personen zu besetzen, die von ihrem Fach Bescheid wussten und eine breite Akzeptanz genossen. Weitfassende Bürgerbeteiligung wurde zurzeit geschaffen, ganz so, wie Schmitti es erträumt hatte. Die Zusammenstöße zwischen fundamentalistischen muslimischen Gruppen und Rechten passierten kaum noch. Die Expertenregierung investierte in Beteiligung und Versöhnung und schien nicht müde, zu betonen, dass es nicht um eine Rückkehr in die Normalität ging, sondern um einen Neustart auf Basis der Menschenrechte.

Paula blickte Elias ins Gesicht. Müde sah er aus. Angelica war gestern abgereist. Auch sie war ihnen also entfleucht. Durch die geteilte Trauer um Schmitti war Angelica auch für Elias in den letzten Tagen sehr wichtig gewesen. Es schien Paula, als würde er sich wohl nie daran gewöhnen können, dass Schmitti weg war. Er wirkte, als wäre ein Teil von ihm mitgegangen. Diese klaffende Lücke nagte auch an Paula, sie konnte Elias nicht den besten Freund ersetzen. Ein Lachen fehlte, das nur die beiden teilen konnten. Wenn sie dachten, bald würde das Schlimmste überstanden sein, erschien der nächste Journalist an der Tür und riss Elias wieder zurück in die bodenlose Trauer. Paula fühlte sich manchmal einsam, als wären er und Angelica weit weg, hinter einer Scheibe aus Glas oder Eis, eingeschlossen in ihrem Schmerz.

Das hier fühlte sich ebenso nicht ganz richtig an. Paula wusste es, und Elias wusste es wohl auch. Aber es half nichts. Leben schien so oft unplanbar. So zuckten sie beide leise zusammen, als sie aufgerufen wurden.

Elias wurde ein Sessel angeboten und nach ersten freundlichen Worten, ging Paula hinter einen Paravent, um sich auszuziehen. Sie setzte sich auf den Stuhl. Ein Vorgang, der ihr nie sonderlich angenehm, aber auch nicht schlimm vorkam. Dieses Kondom-ähnliche Ding wurde über den Stab geschoben. Der Ultraschall startet. Paula konnte sich vorstellen, dass Elias das alles wohl nur von Filmen kannte. Sie hatte seine Hand genommen, die sich kühler als sonst anfühlte. Sie versuchte seinen Blick zu fangen, um ihn ein wenig zu beruhigen, doch er schaute nur unverwandt auf den Bildschirm, wo das typische Ultraschallbild flimmerte. Schwarz, weiß, grau, für Paula zeigte sich vorerst nur der gewohnte Anblick, während die Ärztin beruhigend kommentierte. Dann änderte sich etwas. Hier war es. Unübersehbar. Das kleine pochende Etwas. Die Ärztin schien sich selbst zu freuen, während sie mit ruhiger Hand den Stab führte, ihr Ton hatte sich verändert: »Willkommen, du Kleines. Gratulation, sehen sie hier, das Herz pulsiert: fidel und quicklebendig.« Die Ärztin maß dieses unbegreifliche Leben mit dem Ultraschall mit geübten Tastenkombinationen ab. Alles war in Ordnung. Elias drückte Paulas Hand. Sein Gesichtsausdruck war weich und offen geworden. Eine tiefe Freude war an seinem Blick abzulesen, als würden ihre verschränkten Finger genau dieses unfassbare Glück teilen. Es war wirklich. Paula fühlte sich, als würde etwas Magisches und Unvorstellbares beginnen. Aber auch eine leise Angst schob sich dazwischen, ob sie das konnte? Ob es nicht alles viel zu viel war? Ob Elias nicht zuerst durch die Täler seiner Trauer gehen musste? Die Untersuchung ging schneller vorbei als gedacht. Die Ärztin zog den Ultraschallstab heraus und schallte abschließend noch über den Bauch. Dann gab sie Paula Papiertücher, um sich abzutrocknen. Vorsichtig entzog Paula Elias ihre Hand, um aufzustehen und sich wieder anzuziehen. Sie schwindelte leicht, als sie aufstand. Ein Nachfolgetermin wurde rasch vereinbart und dann war die Untersuchung schon vorbei. Als sie die Ordinationstür hinter sich schlossen, blieb Elias einfach stehen. Er drehte Paulas Gesicht zu sich und küsste sie lange und sanft. Es fühlte sich an, wie eine Zusage. Draußen war es schon dunkel geworden.

Zurück daheim meinte Paula: »Warte kurz.« Sie zog ihr Heft hervor und notierte:

quicklebendig – bedeutet lebhaft, munter, voller sprühendem Leben – quick gab es in anderer Form schon im 8. Jahrhundert für lebendig, verwandt mit »keck«, Bedeutung für »frech« – genauso wie

fidel – kommt von lateinisch »fidelis« – treu, vergnügt, bester Laune, voller Freude – so klingt es auch.

Elias hatte neben ihr gewartet. Nachdem sie das Heft zugeklappt hatte, nahm Elias sie an der Hand, zog sie vorsichtig mit sich und schloss leise die Zimmertür.

Nachwort

Alles begann mit dem Besuch bei der Kinderrepublik Benposta in Bogota. Ich war nur kurz dort, aber der Ansatz und die Idee dahinter fesselten mich und so danke ich Anke Foltin, Nikias Obitz, Leonie Netter und Santiago für ihre Erzählungen. Der deutsche Freundeskreis von Benposta beschreibt diese Schule wie das kleine gallische Dorf von Asterix und Obelix. Benposta versucht damit die Vision von Kinderrechten zu leben, mitten in den Wirren von Gewalt und Ungleichheit. Nachdem man die Straße die sich von der Großstadt Bogota hochwindet hinter sich lässt, tritt man durch ein mit Backsteinen eingefasstes Eingangstor. Es duftet dort nach Pinien. Das erste Haus ziert ein Wandbild quer über die gesamte Hausmauer: Darauf sieht man ein Mädchengesicht mit feinen Zügen, mit blauen Farben gemalt, das auf runde Seifenblasen blickt. Sehr gern hätte ich noch viel mehr der Handlung in diesen Ort versetzt, aber dazu hätte ich länger dort eintauchen müssen. Ein paar Interviews und ein Nachmittag vor Ort waren dazu zu wenig.

Die wunderbare Margaret Atwood meinte einmal: »*Publishing a book is like stuffing a note into a bottle and hurling it into the sea. Some bottles drown, some come safe to land, where the notes are read and then possibly cherished, or else misinterpreted, or else understood all too well by those who hate the message. You never know who your readers might be.*« Ich bin schon neugierig, wohin diese Flaschenpost des vorliegenden Buches getrieben wird. Ich danke jetzt schon allen, die mich beim Hinaustragen unterstützen. Die Zusage von Katrin Janßen vom ATHENA-Verlag mit wunderbaren Einschätzungen zum Text freute mich sehr und so bedanke ich mich bei allen, die daran arbeiteten, dass es jetzt fertig vor mir liegt. Besonders erwähnen will ich Alina Braucks, die behutsam und mit sprachlichem Feingefühl mit dem Text arbeitete. Seit ich das Manuskript Ende 2021 fertig gestellt habe, hat sich die Welt in erschreckend taumelnder Weise weitergedreht. Der Ukrainekrieg und auch die Situation im Iran waren beispielsweise damals in der jetzigen Form noch nicht vorstellbar.

»Wenn es jemanden gibt, der die Idee erfunden hat, dass man ein Flugzeug auch einfach überbuchen kann, dann muss das so jemand wie Du gewesen sein« – so das etwas zweifelhafte Kompliment von meinem Mann Martin. Auch dieses Buch habe ich vollgepackt mit vielen unterschiedlichen Erzählsträngen. Darum kann die Auflistung von Ideen und Inspirationsquellen hier wohl nicht ausreichend sein: »Gute Deutsche«, der Podcast von Linda Zervakis ist zwar abgeschlossen, aber noch nachhörbar. Er half mir, um mich in einzelne Biografien von Menschen mit Migrationsgeschichte hineinzuversetzen. Außerdem ist »Alles gesagt« von der Wochenzeitung »Die Zeit« ein wunderbares Podcastformat, da diese stundenlangen Gespräche ein ganz anderes Zuhören und Miterleben ermöglichen. Ein, zwei biografische Ideen habe ich wohl auch von Ö1 Sendungen. Was täte ich ohne diesen wunderbaren Radiosender. Wiener Sagen werden auf unerreichbare Art und Weise von Michael Köhlmeier nacherzählt, ich empfehle sie nicht nur zu lesen, sondern seiner einzigartigen Stimme zu lauschen. Über Kolumbien, die bewaffneten Konflikte, das Volk der Misak und andere Kontexte, die in dieses Buch Eingang gefunden haben, las ich mich durch jede Menge Material, Studien, Websites und lauschte verschiedenen Podcasts.

Die Projektpartner*innen der Dreikönigsaktion der katholischen Jungschar engagieren sich auf bewundernswert mutige Weise gemeinsam mit unterschiedlichsten Bevölkerungsgruppen für Frieden und Menschenrechte. Von dem, was ich tagtäglich auf der Arbeit höre, ist wohl auch einiges in diesem Buch gelandet. Was habe ich einfach für wunderbare Kolleg*innen. Dass da alljährlich tausende Kinder als Sternsinger*innen losziehen und dadurch die Unterstützung beeindruckender Projekte ermöglichen, berührt mich immer wieder.

»Humans of New York« ist eine internationale Plattform, die Lebensschicksale knapp und fesselnd darstellt, auch von dort holte ich mir Anregungen. Ebenso wurden die Interviews für mein erstes Buch »Welten weiten« hier nochmal verarbeitet.

Aus meiner eigenen Trainer*innenerfahrung weiß ich, dass man oft leider nicht den Freiraum in den Kursen hat, wie Paula sich ihn nehmen durfte. Viel zu oft winkt das Damoklesschwert von Anerkennungsprüfungen und man muss einen gewissen Sprachfortschritt in knapper Zeit erreichen. Was jedoch meiner Erfahrung nach sehr wohl die Realität trifft: Deutschkurse können ein ganz besonderer Ort der Begegnung und des gemeinsamen Lernens sein. Umso beschämender, dass die Arbeitsbedingungen für Trainer*innen und die Bezahlung untragbar sind. Es ist kaum möglich, langfristig sich in diesem Feld zu engagieren, wenn man das mit der nötigen Qualität und Vorbereitung erfüllen will, wie es die Teilnehmenden brauchen würden. Tatsächliche Inklusion durch qualitätsvolles und leistbares Kursangebot scheint politisch nicht gewollt zu sein. Umso beeindruckender ist das Engagement von den vielen, die sich in diesem Feld für ihre Kursteilnehmer*innen stark machen.

Auch wenn es jetzt schon 3 Jahre her ist, habe ich noch immer mein Gespräch mit Sophie Weidenhiller im Cafe Augustin vor mir. Rundum das klappernde Geschirr, flackernde Kerzen, die kraftvolle Stimme der Sängerin Clara Luzia aus den Lautsprechern und wir sprachen über die Unzähligen, die im Mittelmeer ihr Leben verlieren: Frauen, junge Männer, alte Menschen und Kinder. Auch zur Seenotrettung gibt es jede Menge Material wie beispielsweise der Podcast von Sea-Watch.

Mein Dank gilt all denen, die mich bei der Arbeit am Text direkt unterstützten. Aber vor allem auch den Menschen, die durch ihr Da-sein mein Leben zu dem machen, was es ist und somit auch indirekt zur Entstehung dieses Buches beigetragen haben. Die Musikerin Yasmo singt in ihrem Lied »Denk an Dich« diesen Satz: »Es ist zu lange her, zu oft sagen wir uns das, wir wollten immer schon ans Meer, schaffen wir das dieses Jahr? Ich wollte gar nicht stressen, wir sind alles sehr beschäftigt. Ich wollte Dir nur sagen, geht's dir gut? Ich hab dich nicht vergessen … ich sag der Welt ein fettes Danke für Dich«.

Genau so geht's mir. Ich danke all meinen Freund*innen, die mein Leben reicher, vielfältiger und lustiger machen. Zu oft ist es zu lange her, aber ich freue mich über alle Zeiten, die wir miteinander finden und das Danke für Euch kann nicht »fett« genug sein.

Meinen Eltern danke ich für ihr selbstverständliches, großzügiges und liebevolles Da-sein und dafür dass zu Hause die Tür immer offen ist, als sicherer Hafen für uns alle.

Meiner wunderbaren Schwester Susi und meiner nahen und weiteren Familie.

Ich danke Emil, Jona und Hemma: Meinen Lehrmeister*innen in so vielen Belangen. Dafür, dass ihr so wundervolle, lustige und liebenswerte Menschen seid. Ich kann mich nur wiederholen: Was für ein Geschenk, diese unendliche bedingungslose Liebe zu erleben, die durch Euch in mein Leben gepurzelt ist.

Und dann danke ich Dir, Martin. Sehr oft liest man: »Ohne Dich hätte es dieses Ding hier nicht gegeben.« In diesem Fall stimmt es wirklich. Wenn Du nicht immer darauf gedrängt hättest, dass ich es doch wirklich tun soll: Einen Roman schreiben; wenn Du nicht Kapitel für Kapitel eingefordert hättest und dann noch viel mehr, dass ich es tatsächlich auch herausgeben soll, dann wäre dies wohl nur eine der zahlreichen Seifenblasenideen in meinem Kopf geblieben. Was habe ich für ein Glück mit Dir.

Ute Mayrhofer, geboren 1976, liebt Zehen im Sand, schöne Bücher und ewiges Hinausschwimmen. Sie lebt mit ihren drei Kindern in Wien (bisweilen auch in Oberösterreich) und arbeitet für Kinderrechte national und international. Außerdem liebt sie es mit verschiedensten Menschen ins Gespräch zu kommen. In Graz studierte sie Theologie und Germanistik und arbeitete einige Jahre als Deutschtrainerin.

Ute Mayrhofer, geboren 1976, liebt Zehen im Sand, schöne Bücher und ewiges Hinausschwimmen. Sie lebt mit ihren drei Kindern in Wien (bisweilen auch in Oberösterreich) und arbeitet für Kinderrechte national und international. Außerdem liebt sie es mit verschiedensten Menschen ins Gespräch zu kommen. In Graz studierte sie Theologie und Germanistik und arbeitete einige Jahre als Deutschtrainerin.